Deutscher Kinderhospizverein e.V. (Hg.)

Lebensfreude, Lebensbrüche, Lebensfülle – Wege entstehen beim Gehen

Schriftenreihe des Deutschen Kinderhospizvereins (DKHV) e.V.
Band 6

Bibliografische Information Der Deutschen Bibliothek
Die Deutsche Bibliothek verzeichnet diese Publikation in der Deutschen Nationalbibliografie; detaillierte bibliografische Daten sind im Internet über http: //dnb.ddb.de abrufbar.

Bibliographic information published by Die Deutsche Bibliothek
The Deutsche Bibliothek lists this publication in the Deutsche Bibliothek; detailed bibliographic data is available in the internet at http: //dnb.ddb.de

(Hg.) Deutscher Kinderhospizverein e.V.
Bruchstr. 10
57462 Olpe
Tel. 02761/94129-0
Internet:www.deutscher-kinderhospizverein.de

Schriftenreihe des Deutschen Kinderhospizvereins e.V. – Band 6
Lebensfreude, Lebensbrüche, Lebensfülle –
Wege entstehen beim Gehen

Die Schriftenreihe begründet die kontinuierliche Dokumentation zentraler Inhalte der Arbeit des Deutschen Kinderhospizvereins e.V. Mit diesen Publikationen möchten wir einen Beitrag dazu leisten, dass ständig an Kontur gewinnende Erfahrungswissen aus der praktizierten Kinderhospizarbeit allen Interessierten zugänglich zu machen.

Diese Publikation wurde durch das Bundesministerium für Gesundheit (BMG) und das Ministerium für Gesundheit, Emanzipation, Pflege und Alter(MGEPA) des Landes Nordrhein – Westfalen unterstützt.

ISBN: 978-3-946527-15-2
Erstauflage 2018

Redaktion: Dr. Wolfgang Beer
Druck: MCP, Polen
www.hospiz-verlag.de

Inhalt

Vorwort

Die Kinder- und Jugendhospizarbeit hat sich quantitativ und qualitativ stetig weiterentwickelt. Seit ihrer Begründung in Deutschland Anfang der 90er Jahre sind, getreu dem Motto „Lebensfreude, Lebensbrüche, Lebensfülle – Wege entstehen beim Gehen", viele Menschen an der Seite der Kinder, Jugendlichen und ihrer Familien unterwegs. Neu geschaffene Orte, Inhalte und Konzepte zeugen von der Vielfalt der Lebensgeschichten, Lebenslagen und Bedürfnisse der Betroffenen selbst. Curricula, Instrumente der Qualitätssicherung, Fortbildungen und Publikationen befähigen haupt- und ehrenamtliche Mitarbeiterinnen und Mitarbeiter, Haltungen, Strukturen und praktisches Handeln zu reflektieren.
Der vorliegende Band knüpft an Beiträge und Diskussionen auf dem 6. Deutschen Kinderhospizforum an, welches im November 2015 in Essen mit über 500 Beteiligten stattfand. Veranstalter war die unter dem Dach des Deutschen Kinderhospizvereins e. V. angesiedelte Deutsche Kinderhospizakademie.

Die europaweit größte Tagung zur Kinder- und Jugendhospizthematik widmete sich den folgenden Fragen:

- Was bedeuten Vielfalt und Begegnung auf Augenhöhe aus der Sicht von Kindern und Jugendlichen mit lebensverkürzender Erkrankung? Wie sehen ihre Lebenspläne und Lebensträume aus, wie möchten sie wohnen und sich als junger Mann/als junge Frau verwirklichen? Was ist ihnen wichtig, wenn die Krankheit voranschreitet, und wie gehen sie mit dem Wissen um ihre eigene Lebensverkürzung, um ihren Tod in jungen Jahren und ihr Sterben um? Und wie erleben Geschwister ihre Situation, welche Erfahrungen haben sie gesammelt und was möchten sie uns darüber mitteilen?
- Wie sehen Gelingensbedingungen für Begleitungen aus, die sich über einen sehr langen Zeitraum erstrecken: angesiedelt zwischen Vertrautheit, Routine, Freude, dem Spannungsfeld zwischen Nähe und Distanz?
- Welche Bedeutung haben Hoffnung und Vertrauen, Glück und Trost in der Kommunikation und Begegnung im Alltag? Was wissen wir über Schuld und Schuldgefühle in der Trauer? Und wie können Menschen in der Kinder- und Jugendhospizarbeit in ihren Ressourcen gestärkt werden?
- Welche ethischen Fragen, welche Therapieentscheidungen stellen sich in der

pädiatrischen Palliativ- und Hospizbegleitung, wenn die Lebens- zur Sterbebegleitung wird? Was wissen wir über den Wunsch zu sterben im Kontext der Diskussion um die sogenannte Sterbehilfe aus der Perspektive der Kinder, Jugendlichen und ihrer Familien selbst? Und wie kann eine würdevolle Begleitung am Ende des Lebens gelingen?

Die in der Publikation versammelten Beiträge reflektieren die aufgeworfenen Fragen. Ein großer Teil der Autorinnen und Autoren hat auf dem 6. Deutschen Kinderhospizforum mitgewirkt. Sie alle eint das Anliegen, Praxiserfahrungen zu entfalten, konzeptionelle und wissenschaftliche Erkenntnisse darzustellen. Das Erfahrungswissen der jungen Menschen mit lebensverkürzender Erkrankung, von Geschwistern und Eltern darüber, was für sie hilfreich und unterstützend ist, bildet eine wertvolle Erkenntnisquelle, von der dieses Buch inspiriert und getragen wird.
Besondere Schwerpunkte liegen, dem Titel entsprechend, auf der Suche nach neuen Wegen der Begegnung und Begleitung und damit nach Lebensfülle und Reichtum im Miteinander: angesiedelt zwischen Abschied und Aufbruch, Trauer und Trost, Zumuten und Zutrauen.

Wir bedanken uns herzlich bei allen Autorinnen und Autoren für die engagierte Mitwirkung und dafür, dass sie ihre Beiträge unentgeltlich verfasst haben. Mit ihren Ausführungen tragen sie dazu bei, die Inhalte der Kinder- und Jugendhospizarbeit weiter bekannt zu machen und fachlich weiterzuentwickeln.
Das Buch wendet sich an betroffene Familien, in der Hospizarbeit haupt- und ehrenamtlich Tätige, an Mitarbeitende im Sozial-, Gesundheits- und Erziehungsbereich, in Wohlfahrtsverbänden, Kirchen und Selbsthilfegruppen, in Politik und Krankenkassen, Stiftungen und Verbänden, in Bildung und Wissenschaft sowie an die gesellschaftliche und mediale Öffentlichkeit. Mit dem Band 6 der Schriftenreihe des Deutschen Kinderhospizvereins e. V. verbinden wir das Anliegen, dass sich immer mehr Menschen für die Unantastbarkeit und Achtung der Würde der erkrankten Kinder und Jugendlichen einsetzen.

Wir wünschen Ihnen, liebe Leserinnen und Leser, eine informative, vielleicht nachdenklich machende, auf jeden Fall aber bereichernde Lektüre.

Edith Droste *Martin Gierse* *Peter Wirtz*

„Lebensfreude, Lebensbrüche, Lebensfülle – Wege entstehen beim Gehen“[1]

Grußwort

Hermann Gröhe

Lebensfreude, Lebensbrüche, Lebensfülle. Das ist ein kraftvoller Dreiklang. In der Musik entscheidet der mittlere Ton eines Dreiklangs darüber, ob ein strahlendes Dur oder ein dunkleres Moll ertönt. Bei Ihnen taucht in der Mitte das Wort „Lebensbrüche“ auf. Aber egal, ob man Dur oder Moll heraushört – die Mut machende Botschaft ist: Auch mit „Lebensbrüchen“ – trotz Trauer und Verzweiflung – kann die Gesamtkomposition eines Lebens harmonisch sein. Vorausgesetzt, man hat Menschen an der Seite, die einen in der Phase eines solchen „Lebensbruchs“ begleiten.

In den Kinderhospizen arbeiten viele ehren-und hauptamtliche Menschen, die genau das tun: Kindern und Jugendlichen beistehen, die lebensverkürzend erkrankt sind, Eltern und Geschwistern beistehen, ihnen Auszeiten vom kräftezehrenden Alltag im Umgang mit einem erkrankten Kind, der Schwester oder dem Bruder ermöglichen, sie in der Trauer begleiten. Für diesen Beistand, für diese wertvolle Arbeit, bin ich Ihnen allen sehr dankbar. Sie leisten in der Hospizarbeit und im Umgang mit lebensverkürzend erkrankten Kindern Großartiges. Mit Einfühlungsvermögen, mit Anteilnahme und mit Taktgefühl sorgen Sie sich darum, dass die „Lebensbrüche“ eingebettet sind in Lebensfreude und Lebensfülle. Wenn das Leben durch eine schwere Diagnose aus dem Takt geraten ist, dann helfen Sie, wieder einen Rhythmus zu finden.

Und das führt mich zum zweiten Teil Ihres Kongress-Titels:
„Wege entstehen beim Gehen.“ Das ist eine mindestens ebenso Mut machende Botschaft. Aus zweierlei Gründen: Sie sagt allen Betroffenen, die mit den Folgen einer schweren Diagnose kämpfen: Du empfindest deine Situation als ausweglos.

1 Rede beim 6. Deutschen Kinderhospizforum, 13.11.2015.

Wir haben die Zuversicht, dass wir mit dir gemeinsam einen Weg finden. Und Sie senden damit ein lebensbejahendes Signal in die Gesellschaft!

Ich bin sehr gerne als Schirmherr zu diesem Kinderhospizforum gekommen, weil ich weiß:
Hier treffe ich auf Menschen, die ein Vorbild dafür geben, wie die einzigartige Würde anderer Menschen in jeder Lebensphase zu achten und zu schützen ist! So, wie es unser Grundgesetz vorgibt, und so, wie es sich viele von uns – auch ich – aus persönlicher, christlicher Überzeugung wünschen! Wenn ein Kind schwer erkrankt oder wenn ein Kind nach einem Unfall pflegebedürftig wird, dann sollen Eltern und Kind unter keinen Umständen das Gefühl haben, sie würden der Gesellschaft zur Last fallen. Sie sollen vielmehr die Gewissheit haben, dass sie Hilfe bekommen. Diese gesellschaftliche Grundvoraussetzung ist das Ziel der Politik der Bundesregierung.

Mit Gesetzen zur Stärkung der Pflege und zur Stärkung der Hospiz- und Palliativversorgung wollen wir die jeweiligen Angebote für Hilfsbedürftige weiter verbessern. Und ich bin sehr dankbar, dass der Deutsche Kinderhospizverein sich in die politische Gestaltung einbringt. Denn den Mitarbeiterinnen und Mitarbeitern der Kinderhospize und den betroffenen Angehörigen wird der Wert eines jeden Lebens wohl stärker bewusst als manch anderem. Das erklärt vermutlich auch, weshalb das Bejahen des Lebens, die Lebensfreude und die Lebensfülle bei Ihnen den Ton angeben, obwohl Sorge, Angst und Trauer immer mit im Raum stehen.

Es beindruckt mich zutiefst, wenn ich von Menschen höre, die – begleitet durch ein Kinderhospiz – ein Baby in dem Bewusstsein zur Welt bringen, dass es nur wenige Stunden oder Tage leben wird. Und die diesem Kind ihre Liebe zuteilwerden lassen, alles tun, um seine Würde zu achten. Und ich bin tief berührt, wenn ich sehe, welche Verbindungen etwa zwischen den Eltern fortbestehen, die ein ähnliches Leid erfahren haben. Wie sie sich gemeinsam erinnern an die Lebensfreude und die Lebensfülle, wie sie die Würde eines Menschen – über den Abschied aus dem Leben hinaus – bewahren.

„Lebensfülle“ kann auch heißen, dass es manchmal zu viel wird. Wenn sich in Familien mit mehreren Kindern plötzlich alles um die Krankheit und die Sorgen

des einen Kindes dreht, fühlen sich die Geschwister manchmal abgehängt. Sie brauchen Aufmerksamkeit und Ansprache.
Es ist großartig, dass die Kinderhospizvereine die Geschwisterkinder mit Freizeitangeboten aus dem Alltag entführen und auch sie in den Mittelpunkt stellen.

Ich sehe diese Beispiele als Ansporn, die wertvollen Angebote der Hospiz- und Palliativversorgung für Kinder überall im Land bekannt zu machen. Und überall, wo es noch keine Angebote gibt, den Boden dafür zu bereiten. Ich verbinde damit folgende Überzeugung und Hoffnung: Das Ja zum Leben, die Lebensbejahung, wird in der Gesellschaft eine stärkere Wirkung erfahren, wenn sicher ist, dass Sterbenskranke überall gut umsorgt sind und dass Angehörige mit ihren Fragen und Sorgen gehört werden.
Deshalb bin ich froh, dass wir beim Auf- und Ausbau der spezialisierten ambulanten Palliativversorgung und bei der Stärkung ambulanter und stationärer Hospizdienste in den letzten Jahren schon gut vorangekommen sind. Durch die Verankerung der Palliativmedizin im Studium als Pflicht- und Prüfungsfach werden kommende Medizinergenerationen zudem besser auf die Behandlung von sterbenden Menschen vorbereitet.
Bereits während des Studiums werden die Studierenden an die Bereiche Schmerztherapie, Symptomkontrolle sowie Gesprächsführung mit Schwerkranken und Sterbenden herangeführt. Das ist sinnvoll und wichtig, wenn die Palliativmedizin auf Augenhöhe mit anderen Fachgebieten arbeiten soll.
Im Juli 2013 wurde im Bundesministerium für Gesundheit das Forum „Palliativ- und Hospizversorgung in Deutschland" ins Leben gerufen. Das Forum trifft sich zweimal im Jahr. Und ich bin sehr dankbar, dass der Kinderhospizverein mit am Tisch sitzt.

Kinder haben andere Bedürfnisse als Erwachsene. Das gilt auch auf dem letzten Lebensweg. Deshalb sind wir bemüht, die Versorgungsangebote auch für die Kinder möglichst passgenau zuzuschneiden. Krankenkassen und Fachverbände haben hierfür gemeinsam Empfehlungen ausgearbeitet. Und der Deutsche Kinderhospizverein hat sich mit seinen Erfahrungen ja auch in die Gesetzgebung zum Hospiz- und Palliativgesetz eingebracht, welches wir mit breiter Mehrheit im Deutschen Bundestag beschlossen haben.

Meine Damen und Herren,
viele von Ihnen wissen aus Ihrer täglichen Arbeit: Das Sterben ist verbunden mit Ängsten. Und diese Ängste sind allzu verständlich. Sie führen bei manchem gar zu dem Wunsch, sich vorzeitig aus dem Leben zu verabschieden, um Schmerzen oder einer langen Leidensphase zu entkommen. Bei Eltern von schwerkranken Kindern keimt womöglich die Frage auf: Können wir das Leid des Kindes nicht abkürzen? Eine hochwertige Hospiz- und Palliativversorgung kann den Angehörigen bei der Bewältigung solcher Fragen helfen.

Das Kinderhospizforum ist ein leuchtendes Beispiel dafür, dass es bereits eine sehr lebendige Hospizkultur in Deutschland gibt. Rund 100.000 Menschen engagieren sich ehrenamtlich in der Hospiz- und Palliativversorgung. Aber es gibt eben auch noch viele „weiße Flecken" in der Versorgungslandschaft – also einen Mangel an Hospiz- und Palliativangeboten, vor allem in den ländlichen Regionen. Um das zu ändern, soll die ambulante ärztliche Palliativversorgung gestärkt und die Hospizarbeit auch finanziell besser gefördert werden.
Im Hospiz- und Palliativgesetz haben wir konkrete Maßnahmen vorgesehen, damit professionelle und ehrenamtliche Betreuung noch stärker Hand in Hand arbeiten können.
Vor allem in Flächenregionen wollen wir das bessere Miteinander von medizinischer und pflegerischer Versorgung sowie hospizlicher Begleitung in der Regelversorgung voranbringen. Und wir wollen uns dafür einsetzen, dass ausreichend qualifizierte Pflegekräfte mit der erforderlichen Berufserfahrung zur Verfügung stehen.

Mein Damen und Herren,
Wege entstehen beim Gehen. Das gilt für jedes Leben in seiner Einzigartigkeit. Das gilt in gewisser Weise auch für den Ausbau der Hospiz- und Palliativversorgung in Deutschland. Deshalb bin ich froh, dass Sie sich hier in Essen über neue Wege austauschen. Ihr Erfahrungshorizont gibt uns wertvolle Orientierungshilfen auf dem Weg zu einer guten Versorgung.
Der lebensbejahende Dreiklang dieses 6. Deutschen Kinderhospizforums möge durch die Türen und Fenster dieses Hauses nach außen dringen und auf viele offene Ohren stoßen.

Vielen Dank!

„Lebensfreude, Lebensbrüche, Lebensfülle – Wege entstehen beim Gehen“[1]

Grußwort

Barbara Steffens

Was macht das Kinderhospizforum zu einer Tagung der besonderen Art? Die Antworten dürften individuell ganz unterschiedlich ausfallen. Für mich steht fest: Wir brauchen Ihre Erfahrungen und Anregungen, Ihren Blick auf die Welt. Wir brauchen ihn, denn er schenkt vielen Zuversicht und schafft Vertrauen. Das gilt für die betroffenen Familien, aber auch für alle anderen Menschen, denn vielen ist der Lebensbereich, um den es heute geht, unbekannt, weckt bei manchen sogar Ängste. Sie leihen uns Blicke, solche Ängste abzubauen. Dies ist eine großartige Leistung, für die ich Ihnen sehr dankbar bin.

Dankbar bin ich Ihnen aber noch aus einem anderen Grund: Sie werfen mit dem heutigen Kinderhospizforum ein Schlaglicht auf ein grundlegendes Problem, vor dem wir als Gesellschaft insgesamt stehen. Ich meine unsere deutlich spürbare Hilflosigkeit, Menschen angemessen zu begegnen, die nicht der üblichen gesellschaftlichen Norm entsprechen, egal welchen Alters und mit welcher Einschränkung: alten Menschen mit körperlichen oder seelischen Erkrankungen etwa, Menschen mit Behinderungen, Menschen, deren kognitive und verbale Kommunikation eingeschränkt ist oder als Weg der Verständigung ganz wegfällt. Dass Kommunikation jedoch unmöglich ist, wäre ein großer Trugschluss. Ganz im Gegenteil. Sie entfaltet oft ungeahnte, überraschende Wirkung – vorausgesetzt, wir lassen uns auf andere, ungewohnte Wege ein. Wege, die es durchaus gibt, auch wenn sie uns fremd sind: Kommunikation über Berührungen, Blickwechsel oder ein Lächeln. Wer einmal mit Menschen auf diese Weise ernsthaft in Verbindung getreten ist, weiß, was gemeint ist. Für mich steht fest: Diese Art, miteinander in Kontakt zu treten, ist keineswegs geringer einzuschätzen als unsere den üblichen Normen entsprechende verbale Kommunikation. So zu kommunizieren ist ein

1 Grußwort, gehalten zur Eröffnung des 6. Deutschen Kinderhospizforums am 13. November 2015 in Essen

wunderbarer, vielleicht sogar wertvollerer Weg der zwischenmenschlichen Begegnung. Auf jeden Fall ist sie eine ganz und gar ehrliche Form der Kommunikation.

Hinzu kommt, dass wir in Zeiten des demografischen Wandels zwingend darauf angewiesen sind, solche Wege zu gehen, denn in einer rasch alternden Gesellschaft ändern sich die Lebensrealitäten, werden körperliche und seelische Einschränkungen immer häufiger. Ich denke vor allem an Menschen mit kognitiven Einschränkungen wie demenziellen Erkrankungen oder Menschen mit Mehrfacherkrankungen. Ihre Existenz, ihre Bedarfe, ihre Sicht auf das Leben werden in zunehmendem Maße Teil unserer Lebenswirklichkeit. Doch räumen wir ihnen angemessene Teilhabemöglichkeiten in unserer Gesellschaft ein? Eine Teilhabe, die ihrer Bedeutung und ihren Anliegen entspricht? Ich denke, hier gibt es deutlichen Nachholbedarf!

Ein wichtiger Schritt in diese Richtung ist es eben, Wege der Kommunikation zu ermöglichen, die keinen Menschen ausgrenzen, sondern auch den Fähigkeiten derer entsprechen, die nicht in den Rahmen unserer üblichen Normvorgaben passen. Fähigkeiten, die im Übrigen oft viel größer und umfassender sind, als wir vermuten. Es ist unsere Aufgabe, sie ans Licht zu holen und zur Entfaltung zu bringen. Mir ist bewusst, dass dies in einer Gesellschaft des Höher-Schneller-Weiter sehr schwer ist, da wir gern Höchstleistung und ständige Leistungsbereitschaft zur Norm erklären und es oft an Zeit für Achtsamkeit und Zuwendung fehlt. Es führt aber kein Weg daran vorbei umzudenken, wollen wir unseren eigenen Ansprüchen an eine menschliche Gesellschaft gerecht werden. Mehr noch: Wir müssen als Gesellschaft sowohl unsere Haltung zum Wert des Lebens als auch unsere oft auf vordergründige Leistungsoptimierung ausgerichteten Maßstäbe grundlegend überdenken.
Ich wünsche mir, dass wir das dazu erforderliche Bewusstsein als Gesamtgesellschaft stärker entwickeln.

Dies führt zu einer Frage, die in unserer Gesellschaft des Höher-Schneller-Weiter immer häufiger diskutiert wird: die Frage nach Maßstäben zur Beurteilung lebenswerten Lebens bei Menschen, die ihren eigenen Willen vielleicht nicht mehr selbst artikulieren können.

Ich frage mich: Warum muss diese Frage überhaupt gestellt werden? Wäre es nicht viel wichtiger, uns darauf zu konzentrieren, wie wir die passenden Rahmenbedingungen schaffen können, die Leben auch bei lebenszeitverkürzenden Erkrankungen lebenswert machen? Die Lebensqualität erhalten oder neu ermöglichen? Es ist diese Frage, die wir uns als Gesellschaft zunächst stellen sollten.

Lebensqualität ermöglichen – dieser Anspruch setzt voraus, dass wir unterscheiden zwischen den verschiedenen Bedarfen. Im Bereich der Palliativ- und Hospizarbeit etwa ist es ein großer Unterschied, ob wir über die Unterstützung von erwachsenen, oft alten Menschen reden oder unseren Blick auf Kinder und Jugendliche richten. So ist es ein grundlegender Unterschied, ob sich ein Mensch am Ende eines langen Lebens befindet und sich einen Ort wünscht, der Geborgenheit schenkt und das Abschiednehmen so ein Stück erleichtert, oder ob es sich bei den Betroffenen um Kinder und Jugendliche mit einer lebenszeitverkürzenden Erkrankung handelt. Bei ihnen ist die Ausgangslage sehr oft anders. Sie wollen leben, lachen, Freude und Begeisterung empfinden, so wie jedes andere Kind auch. Sie haben meist ganz andere Bedürfnisse als Erwachsene. Kinder- und Jugendhospize werden diesen Bedürfnissen in hohem Maße gerecht. Sie sind Orte der Freude und für Freunde. Orte, wo man ausspannen und loslassen kann.

Lebensqualität ermöglichen – dies ginge niemals ohne Sie als Eltern, Geschwister, Großeltern, Freundinnen und Freunde. Die Last auf Ihren Schultern wiegt schwer, dennoch nehmen wir als Gesellschaft Sie oft nicht mit der erforderlichen Sensibilität wahr oder betrachten Ihre Anliegen als zweitrangig. Dabei sind vor allem Sie es als Angehörige, die liebevolle Zuwendung schenken und verlässliche Unterstützung in allen Phasen der Begleitung leisten. Es ist darum zwingend erforderlich, bei der Unterstützung für die Kinder- und Jugendhospizarbeit Ihre Bedürfnisse genauso in den Blick zu nehmen und stets mitzudenken. Ohne Sie, die nahen und liebenden Mitmenschen, ist eine passgenaue Hospizarbeit nicht denkbar. Auch Sie, die Angehörigen, haben einen berechtigten Anspruch auf Unterstützung, die ein Stück mehr Normalität und Sicherheit in Ihrem Alltag schafft. Ein Alltag wie jeder andere wird das Leben mit der lebensverkürzenden Erkrankung Ihres Kindes niemals sein, doch es wäre schön, wenn Sie mit unserer Unterstützung sagen könnten: „Es gelingt, die Aufgabe zu bewältigen."

Oft sind gerade Sie es, die bei der Betreuung in den Familien gemeinsame Netze der Unterstützung knüpfen. Welche positive Kraft von diesen Netzen und Strukturen menschlicher Nähe ausgehen kann, habe ich selbst am Beispiel einer jungen Bekannten erlebt, die an einer lebensverkürzenden Krankheit litt. Die junge Frau hatte sich verliebt, war aber unsicher, ob sie ihre Liebe angesichts der Umstände auch leben dürfte. Dann geschah etwas Wunderbares: Die Familie der jungen Frau bestärkte sie in ihrem Wunsch und ermutigte sie, ihren Gefühlen freie Bahn zu lassen. Die junge Frau lebte daraufhin glücklich ihre Liebe und ihr Leben und genoss die gemeinsame Zeit in vollen Zügen. Ohne das stützende Netz, dieses motivierende Gefüge aus nahen Menschen, das sie ermutigte, wäre es nie so weit gekommen. Das Glück hätte warten müssen oder wäre vielleicht ganz ausgeblieben.

Auch wir als Land versuchen Strukturen zu schaffen, die passgenaue Unterstützung ermöglichen. Dabei fangen wir nicht bei null an. So gibt es in NRW sechs stationäre Kinderhospize: Düsseldorf, Bielefeld, Gelsenkirchen, Krefeld, Olpe, Wuppertal. In den Häusern in Olpe und Bielefeld werden auch Jugendliche versorgt. Hinzu kommen 35 ambulante Kinderhospizdienste und 44 Kinderkrankenpflegedienste. Damit sind wir im Vergleich zu anderen Bundesländern sehr gut aufgestellt. Aber auch bei uns gibt es noch Luft nach oben. Ich denke dabei vor allem an den ambulanten Bereich, der den Verbleib in vertrauter Umgebung ermöglicht (ein Grundansatz, der auch im demografischen Wandel immer bedeutsamer wird).

Es geht im Kern um die Schaffung bestmöglicher Versorgung und Teilhabemöglichkeiten. Es gibt die UN-Behindertenrechtskonvention, deren Umsetzung wir in NRW mit Nachdruck angepackt haben. Gesetzliche Vorgaben sind aber nur das eine. Darüber hinaus müssen wir uns als Gesamtgesellschaft immer wieder neu fragen, ob unsere Strukturen wirklich bestmögliche Teilhabechancen ermöglichen. Inklusion muss mit Blick auf den Stand ihrer Umsetzung fortlaufend überprüft und von der Gesellschaft insgesamt gelebt werden, sonst verdorrt sie oder bleibt ein hehres Ziel. Das gilt nicht zuletzt für den Bereich der Hospiz- und Palliativarbeit.

Es ist gut, dass die Bundesregierung mit ihrem Hospiz- und Palliativgesetz einen konkreten Beitrag zur Verbesserung der Unterstützung für Menschen mit lebensverkürzenden Erkrankungen geleistet hat, darunter vor allem die verbesserten finanziellen Leistungen. Doch dabei darf es nicht bleiben. Wir müssen weiter an Verbesserungen arbeiten, gerade im ambulanten Bereich sowie bei der Vernetzung von ambulantem und stationärem Bereich. Bitte behalten Sie sich Ihr Engagement und Ihre Bereitschaft, die Hospiz- und Palliativversorgung für Kinder und Jugendliche aktiv mitzugestalten. Ich empfinde großen Respekt vor Ihren Leistungen. Für Ihre Arbeit, die für die einzelnen Betroffenen, aber auch für die Gesellschaft insgesamt so wichtig ist, wünsche ich Ihnen weiterhin viel Kraft, Ausdauer und Mut.

Wege entstehen beim Gehen – „Unsere Kinder hinterlassen Spuren in uns und in unseren Mitmenschen“[1]

Thomas Trappe

Mein Name ist Thomas Trappe. Ich bin verheiratet, habe 3 Kinder, wohne in der Nähe von Nürnberg und unsere Tochter Luca ist lebensbegrenzend erkrankt.

Ich habe lange gebraucht, um mich in geschriebenen Worten und noch länger in gesprochenen Worten damit auseinanderzusetzen, dass meine Tochter wahrscheinlich vor mir sterben wird.

Dass Kinder und Jugendliche im Rahmen einer schweren Erkrankung sterben können und dies auch tatsächlich tun, wird in unserer Gesellschaft grundsätzlich eher übersehen. Während der Tod im Tatort der Unterhaltung dient, ist das wirkliche Sterben, also unser Umgang mit dem Ende des Lebens, aus unserer Wirklichkeit weitgehend ausgeblendet.

Meine Motivation, hier zu stehen, entstand zu allererst aus der eigenen wertvollen Erfahrung mit den Angeboten des Deutschen Kinderhospizvereins beziehungsweise der von ihm initiierten Kinderhospize. Aus diesen Erlebnissen entstand eine tiefe Verbundenheit mit dem Deutschen Kinderhospizverein. Die Kraft, die hinter dem bürgerlichen Engagement dieses Vereins steckt, ist in allen Fällen die Wertschätzung des Lebens und nicht die des Todes.

Auch in dem Thema, zu dem ich sprechen soll, steckt dreimal das Wort Leben.

Es ist dabei die Rede von Freude und Fülle, es ist aber auch die Rede von Brüchen, ein Wort, das mir als junger Mann und angehender Vater gänzlich unbekannt war. Ich rechnete nicht mit ernsthaften Schwierigkeiten in meinem Leben, so als sei das Leben ein Weg, der gerade und planbar vor mir lag, den ich überschaute,

1 Rede, gehalten auf dem 6. Deutschen Kinderhospizforum am 13. November 2015

den ich vermeintlich im Griff hatte und auf dem ich nur voranschreiten müsse. So meinte ich wenigstens und verdrängte die Ahnung, dass es in jedem Moment anders sein könnte.

Als Kind katholischer Eltern war ich aufgewachsen in dem Bewusstsein, wenn ich gut bin, komme ich in den Himmel, bin ich böse, komme ich in die Hölle. Ganz einfach. Gut oder schlecht. Gott oder Teufel. Weiß oder schwarz. Mit der Zeit und dem Älterwerden stellte sich heraus, dass das Leben leider nicht so einfach zu sein schien.

Als Vater eines gesunden Sohnes freute ich mich also auf unser zweites Kind. Drei mal 10 Punkte beim Apgar-Test kurz nach der Geburt – na dann ist ja alles in Ordnung. Mit diesem beruhigenden Gefühl lag unsere Tochter Luca kurz nach dem Kaiserschnitt bei mir in den Armen. Noch etwas zerknautscht, aber natürlich die hübscheste Tochter der Welt.

Im zweiten Lebensjahr fiel meiner Frau auf, dass Luca in Ihren Entwicklungsschritten deutlich hinter Ihrem großen Bruder Moritz zurückblieb. Ich nahm ihre Sorgen nicht so ernst und versuchte mit „... das wird schon ..." die Bedenken vom Tisch zu bekommen.

Ihre häufigen Mittelohrentzündungen, typisch für die später diagnostizierte Krankheit, verbunden mit einem schlechten Hören waren m. E. schlüssige Erklärungen für ihre Entwicklungsverzögerungen. Im Nachhinein beurteilt, war wohl auch viel „... dann muss ich mich jetzt nicht darum kümmern ..." dabei. Wir waren ja gerade erst in ein 100 Jahre altes Haus gezogen, mit erheblichem Renovierungsbedarf, einer gewagten Finanzierung und im Job am Anfang stehend, brauchte ich nicht noch eine Baustelle, die sich ja wahrscheinlich als übertriebene mütterliche Sorge herausstellt.

Aber zum Glück ließ sich meine Frau nicht von ihrem Ehemann bremsen und ging der Sache mit einer mütterlichen Vorahnung auf den Grund.

Nach mehreren Monaten bestätigte uns eine Ärztin im Klinikum Nürnberg die endgültige Diagnose: Mukopolysaccharidose, Typ III A, eine seltene Stoffwechselerkrankung, deren zeitlicher Verlauf kaum vorhersehbar ist, die aber nur Lebenserwartungen vorsieht, die sich bestenfalls bis ins junge Erwachsenenalter erstrecken.

Das konnten wir nicht glauben, hier unsere lebensfrohe, immer gutgelaunte kleine Luci und da diese erschütternde Perspektive. Ein Gedanke, der nicht in meinen Kopf wollte und sollte.

Behinderung war für mich bis dahin nicht im Entferntesten ein Thema gewesen. Als Vater hatte ich nicht damit gerechnet, ein behindertes Kind zu bekommen, und wenn, dann war mir das Ausmaß einer Behinderung vor allem durch eine Fernsehserie mit dem Titel „Unser Walter“, einem Downsyndrom-Kind, in Erinnerung. Die Älteren unter Ihnen werden sich vielleicht an diese Sendung erinnern. Es war in meiner Jugend einer der ersten Fernsehfilme im öffentlich-rechtlichen Fernsehen über behinderte Kinder, die ich wahrnahm.

Dass ich mir heute diesen Grad der Behinderung für Luca wünschen würde, war damals jenseits meiner Vorstellungskraft. Ich empfand Behinderung nicht als Makel, war aber völlig unerfahren im Umgang mit Behinderung.

Auch wenn Luca in ihrer Entwicklung immer hinter Gleichaltrigen hinterherhinkte, fiel ihre Behinderung anfangs nicht besonders auf. Ihre Sprachentwicklung machte Fortschritte. Musik bedeutete ihr sehr viel und am liebsten sang sie Kinderlieder und schaute im Fernsehen ihre geliebten Pippi-Filme. Sie konnte von Pippi, Rollgardina, Ephrahims Tochter Langstrumpf gar nicht genug bekommen und saß hochkonzentriert vor diesen Filmen. Irgendetwas bei diesen Filmen führte bei ihr zu der erstaunlichen Tatsache, dass sie später, als sie schon sehr unruhig war, nur bei diesen Filmen zur Ruhe vor dem Fernseher fand.

Im Alter von etwa 5 Jahren wurde der Punkt erreicht, vor dem wir so sehr Angst hatten. Ab diesem Zeitpunkt verlief ihre Entwicklung rückwärts. Alles, was sie bisher gelernt hatte, sollte sie, und damit auch wir, verlieren.

Ein Ereignis verdeutlicht diesen Rückschritt sehr anschaulich. Luca malte sehr gerne mit Wasserfarben. Auch wenn ihre Ergebnisse mehr der modernen Kunst zuzuordnen waren, so hatte sie immer sehr viel Freude bei der Herstellung von Kunstwerken. An diesem Tag wollte sie wieder ein Bild mit Wasserfarben malen aber „wusste" nicht mehr, dass man den Pinsel erst ins Wasser tauchen musste, bevor man ihn in die Farbe taucht. Eigentlich eine Erkenntnis, über die man nicht nachdenkt, die man einfach automatisch ausführt. Sie wollte mit dem Pinsel, den sie nur in die Farbe geführt hatte, ihr Bild malen. Dass das nicht funktionierte, verstand sie überhaupt nicht, und wir hatten den Eindruck, ihr wurde bewusst, dass sie etwas nicht mehr konnte.

Ein Ereignis, das uns den Verlust an geistigen Fähigkeiten, der bisher mehr oder wenig schleichend vor sich gegangen war, sehr deutlich veranschaulichte. Solche Ereignisse sollten sich in Zukunft häufen. Luca verlor Fähigkeiten, die ich vorher bewusst nicht als Fähigkeiten wahrgenommen hatte. Sei es das selbstständige Essen, das Sitzen, das Anziehen, das Zähneputzen und und und ... Sie konnte ihre geliebten Kinderlieder und Einschlaflieder nicht mehr singen, weil sie die Texte vergessen hatte.

Am Anfang sang sie noch einzelne Textstellen mit, wenn wir abends im Bett kuschelten und gemeinsam sangen, dann aber brachte sie sämtliche Texte durcheinander und vergaß schließlich die Melodien. Auch ihre Sprachfähigkeit verschwand mehr und mehr. Ein sehr schmerzlicher Vorgang für uns alle, der uns die Wichtigkeit der Sprache für unsere Beziehungen nur allzu deutlich machte. Ihr letztes Wort war „Robs", der Name eines Freundes unserer Familie, der ein sehr gutes Gespür für sie hatte und den sie besonders verehrte.

Wir hatten Angst, mit dem Verlust der Sprache den Kontakt zu ihr zu verlieren. Aber sie ersetzte ihre Unfähigkeit, sich verbal zu äußern, durch ihre Fähigkeit, uns wesentliche Gefühle durch Augenkontakt zu vermitteln. Ein Geschenk! Inzwischen, mit jetzt 19 Jahren, sind wir uns aber nicht mehr sicher, was Luca wahrnimmt, ob sie uns als Eltern noch erkennt, was sie fühlt bzw. nicht mehr empfindet.

Ihr Verhalten änderte sich parallel mit dem Verlust ihrer Fähigkeiten. Sie steckte alles, was sie fassen konnte, in den Mund, kannte keine Gefahren mehr und war insgesamt sehr unruhig und ständig auf Achse. Ein Verhalten, das wir von Kleinkindern kannten. Nur waren die nicht so mobil wie Luca. Das bedeutete, dass wir ständig bei ihr sein mussten, damit sie nicht sich selbst und andere gefährdete. Wir montierten eine Plexiglasscheibe vor ihr Kinderzimmerfenster, da sie mit der flachen Hand immer auf die Scheibe schlug, die zu zerbrechen drohte. Eine Glasscheibe eines Jugendstilschränkens ging zu Bruch, als sie mit der Hand draufschlug. Wir haben die fehlende Scheibe bis heute nicht ersetzt. Manchmal wünsch ich mir, sie könnte heute noch die zweite Scheibe rausschlagen. Alles, was auf Schränken bzw. Kommoden stand, musste weggeräumt werden. Die Schubladen mussten gesichert werden.

Aber es ergaben sich im Alltag auch sehr skurrile Situationen. Bei den ausgedehnten Spaziergängen, die wir mit ihr unternahmen, um ihrem Bewegungsdrang entgegenzukommen, kam es immer wieder vor, dass Luca fremde Leute, an denen wir vorbeigingen, mit der Hand berührte. Bisweilen auch an Körperteilen, die man üblicherweise nicht berührt. Die Reaktionen darauf waren immer sehr spannend und reichten vom „Entrüstetsein" bis zum liebevollen Verständnis. Man sah Lucas geistige Behinderung nicht unbedingt auf den ersten Blick. Überhaupt hatte sie zu diesem Zeitpunkt kaum Distanz zu ihren Mitmenschen und stellte sich manchmal in 20 cm Abstand vor wildfremde Menschen hin und schaute ihnen in die Augen. Nicht alle hielten ihren Blicken stand.

Auf dem Spielplatz, zu dem sie noch gerne ging, war es für kleinere Kinder manchmal schwer nachzuvollziehen, warum dieses große Mädchen so ziellos umherlief. Gleichzeitig waren sie überfordert, wenn Luca ihnen blitzschnell ihre Süßigkeiten aus der Hand klaute. Wer sie nicht kannte, wurde von dieser Fähigkeit überrascht und zahlte als Lehrgeld den Besitz des meist essbaren Gegenstands.

Auch mit dem Schlafen wurde es schwieriger, sie kam allein im Bett nicht zur Ruhe und so musste sich immer jemand dazulegen und sie im Bett festhalten, damit sie nicht ständig wieder aufstand. Meistens war das meine Aufgabe, mit dem Ergebnis, dass ich regelmäßig vor Luca einschlief, sie aber zumindest liegen blieb und irgendwann später neben ihrem Papa einschlief. Meine Unterrichtsvorbereitungen verlegte ich damals in die frühen Morgenstunden. Nachdem ich ja schon um 20:00 Uhr ins Bett gegangen war, konnte ich ausgeschlafen um 04:30 Uhr aufstehen und mich bei sehr angenehmer morgendlicher Stille auf meinen Job vorbereiten.

Wir merkten, dass wir in unserem Haus auf Dauer nicht bleiben konnten, da es in keiner Weise behindertengerecht war, und beschlossen schweren Herzens unser Landleben aufzugeben und in die nächste Kleinstadt zu ziehen. Hier hatten wir die Möglichkeit, ein altes Haus behindertengerecht umbauen zu lassen. Dieser Umzug sollte sich in den folgenden Jahren bewähren, konnten doch unsere inzwischen zwei Jungs die meisten Fahrten selbstständig mit dem Fahrrad erledigen und waren nicht darauf angewiesen, dass wir sie als Taxiunternehmen befördern mussten.

Mit 9 Jahren bekam Luca ihre ersten großen Krampfanfälle. Ein Erlebnis, auf das wir theoretisch vorbereitet waren, das uns aber unsere ganze Hilflosigkeit nochmals vor Augen führte. Wir dachten bei jedem der drei Krampfanfälle, die sie zwischen Oktober und Dezember 2005 bekam, dass sie stirbt. Wir wussten uns nicht anders zu helfen als den Notarzt zu holen. Ab dem vierten großen Anfall fassten wir allen Mut zusammen und hielten gemeinsam die Zeit aus, bis das Schlimmste vorbei war. Auch das Laufen fiel ihr jetzt zunehmend schwer. Das war aber auch eine Zeit, in der wir Luca im Bett mit einem Segufixgurt fixieren mussten, um zu verhindern, dass sie nachts aus dem Bett fiel bzw. immer wieder aufstand. Diese Fixierung war für uns als Eltern am Anfang eine enorme Überwindung, wir hatten das Gefühl ihr ein weiteres, ein letztes Stück Freiheit zu nehmen. Aber wenn man immer wieder aufstehen muss, um sie ins Bett zurückzuholen, um dann zehn Minuten später das gleiche zu wiederholen, lässt einen der Schlafentzug die Antwort bei dieser Abwägung leichter finden. Mit der Zeit nahmen wir wahr, dass der Gurt sie zur Ruhe kommen ließ. Wenigstens hatten wir jetzt nicht mehr so ein schlechtes Gewissen!

Im folgenden Jahr wurde das Laufen deutlich schlechter und sie schaffte nur noch ca. 100 bis 200 Meter ohne längere Pausen. Nachdem sie schon seit ein paar Jahren nicht mehr sprach, war es immer schwieriger, ihren aktuellen Zustand zu beurteilen. So stieg die Sorge an, dass sie irgendwo Schmerzen empfindet und wir es nicht merken. Leider fiel Luca das Trinken bzw. die Koordination des Schluckens (auch so eine Fähigkeit, die man erst wahrnimmt, wenn sie verschwindet) immer schwerer und wir gingen dazu über, ihr das Trinken mit einer Plastikspritze in den Mund zu spritzen. Aber nachdem ihr Schlucken immer länger dauerte und die Flüssigkeits- und Nahrungsaufnahme einen Großteil des Tages beanspruchte, entschlossen wir uns nach längerem Ringen zu einer Magensonde.

Im Januar 2008 bekam sie dann die erste Magensonde. Auch wenn sie dadurch an Lebensqualität einbüßte, überwog unsere Sorge, ohne diese Sonde ein zu hohes Risiko einzugehen. Zum Glück ging alles einigermaßen gut und der Alltag entspannte sich sehr schnell. Es war erleichternd, dass wir jetzt ihre Flüssigkeits- und Nahrungsaufnahme in der Hand hatten, und wir fragten uns, warum wir uns nicht schon früher überwunden hatten, diesen Eingriff vornehmen zu lassen. Gleichzeitig konnte sie ja nach wie vor alles über den Mund aufnehmen.

Leider hatte sich ihr Gesamtzustand in den nächsten Jahren erheblich verschlechtert, an Essen oder einzelne Schritte war nicht mehr zu denken. Zum Glück hatten wir bereits die Magensonde und mussten nicht mehr um jeden Schluck kämpfen! Luca konnte nicht mehr frei sitzen und war insgesamt nicht mehr in der Lage, sich selbst zu mobilisieren. Die aktive Kontaktaufnahme durch Berührung oder selbstständig aufgebauten Augenkontakt war ihr nicht oder nur noch sehr eingeschränkt möglich. Gleichzeitig hat sie mit einer Verschleimung zu kämpfen, die sich als chronisch herausstellen sollte und die mit all ihren Problemen und Begleiterscheinungen auch ursächlich dafür war, dass Luca ein „medizinischer Pflegefall" geworden war und blieb.

Seit März 2009 haben wir die Unterstützung durch einen Pflegedienst.

Dass wir beide dadurch wieder durchschlafen konnten, war für uns eine große Erleichterung. Luca wird nachts von den Pflegekräften betreut und der Schleim wird bei Bedarf abgesaugt – oft findet sie erst in den Morgenstunden in den Schlaf oder schläft unter der Woche erst in ihrer schulischen Einrichtung ein, und das als Lehrerstochter!

Was für ein Segen für uns alle, dass dieses System durch unsere Sozialsysteme finanziert wird. Sonst wäre für uns vieles nicht machbar. Wir fragen uns immer wieder, wie Kinder mit vergleichbaren Erkrankungen in weniger entwickelten Ländern aufwachsen müssen bzw. können. Was es bedeutet, mit so einem Kind aus seiner Heimat über tausende von Kilometern fliehen zu müssen, möchte ich mir nicht ausmalen. Was für ein Privileg, in einem hoch entwickelten, demokratischen Staat zu leben!

Zusammenfassend kann man sicher sagen, dass unser Leben sehr viel anstrengender geworden ist als mit einem gesunden Kind, aber auch sehr viel reicher. Das Leben hat für uns mit der Diagnose von Lucas Krankheit seine Unbeschwertheit verloren, eine Unbeschwertheit, die wir vorher nicht wahrgenommen hatten, erst der Verlust ließ sie uns erkennen. Eine Erscheinung, die einem wohl öfters im Leben begegnet.

Lucas Behinderung hat uns aber auch in eine ganz neue, für uns bisher unbekannte Welt geschickt. Eine Welt, die uns zwingt, uns mit dem Tod unserer Tochter auseinanderzusetzen, und die es gleichzeitig mit sich bringt, den eigenen Tod bzw. das Leben zu reflektieren, mit der Gefahr, in Emotionen zu versinken. Wir sind ob der Unheilbarkeit von Lucas Erkrankung und allen damit gemachten Erfahrungen demütig geworden. Konnten wir bis dahin nichts mit diesem Begriff anfangen, so hat Luca uns gelehrt, manches auszuhalten, was man nicht ändern kann, und dafür zu kämpfen, was man ändern kann. Das Bewusstsein, wie wertvoll Leben ist, ist bei uns durch sie sehr gestiegen. Die Fülle an verlorenen Fähigkeiten hat uns aufmerksam gemacht, die Wichtigkeit des Augenblicks wahrzunehmen.

Gleichzeitig haben wir Solidarität von der Gesellschaft erfahren, deren Spenden die Finanzierung von Kinderhospizen sicherstellt, die uns ermöglichen, die Pflege für einen begrenzten Zeitraum abzugeben und Urlaub vom Pflegealltag zu machen. Das Leben in einem System, das eine sehr gute Versorgung mit Hilfsmitteln ermöglicht, lässt uns sehr dankbar sein.

Auch wenn Lucas Brüder auf einiges verzichten mussten, auf der anderen Seite aber auch viele sehr wertvolle Erfahrungen machten, haben wir den Eindruck, dass sie mit der Gesamtsituation ganz gut zurechtkommen. Ob das tatsächlich so ist, werden sie uns hoffentlich als Erwachsene sagen. Manche Freunde verschwanden hinter dem vermeintlich schwierigen Umgang mit uns, andere Freundschaften entstanden mit bisher übersehenen oder neuen, wertvollen Mitmenschen.

Als ich mich auf den Vortrag vorbereitete, hörte ich sie im Erdgeschoß husten und fragte mich, wie lange ihre Kraft reicht, diese Tage zu bewältigen. Und ich fragte mich auch, ob ihr Leben für sie noch lebenswert ist, ob man im Falle eines Falles eingreifen dürfte, ob ich es könnte, ob sie schon gehen will, ob es für sie wichtig wäre, dass wir so weit sind, wie wir das jemals aushalten sollen und und und ... Viele Fragen, kaum Antworten.

Menschen, die zeigen, was Leben wert ist, auch wenn es beschädigt ist, wenn es unselbständig ist, wenn es schwer ist, wenn es ertragen werden muss, Menschen, die Krankheit nicht störend finden, Menschen, die Tod nicht als Schönheitsfehler des Lebens ansehen, Menschen, die Einhalt gebieten gegen das Bild eines immer funktionierenden Menschen – solche Menschen findet man im Deutschen Kinderhospizverein und auf Veranstaltungen wie dieser.

Wir sind sehr dankbar, dass es diesen tollen Verein mit den engagierten Mitarbeitern gibt und dass sich in diesem Verein sehr viele Eltern, obwohl sie als Betroffene, teilweise mit zwei erkrankten Kindern, über sehr begrenzte Ressourcen verfügen, aktiv und engagiert an der Vereins- bzw. Vorstandsarbeit beteiligen. Begleitung auf dem Lebensweg ist für viele betroffene Familien konkrete Lebenshilfe. Für uns war es nach der Diagnosestellung sehr wichtig, uns mit anderen betroffenen Familien auszutauschen. Sehr dankbar sind wir auch für viele menschliche Begegnungen auf dem langen Weg. Wir haben durch den Kinderhospizverein von Leuten lernen dürfen, die uns weit voraus waren, und haben uns in Gesprächen mit Eltern, die gerade die Diagnose bekommen haben, wiederfinden dürfen. Wir haben in diesen Begegnungen mit den erkrankten Kindern und ihren Eltern eine neue Dimension von Würde erfahren dürfen.

Diese Würde hängt dabei nicht von der Unversehrtheit einer Person ab – ich bin fast versucht zu sagen, die Versehrtheit unserer Kinder zeigt uns täglich sehr viel deutlicher, was der Begriff Würde bedeutet.

Wir mussten aber auch leider erkennen, wo die Grenzen unseres Wissens um Lucas Befindlichkeit, der Erfahrbarkeit ihres Zustands liegen. Heute ist das Gefühl, das intuitive Sich-Einfühlen, die einzige Möglichkeit, durch die wir mit unserer Tochter kommunizieren können. Unsere Aufgabe besteht heute darin, unserer Tochter zu einem Leben zu verhelfen, das allen Einschränkungen, ja allem sich selbst Vergessen zum Trotz menschenwürdig genannt werden kann.

Sicher hat dabei jeder seine ganz persönliche Definition von Würde und Autonomie. Welche Vorstellungen haben aber unsere schwerstbehinderten, teilweise das Erwachsenenalter erreichenden Kinder? Können wir als Eltern stellvertretend Entscheidungen treffen, von denen wir hoffen, dass sie im Sinne unserer Kinder sind? Wenn nicht wir, wer sonst? Oder sind diese Entscheidungen in Wirklichkeit von dem Nicht-loslassen-Wollen beziehungsweise -Können geprägt? Manchmal frage ich mich, ob meine Einschätzung von noch vorhandener Lebensqualität auch Lucas Empfinden ist und was die sich aus dieser eventuell unterschiedlichen Wahrnehmung ergebende Konsequenz sein könnte. Dabei bin ich mir bewusst, dass sich meine Einschätzung von Lebensqualität im Laufe der Krankheit meiner Tochter sehr stark verändert hat. Hatte ich zu Beginn noch den Fokus auf den verlorenen Fähigkeiten, so nahm ich nach und nach eher wahr, was sie alles noch konnte.

Was die Analyse dieser Grenzsituation, in der es um die Einschätzung von Lebensqualität geht, betrifft, habe ich heute die mir früher noch unvorstellbaren Erfahrungen der letzten 19 Jahre mit unserer Tochter zu berücksichtigen. Ich bin zurückhaltender, vorsichtiger geworden. Ich habe gelernt zu versuchen, die Kategorie „lebenswert" zu überdenken, meine Vorstellungen von Würde und menschenwürdigem Leben zu differenzieren und mich von vielen Fähigkeiten zu verabschieden.

„Im Grunde", so schreibt der Schriftsteller Lion Feuchtwanger, „nimmt man jeden Tag von irgendetwas Abschied, ohne es zu wissen oder darüber zu reflektieren".

Manchmal frage ich mich, wie es Lucas Körper und Seele schaffen, die Belastungen der Krampfanfälle, die starken Medikamente, die Krankenhausaufenthalte und die sonstigen massiven Einschränkungen auszuhalten. Aber vielleicht ist es, neben ihrem starken Willen, so, wie es der Schriftsteller Khalil Gibran formuliert, nämlich: „ … es ist die Sehnsucht des Lebens nach sich selbst".

Die Krankheiten können unseren Kinder zwar die Zukunft nehmen, aber nicht die Vergangenheit. Unsere Kinder hinterlassen Spuren in uns und bei unserer Mitmenschen. Bleiben wird der Schmerz, wenn sie uns verlassen werden. Wie wir das aushalten können, wissen wir nicht. Bleiben wird auch das Gefühl, dass wir ihnen als Eltern letztlich nicht helfen können ihre Krankheit zu überwinden.

Wege entstehen beim Gehen: Auch wenn Wege sehr steil sein können, sie entstehen tatsächlich beim Gehen. Ich habe diese Wege vorher nicht gesehen, aber sie sind entstanden und geben uns Kraft weiterzugehen. Auf unserem Weg gibt es aber nicht nur Anstiege, sondern auch viel Lebensfreude, viele neue Facetten und sicher ganz viel positive Erfahrungen.

Die Krankheiten unserer Kinder geben aber auch einen Anstoß, die Unvermeidlichkeit des eigenen Todes zu reflektieren. Der Tod ist dabei genauso ein Rätsel wie das Leben. Ein Rätsel, das erst am Ende gelöst wird. Vielleicht?!

Man könnte es auch so ausdrücken, wie es der Schriftsteller Bernhard Casper tut: „Sterben ist der Ernstfall der Hoffnung".

Das Wissen der Unvermeidlichkeit des eigenen Todes und damit der Unwiederholbarkeit jeden Moments ist eine wichtige Voraussetzung für ein bewusstes Leben.

Der Philosoph Ludwig Wittgenstein hat über die Beschäftigung mit dem Tod gesagt: „Die Beschäftigung mit dem Tod ist eine gigantische Quelle für sprudelnde Lust am Leben."

In diesem Sinne wünsche ich Ihnen eine intensive Beschäftigung mit Ihrer eigenen Endlichkeit und damit viel Lust am Leben.

Herzlich Dank allen Teilnehmern und Organisatoren dieser Veranstaltung für den großen Respekt, den sie unseren Kindern entgegenbringen. Dafür sind wir Eltern zutiefst dankbar.

Bitte setzen Sie sich weiter für das Leben ein. Eine Kultur des solidarischen Zusammenhalts ist die Voraussetzung für ein würdevolles Leben und Sterben und zeigt den wahren Wert einer Gesellschaft.

Die Aufgabe einer humanen Politik muss es sein, den Wert unserer Kinder gegen die Zumutungen einer Leistungs- und Nützlichkeitsgesellschaft wie der unseren zu verteidigen.

Ein Vater eines Downsyndrom-Jungens hat den Lebensweg mit einem behinderten Kind in einem Zeitungsartikel sehr schön beschrieben. Er schreibt:

„Vieles ist gleich geblieben. Auf dem Weg des Lebens scheint die Sonne genauso oft wie zuvor, sind die Bäume am Wegesrand nicht weniger grün; nur, dass der Weg, seit unser Kind ihn mitgeht, immer leicht bergauf führt. Es ist für uns alle einfach etwas anstrengender weiter zu gehen."

Es ist ein Leben zwischen Demut und Stolz. Wahrscheinlich etwas mehr als bei Eltern mit einem normalen Kind, was auch immer normal heißen mag.

Vielleicht aber gibt es bald Kinder wie meine Tochter Luca nicht mehr. Vielleicht sterben sie langsam aus, weil die Untersuchung von ein paar Tropfen Blut ihrer Mütter sie noch lange vor ihrer Geburt verrät.

Vielleicht. Ich bin mir allerdings nicht sicher, ob das ein Fortschritt ist!? Sicher bin ich mir, dass ich mich sofort wieder für Luca entscheiden würde, wenn ich die Wahl hätte.

Wie jedes Kind es tut, bereichert Luca auch das Leben unserer Familie.

Inzwischen habe ich sogar ein klein wenig das Gefühl, einen Vorteil zu haben als Vater von Luca. Sie hat mich nicht zu einem besseren Menschen gemacht, aber sie öffnet mir täglich die Augen für das, was wichtig ist.

Die Liebe zu unserem sterbenden Kind in Schmerz und Fülle

Roland Kachler

Keine Beziehung, wohl auch keine Liebesbeziehung zu einem Partner, ist so tief in der Liebe verankert, wie die Beziehung zu unserem Kind. Dieses schutzbedürftige Wesen als Säugling und als Kleinkind, ruft in den Eltern die Liebe wach. Sie wächst und vertieft sich, wenn nun in diesem Kind seinerseits die Liebe, seine kindliche Liebe zu den Eltern, erwacht und sich Tag um Tag im Lächeln, im Schmusen, im Umarmen weiter entwickelt. Auch wenn dann die Liebe in den alltäglichen Sorgen mit dem heranwachsenden Kind immer wieder auf die Probe gestellt wird, so stärkt doch jeder dieser zahlreichen Proben die Liebe zwischen Eltern und Kindern. Diese besondere Liebe zwischen Eltern und Kindern scheint unzerbrechlich und ungefährdet, auch wenn sie sich dann in der Ablösung beim Erwachsenwerden der Kinder verändern wird. Doch auch dann bleibt die besondere Beziehung zwischen Eltern und Kindern in der Regel erhalten.

Was aber geschieht, wenn eine lebensverkürzende Erkrankung und dann der Tod zwischen Eltern und Kinder treten? Was geschieht mit dieser besonderen Liebe, wenn das Kind viel zu früh gehen und sich verabschieden muss? Um es kurz zu sagen: Auch dann, gerade dann bleibt die Liebe!

Die Liebe – die Kraft im Sterben eines Kindes

Wird ein Kind lebensbedrohlich krank, wird sein Sterben unumkehrbar sichtbar, dann ist die Liebe der Eltern zu ihrem Kind bis zum Äußersten herausgefordert. Sie zeigt sich nun in ihrer ganzen Bedrohtheit und darin in ihrer ganzen Kraft. Wohl nie ist die Liebe so spürbar wie in dieser für beide – für die Eltern und das Kind – so prekären Situation. Nun geht es um Leben und Tod und um die Frage, ob die Liebe weitergelebt werden kann oder ob der Tod ihr eine zumindest äußere Grenze und damit ein Ende setzt.

Deshalb ist die Liebe das Kraft- und Energiezentrum auf dem Weg des Sterbens eines Kindes und darüber hinaus dann auch auf dem Trauerweg nach dem Tod eines Kindes. Die Liebe verwirklicht sich in diesen schweren Zeiten noch einmal in ihrer ganzen Fülle in dichten Augenblicken der Berührung und Begegnung zwischen dem Kind und den Eltern. Gerade in der Begleitung eines sterbenskranken Kindes gibt es die intensivsten Momente der Nähe und Verbundenheit zwischen Eltern und Kind. Und zugleich mutet die Liebe den Eltern den größten Schmerz zu, den Schmerz des drohenden Verlustes, den Schmerz des Mitleidens mit dem Kind und den Schmerz der eigenen Ohnmacht.

Deshalb ist die Begleitung von Eltern, deren Kind lebensbedrohlich erkrankt ist und das sterben wird, nur von der Liebe her zu verstehen. Sie ist der rote Faden, wenn professionelle und ehrenamtliche Begleiter und Begleiterinnen den Eltern und dem Kind nahe sein wollen. Deshalb möchte ich die Begleiter und Begleiterinnen ermutigen:

- Schauen Sie in Ihrer Begleitung auf die Liebe der Eltern und des Kindes.
- Lassen Sie sich von der Liebe beider berühren und führen. Sie müssen nichts wissen, die Liebe weiß schon alles.
- Trauen Sie dieser Liebe alles zu. Sie müssen nichts machen, weil in der Liebe das Richtige geschieht.
- Sehen Sie auch im Schmerz und in der Trauer immer die Liebe als die verwundeten Seiten der Liebe.

Die Liebe und die Hoffnung – die kämpferische Liebe

Die Liebe ist nun herausgefordert, alles zu tun, damit sie das Kind weiter lieben kann. Sie muss sich gegen das Schlimmste, gegen den Tod des Kindes wehren und muss deshalb bis zum Äußersten kämpfen. Sie wird alles machen, was nach menschlichem Ermessen zu machen ist. Dies ist immer verbunden mit einer unbändigen Hoffnung, die zunächst gegen alle Realität der fortschreitenden Erkrankung des Kindes doch noch an ein Wunder glaubt, eben glauben muss.

Valentin ist sechzehn Jahre alt. Die Metastasen eines Muskelkrebses haben den Körper geschwächt. Die Ärzte signalisieren den Eltern klar und deutlich, dass Valentin sterben muss. Doch die Eltern können und wollen es nicht glauben. Sie wollen in ihrem Hoffen und Beten nicht aufgeben. Ihre Liebe will es so und sie kann nicht anders. Valentin spürt diese unbändige Liebe und zugleich fühlt er sich auch alleine in seiner Situation, weil die Eltern sein bevorstehendes

Sterben mit ihm nicht ansprechen können. Er weiß, dass er sterben wird, und er wagt es nicht, es auszusprechen, weil er die Eltern schützen will und ihnen die Hoffnung auf ein Wunder nicht nehmen will. So macht er sein Sterben mit sich allein aus, während die Eltern noch immer alles für ihn tun.

Diese kämpferische Liebe kann übersehen, dass das Kind schon lange weiß, dass es sterben wird. Ich nenne es das innere wissende Kind des Kindes. Wenn die Liebe nur im Machen oder Hoffen bleibt, dann besteht die Gefahr, dass dieses innere wissende Kind, das um sein Sterben und seinen Tod weiß, nicht gesehen und deshalb nicht geliebt werden kann. Das Kind bleibt dann in seinem Innersten bei aller Liebe zugleich von der Liebe verlassen. Das wäre tragisch und Eltern und ihre Liebe wollen dies eigentlich nicht, und doch geschieht das immer wieder.

Das bedeutet für die Begleitung folgendes:

- Sehen Sie das innere wissende Kind mit seinem Wissen um sein Sterben und signalisieren Sie dem Kind, dass Sie es sehen.
- Machen Sie die Eltern auf die Signale und Sprache des wissenden Kindes aufmerksam.
- Fokussieren Sie die Liebe der Eltern auf das innere wissende Kind. Und helfen Sie beiden, über den bevorstehenden Tod zu reden, und sei das nur in behutsamen Andeutungen. Auch die wird das innere wissende Kind verstehen.
- Finden Sie zusammen mit den Eltern Bilder für das innere wissende Kind.

Die Liebe und die Realität – die ohnmächtige Liebe

Auch wenn sich die Liebe zunächst zu Recht weigert, die Realität der fortschreitenden Erkrankung und des kommenden Todes des Kindes wahrzunehmen und damit als zunehmend wahr anzuerkennen, schreitet die Realität unerbittlich voran. Es ist unendlich schmerzlich zuzulassen, dass die Krankheit und der herannahende Tod stärker als die Eltern und das Kind ist und das Kind sterben muss und sterben wird. Nun erlebt die Liebe ihre Ohnmacht, weil sie nichts mehr machen kann. Das Machen aus der Liebe kommt an ein Ende und dies anzuerkennen fällt den Eltern sehr schwer.

Die Mutter tut für ihre dreizehnjährige krebskranke Tochter alles. Sie hat im Internet tagelang recherchiert, ist mit ihrer Tochter zu bekannten Ärzten im Ausland gefahren und hat alle Möglichkeiten der Alternativmedizin versucht. Doch der Krankheitsprozess ihrer Tochter lässt sich nicht aufhalten. Als sie an einem Abend am Bett ihrer schlafenden Tochter sitzt, fällt ihr Blick auf ihre im Schoß liegenden Hände. Plötzlich weiß sie, dass ihre Hände das Handeln aufgeben müssen und nun eine andere Form des Liebens noch mehr in den Vordergrund treten muss.

So schmerzlich die Realität des fortschreitenden Sterbens für die Liebe ist, so wichtig ist es, dass die handelnde Liebe ihre Ohnmacht annimmt, damit sie nun nicht mehr über das Handeln lieben will, sondern „nur noch“ mit dem Herzen lieben kann. Zugespitzt formuliert: Die Liebe kann jetzt nichts mehr tun, sondern nur noch lieben. Diese Liebe zeigt sich nun noch stärker als bisher in der Nähe, in der tiefen Verbundenheit und im Mitgehen mit dem Kind in seinem Sterben. Diese ohnmächtige, im Handeln an das Ende gekommene Liebe kann nun noch etwas zulassen und bewusster erleben: nämlich die Liebe des Kindes. Wenn das Handeln vorbei ist, kann das Zulassen und Nehmen in den Vordergrund treten. Es ist eines der letzten und wichtigsten Dinge, die Eltern nun noch tun können, eben die Liebe ihres Kindes zu spüren und als Geschenk und Vermächtnis anzunehmen.

Für die Begleitung von Eltern und ihrem sterbenden Kind bedeutet das:

- Benennen Sie die Realität des Sterbens des Kindes behutsam, so weit als dass es bei den Eltern ankommen kann.
- Vertrauen Sie darauf, dass die Liebe der Eltern und des Kindes der Realität standhält.
- Lassen Sie bei sich die Ohnmacht der Liebe zu und benennen Sie den Eltern gegenüber, dass die Liebe immer weniger auf der Ebene des Machens tun kann.
- Laden Sie die Eltern ein, nun nicht mehr über das Tun, sondern über die Nähe, Präsenz, Zärtlichkeit und Einfühlung zu lieben.
- Machen Sie die Eltern auf die Liebe des Kindes zu ihnen aufmerksam, damit sie die Liebe ihres Kindes noch einmal intensiv spüren und in den eigenen Körper aufnehmen können.

Die Liebe – Bewahren und Gehenlassen

Simeon liegt nach einem Unfall im Koma. Die Eltern pflegen ihn ein Jahr lang und sind ihm sehr nahe. Sie leben eine intensive Beziehung mit ihm und sie verstehen in den winzigen Signalen seines Körpers die Sprache seiner Seele. Jede noch so kleine Regung nehmen die Eltern auf, seine Mimik und sein Körper wird Teil von ihnen. Immer wieder sitzen sie an seinem Bett und erzählen von früheren gemeinsamen Begebenheiten, zeigen ihm Fotos aus dem Familienalbum oder singen ihm Kinderlieder vor. Und so findet Simeon, der zunehmend aus seinem Körper weggeht, einen guten und sicheren Platz im Herzen und Körper der Eltern.

Im Sterbeprozess des Kindes sollte alles, was das Kind noch schenkt und gibt, von den Eltern aufgenommen und tief nach innen genommen werden. Die Liebe will nun das weggehende und sterbende Kind im Herzen bewahren – ein Blick, eine Berührung, ein Streicheln, ein kleines Lächeln, alles dient dem Bewahren des Kindes. Auch Erinnerungen an die zurückliegende gemeinsame Lebenszeit dürfen jetzt auftauchen und ihren Platz in den Gedanken und Gefühlen der Eltern finden. Psychologisch gesagt, ermöglicht die Liebe eine Introjektion, also ein Nach-innen-Nehmen, sodass das Kind einen guten Platz im Herzen und Gedenken, im Körper und Erinnern der Eltern einnehmen kann.

Zugleich fordert das Sterben des Kindes von der Liebe etwas Unmögliches. Es fordert das Gehenlassen, das Freilassen und das Dorthin-Gehen-Lassen. Damit dies überhaupt möglich ist, braucht es einen guten, bergenden, haltenden und heilenden Ort, wohin das Kind gehen kann. Das kann ein Ort in der Natur wie das Morgenlicht oder der Regenbogen sein, es kann ein spiritueller Ort wie das Haus oder der Schoß Gottes oder es kann auch die Liebe selbst sein.

Sterbende Kinder ahnen oder wissen, wohin sie in ihrem Sterben gehen werden. Manchmal sagen sie es, manchmal malen sie es – oder manchmal ist es in ihren Augen zu sehen. Kinder wissen, dass sie an einen für sie stimmigen Ort gehen werden und dort in einer ganz anderen Existenzweise sein werden.

Deshalb sollte man Eltern nie empfehlen, loszulassen, sondern man sollte sie zuerst fragen, wohin ihr Kind gehen wird, wo ihr Kind ankommen will jenseits dieser Realität, in der das Kind jetzt nicht weiter leben darf. Im Tod also beginnt eine Reise an einen anderen Ort, vielleicht ganz naheliegend in das Herz der Eltern, vielleicht weit entfernt in den Regenbogen oder die Hände Gottes.

Für die Begleitung von Eltern und ihrem Kind, das nun durch das Tor des Todes geht, heißt das Folgendes:

- Fördern Sie das Bewahren und Internalisieren des Kindes in den Begegnungen der Eltern mit dem Kind.
- Öffnen Sie Hoffnung, dass das Kind dann an einen bergenden und guten Ort gehen wird.
- Bringen Sie Bilder von möglichen bergenden Orten ein – meist kennt das Kind seinen Ort!
- Sehen Sie die Flügel, die dem Kind wachsen, und lassen Sie es zusammen mit den Eltern an seinen Ort „fliegen" und dort seinen guten Platz finden.
- Machen Sie deutlich, dass dorthin, an diesen Ort die Liebe zum Kind weitergelebt werden kann.

Die Liebe – über den Tod hinaus

Nachdem nun das geschehen ist, was die Liebe nie geschehen lassen wollte, ist die Liebe der Eltern zunächst gelähmt und voller Schmerz und Trauer. Die Liebe selbst fühlt sich verwundet und verlassen. Die Liebe zeigt sich in den Tränen als die schmerzvolle und schmerzende Liebe.

Zugleich aber ist in ihr der unbändige Wunsch und Wille spürbar, weiter lieben zu wollen. Nach einem Wort von Khalil Gibran entdeckt die Liebe gerade in der Stunde der Trennung ihre eigene Tiefe und Kraft. Zugleich ist die Liebe eine kreative Beziehungskraft, die nun trotz der konkreten Abwesenheit des Kindes neue Wege und Weisen des Liebens finden will und finden wird. Diese schmerzende Liebe sucht Brücken zum Kind und erlebt das Kind in vielen Dingen ganz nahe. Eltern entdecken Signale vom Kind zum Beispiel in dem Schmetterling, der immer wieder das Grab sucht. Eltern begegnen ihrem Kind in Träumen und sind in einem ständigen inneren Gespräch mit dem Kind. Hier geht die Liebe weiter und wird sehr konkret von den Eltern erlebt. Sodann sucht die Liebe – sofern sie ihn nicht schon vorher wusste – einen bergenden und haltenden Ort für das Kind.

Der fünfjährige Paul malte immer wieder bunte Regenbögen. Als der Junge ertrinkt, wissen die Eltern sofort, dass der Regenbogen eine Brücke zu ihrem kleinen Sohn ist. Immer wenn ein Regenbogen am Himmel erscheint, gehen sie nach draußen und schauen zu ihrem Sohn empor. Sie stellen sich vor, dass am Ende des Regenbogens ihnen ihr Sohn aus dem Himmel zuwinkt. Dabei spüren sie ihren Sohn und ihre Liebe zu ihm. Allerdings müssen sie sich immer wieder auch verabschieden, wenn der Regenbogen verblasst und verschwindet.

Viele Eltern glauben oder hoffen auf ein Wiedersehen mit ihrem Kind an einem jenseitigen, transzendenten Ort, an dem ihr Kind auf sie wartet. Diese Hoffnung lässt Eltern den Schmerz und die Trauer hier ertragen. Sie können aus ihrer Liebe heraus hier in dieser Welt noch viel für ihr Kind tun, zum Beispiel sich des Kindes immer wieder zu erinnern und von ihm zu erzählen.

Wenn die Liebe sich so immer wieder realisiert und die innere Beziehung zum abwesenden und zugleich präsenten Kind immer sicherer und gelassener wird, kann die Trauer allmählich gehen. Es wird allerdings immer eine Wehmut bleiben, weil die Lücke, die ein verstorbenes Kind hinterlässt, an besonderen Tagen wie dem Geburtstag des Kindes oder an Weihnachten immer wieder zu spüren ist.

Trauernde Eltern dürfen in aller Trauer und im Verlustschmerz die Erfahrung machen, dass die Liebe zum Kind bleiben darf, dass diese immer gewisser und schließlich immer freier wird, bis sie sich – vielleicht? – in einem Wiedersehen wieder konkret realisieren darf.

Literatur:

Kachler, Roland (2005, 13. Aufl. 2009): „Meine Trauer wird dich finden“ – Ein neuer Ansatz in der Trauerarbeit, Stuttgart.

Kachler, Roland (2007): „Damit aus meiner Trauer Liebe wird“ – Neue Wege in der Trauerarbeit, Stuttgart.

Kachler, Roland (2009, 4. Aufl. 2010): „Meine Trauer geht – und du bleibst. Wie der Trauerweg beendet werden kann, Stuttgart.

Kachler, Roland (2010): Für immer in meiner Liebe. Das Erinnerungsbuch für Trauernde, Ostfildern.

Kachler, Roland (2007): Wie ist das mit der Trauer? – Ein Kinderbuch über das Sterben, den Tod und die Trauer, Stuttgart.

Kachler, Roland (2011): Was bei Trauer gut tut. Hilfen für schwere Stunden, Stuttgart.

Kachler, Roland & Majer-Kachler, Christa (2013): Gemeinsam trauern – gemeinsam weiterlieben. Das Paarbuch für trauernde Eltern, Stuttgart.

Kachler, Roland (2014): In meinen Träumen finde ich dich. Wie Träume in der Trauer helfen, Stuttgart.

„Der rote Glücksfaden, Trauer und Trost, die Liebe zu mir und den Menschen …“ – Väter berichten aus ihrem Kinderhospizleben

Bernward Kirchner, Rolf Möser, Dieter Stuttkewitz

Bernward Kirchner:

Ich bin Vater meiner mit vier Jahren und drei Monaten verstorbenen Tochter Linda Sophie und unseres Pflegesohnes Pascale, der jetzt 6 Jahre alt ist.

Mehr als 8 Jahre liegen zurück seit Linda Sophies Tod, mehr als 11 Jahre seit der Diagnose von ihrer Erkrankung.

Erste **Merkwürdigkeiten** während der Schwangerschaft, dann eine schwierige Geburt, Auffälligkeiten in den ersten Lebenswochen und -monaten. Am 26.3.2004, dem Geburtstag meiner Mutter, bekamen wir die schreckliche Diagnose: Tay-Sachs-Syndrom – eine *äußerst seltene genetische Erkrankung*, die nach wenigen Lebensjahren zum Tod des Kindes führt.

Ich erinnere mich an einen *Arzt hier in der Kinderklinik der Uni in Essen*, der mit Mundschutz meiner Frau sagte, dass diese Erkrankung nicht heilbar sei und unweigerlich zum Tod in wenigen Jahren führen würde … – ein Arzt, der die ca. 90 Minuten nicht abwarten konnte, bis ich ebenfalls in der Klinik eintraf, sodass meiner Frau die Diagnose alleine auf die Schultern gelegt wurde …

In den *ersten Tagen* nach der Diagnose haben wir uns abgewechselt mit dem Weinen, nur Linda strahlte meistens und gab uns Kraft, diese Zeit durchzustehen. Dann das langsame Gewöhnen an die Situation, Alltagsbewältigung. Ich sagte: Es hilft Linda gar nichts, wenn wir in andauernde Trauer verfallen. Lass uns die uns geschenkte Zeit mit Linda genießen.

Linda konnte nicht laufen und sprechen lernen, sie erblindete. Wir mussten hilflos mit ansehen, wie es schwieriger wurde, sie zu ernähren, weil ihr zuneh-

mend die Kraft fehlte zu schlucken. Sie bekam eine Magensonde, bekam immer häufiger Lungenentzündungen, die sie quälten.

Was mich selbst überraschte: Ich entwickelte dennoch oder gerade deswegen *Kraft in Auseinandersetzungen*, die mir in der neuen Situation bevorstanden; z. B. mit meinem damaligen Schulleiter, der mir zunächst verbal Hilfe für meinen Versetzungsantrag zusicherte. Ich wollte und konnte nicht mehr täglich ca. 60 Kilometer zu meiner Schule und zurück fahren und dann abgekämpft keine Kraft mehr für meine Tochter, meine Frau, meine Familie zu haben. Dieser Schulleiter sagte mir dann, als es konkret wurde, dass er mich nicht unterstützen würde bei meinem Wechselwunsch ... *Linda (und der liebe Gott) schenkten mir Kraft, mich zu wehren*, es dann doch ziemlich schnell durchzusetzen, an eine wohnortnahe Schule zu wechseln. Dort traf ich auf einen Schulleiter, der selbst wenige Jahre vorher seine Tochter hatte beerdigen müssen, dem ich nichts erklären musste ...

Meine Frau suchte ein halbes Jahr nach der Diagnose Kontakt zum *Kinderhospiz Balthasar in Olpe.* Ein Schnupperwochenende folgte, wir fühlten uns dort sehr aufgehoben, hatten einen Ort gefunden, wo wir ganz konkret entlastet wurden, wo wir lachen und weinen konnten, wo wir durchatmen konnten, wo wir nicht mehr nur funktionieren mussten. Mich hat berührt, mit welcher Liebe und Zuwendung wir immer dort aufgenommen wurden.

Es gab bis zu Lindas Tod im August 2007 viele weitere Aufenthalte gemeinsam mit Linda in Olpe, teilweise mit anderen Eltern, die Kinder mit der gleichen Erkrankung hatten. *So habe ich es als großes Geschenk erlebt, als ein anderes Tay-Sachs-Kind, Lisa Marie, im Kinderhospiz Balthasar starb, ganz in ihrer und der Nähe ihrer Eltern und Geschwister zu sein ...* ***Lisa Marie*** *hatte große Ähnlichkeiten mit meiner Tochter Linda Sophie! Eine Stunde vor ihrem Tod war ich Lisas Patenonkel geworden.*

Unser letzter gemeinsamer Aufenthalt zusammen mit Linda in einem Hospiz war dann im Sommer 2007. Sieben Wochen vor Lindas Tod *heirateten wir im Rahmen unseres Aufenthaltes im Kinderhospiz Löwenherz in Syke (bei Bremen) am 7.7.2007.* Linda starb auf den Tag genau 7 Wochen später, als ich mit anderen

Vätern schwerkranker und/oder bereits gestorbener Kinder auf sogenannter *Vätertour in Hessen* war – das erste Mal, dass ich mich seit der Diagnose von Lindas Erkrankung etwas weiter von unserem Wohnort in Schwelm bei Wuppertal wegbewegt hatte.

Ich machte mir anfangs Vorwürfe, dass ich nicht da war, als sie starb – aber als Linda in den Armen einer Krankenschwester bei uns zu Hause starb, war meine Frau zwar ganz in der Nähe, kam aber auch zu spät, da Linda plötzlich innerhalb einer Minute gestorben war.

Ich stellte mir nie die Frage: *Warum gerade wir?* Genauso könnte ich die Frage stellen: *Warum ausgerechnet wir nicht?* Meine Frau und ich sind nicht bessere oder schlechtere Menschen als viele andere auf diesem Planeten. Selbst im Leid sind wir in diesem Teil der Welt noch privilegiert – ich brauche nur die Nachrichten anzumachen. Wir haben vielfältige Unterstützung bekommen und bekommen sie noch heute. *Mein christlicher Glaube hat keinen Knacks bekommen, sondern hat sich als ein wichtiges Fundament bewährt, auf dem ich stehe.*

Der Tod hat insgesamt für mich etwas von seinem Schrecken verloren. Ich sehe es als meine Aufgabe u. a. als *Beratungslehrer* an meiner Schule an, *trauernde Kinder und Jugendliche zu begleiten.* Ich spreche offen über die Krankheit und den Tod meiner Tochter (meist mit einem Kloß im Hals), auch gegenüber Schülern und Eltern meiner Schule, und erlebe es immer wieder, dass sich dadurch auch von Trauer und Tod Betroffene öffnen und mir ihre Situation anvertrauen. Mir ist es wichtig, dazu beizutragen, die Themen Sterben, Tod und Trauer zu enttabuisieren.

Viele vom Kinderhospizverein angebotene Seminare, die alljährlich stattfindenden Vätertouren und auch eine Reha für verwaiste Eltern in Tannheim im Schwarzwald haben dazu beigetragen, *den Boden unter meinen Füßen stabiler zu machen.* Ich bin sehr dankbar für die Liebe, Zuneigung und die vielfältige Unterstützung und möchte durch meine Trauerbegleitung von Schülern in meiner Schule davon etwas weitergeben!

Ich sprach am Anfang von unserem Pflegesohn Pascale, der, wie ich später rekonstruiert habe, geboren wurde, als ich wieder einmal mit den Vätern auf Vätertour des Kinderhospizvereins war. Kurz vor Halloween in diesem Jahr stellten wir auf Vorschlag von Pascale einen ausgehöhlten Kürbis mit Teelicht auf Lindas Grab.

Linda Sophie und Pascale haben sich nie kennengelernt ...

Durch die Solidarität der Kinderhospizbewegung nach der Krankheitsdiagnose und dem Tod meiner Tochter ist mein Trauerweg leichter zu gehen!

Rolf Möser:

Lennart ist 1992 geboren, Eyck 1994. Wie wohl viele Eltern hatten wir so unsere Idealvorstellung von einer Familie: mindestens zwei Kinder, drei oder vier wären auch schön. Im Sommer 1994 schienen wir dieser Vorstellung schon sehr nah zu sein. Zwei gesunde Jungs, die uns viel Freude bereiteten. Bisher hatten wir kaum Berührung mit Behinderten gehabt.
Meiner Frau Dagmar fiel es jedoch schon bald auf, Lennart ist anders als gleichaltrige Kinder. Es gab gewisse Bewegungsmuster, die er überhaupt nicht entwickelt hatte. Er lernte erst mit siebzehn Monaten laufen und hatte bis dahin häufig Infekte im Nasen- und Rachenraum. Sein Spielverhalten war sehr monoton. Da er sich oft verweigerte, wurden wir immer mehr zu Außenseitern im sozialen Umfeld. Eyck dagegen schien sich normal zu entwickeln, er war viel weiter als Lennart.

Als Lennart 5 Jahre alt war, besuchten wir das Kinderzentrum Pelzerhaken an der Ostsee und ließen ihn dort ambulant untersuchen. Das Ergebnis war für uns niederschmetternd: „Lennart ist geistig retardiert und wird sich voraussichtlich nie normal entwickeln". Dieses so nüchtern vorgetragene Ergebnis traf uns völlig unvorbereitet. Unser Sohn sollte „behindert" sein? In Folge wechselte Lennart in einen Sonderpädagogischen Kindergarten.
Etwa ein Jahr später erlitt Lennart einen epileptischen Anfall, worauf er in den nachfolgenden sechs Wochen einen Großteil seiner Sprache verlor und sehr unruhig wurde. Wir hatten auf einmal ein völlig anderes Kind und waren mit der neuen Situation völlig überfordert. Er kam daraufhin für fünf Monate ins Norddeutsche Epilepsiezentrum, um ihn weitergehend untersuchen zu lassen. Es begann für uns eine schmerzhafte Zeit mit viel Tränen.

Die Kinderpsychologin gab uns den Rat, ihn in eine Einrichtung zu geben.
Aus dem Bauch heraus entschieden wir uns für eine anthroposophische Einrichtung in der Nähe von Hamburg. Diese Entscheidung haben wir nie bereut. Jetzt stellte sich ein neues Familienleben ein, zu dem die Einrichtung mit dazugehörte. Jedes zweite Wochenende und in den Ferien war Lennart zuhause. Es drehte sich dann alles um ihn, nichts war vor ihm sicher. Lennart verhielt sich wie ein ständig angetriebenes Kleinkind mit großer innerer Unruhe. Selbst für das Haareschnei-

den hatten wir nun eine aufwendige Prozedur entwickelt. Die Sprache kam nicht wieder, selbst die wenigen Worte, die er ab und zu noch äußerte, verschwanden mit der Zeit. Nur das Singen, das behielt er noch viele Jahre.

Nach wie vor hatten wir keine Diagnose. Uns plagten die Selbstzweifel. War eine Beziehungsstörung ursächlich für sein Verhalten? Lange Zeit glaubten wir, Eyck sei normal entwickelt und gesund. Er war motorisch erheblich weiter entwickelt, konnte erstaunlich gut Radfahren und war in vielem geschickt. Doch auch sein Verhalten wurde im Laufe der Jahre immer auffälliger. Manche Sätze wiederholte er phasenweise sehr oft. Zu der Zeit bekamen wir ein Büchlein über eine Stoffwechselkrankheit namens Mukopolysaccharidose, kurz MPS, in die Hand. Als ich über die typischen Symptome gelesen hatte, war mir klar: Beide Kinder sind davon betroffen. Die nachfolgenden Untersuchungen im Universitätsklinikum Hamburg-Eppendorf bestätigten diesen Verdacht. Zu einem war da nun die Erkenntnis, womit wir es zu tun hatten, zum anderen die Erkenntnis, dass unsere Jungs an einer unheilbaren, lebensverkürzenden Erkrankung leiden.

Wir entschieden uns schweren Herzens, auch Eyck in die Einrichtung zu geben. Was war nur aus unserem Familientraum geworden?

Wir waren erstaunt, wie sich unsere Kinder in der Einrichtung zurechtfanden. Dinge gelangen, die wir nicht mehr für möglich gehalten hatten. Alle dort betreuten Kinder und Jugendlichen wurden individuell nach ihren Fähigkeiten in das Gemeinschaftsleben integriert. Es wurde viel musiziert, handwerklich und künstlerisch gearbeitet. Ich begann zu begreifen, Heilpädagogik bedeutet auch Möglichkeiten zu fördern und nicht auf vermeintliche Defizite zu schauen. Das Schicksal wurde angenommen und nicht verdrängt. Manches Mal fragte ich mich, wer hier eigentlich behindert ist: die Betreuten oder ich in meiner begrenzten Sichtweise?

Im Laufe der Jahre entstand ein enger Kontakt zur Einrichtung und zu den Mitarbeitern, woraus zum Teil Freundschaften entstanden, die bis heute andauern. Das war ein großer Trost für uns.

Nachdem wir nun über die Krankheit unserer Kinder wussten, suchte Dagmar Kontakt zu Eltern, die ähnlich betroffen sind wie wir. Daraus entstand der Kontakt zum damals einzigen Kinderhospiz in Deutschland, dem Kinderhospiz Balthasar in Olpe. Im Sommer 2001 besuchten wir das Balthasar zu ersten Mal. Wir waren sehr gespannt: Was würde uns dort erwarten, die Begegnung mit dem Tod? Nach kurzer Zeit gefiel es uns dort so gut, dass wir in den folgenden Jahren zwei- bis dreimal pro Jahr dort unsere Ferien verbrachten. Anfangs in Olpe, dann ab 2004 im neu eröffneten Kinderhospiz Löwenherz in Syke bei Bremen. So wurden auch die Kinderhospizbesuche ein Teil unseres Familienlebens. Hier erlebten wir die ganze Bandbreite von Trauer bis Freude, was unserem Leben nach und nach eine besondere Tiefe gab. So sehr wir uns zuhause in mancher Hinsicht isoliert fühlten, so sehr fühlten wir uns in der Einrichtung und den Kinderhospizen auf- und angenommen.

Anfang 2008 stellten sich bei Dagmar Schmerzen im Bauchraum ein, die anfangs als harmloser Magen-Darm-Infekt gedeutet wurden. Der scheinbar harmlose Infekt stellte sich bald als Niereninfarkt heraus, der sich infolge einer Gefäßerkrankung eingestellt hatte. Die Ärzte waren plötzlich sehr alarmiert, und Dagmar wurde in die Uniklinik nach Kiel verlegt. Eine Gefäßprobe sollte näheren Aufschluss geben. Sonntagmorgens hatte ich Dagmar noch in Kiel besucht, um anschließend mit den Jungs nach Syke ins Kinderhospiz zu fahren, ein lange geplanter Besuch. Am nächsten Morgen die unfassbare Nachricht: Dagmar war über Nacht plötzlich verstorben. Die Aorta war in Folge der Gefäßerkrankung geplatzt und sie war innerlich verblutet.

Das Schlimmste, was ich mir bis dahin vorstellen konnte, ich verliere meine Frau und Partnerin, war geschehen. Wie sollte es nur weitergehen?

Ich empfinde es immer wieder als besondere Fügung, zu diesem Zeitpunkt im Kinderhospiz Löwenherz in Syke gewesen zu sein. Wir wurden liebevoll aufgefangen, konnten uns mit der neuen Situation auseinandersetzen, hatten Zeit zum Abschiednehmen. Dafür bin ich sehr dankbar, und es reifte für mich die Erkenntnis: Der Trost liegt in den lieben Menschen, die uns umgeben.

Das Leben ging weiter. Durch die Erkrankung der Kinder war ich auf das Thema Tod und Abschiednehmen besser vorbereitet, als ich dachte. Es trug mich das Netzwerk, das sich über die Jahre rund um unsere Kinder aufgebaut hatte. Glücklicherweise lebten meine Kinder bereits in einer Einrichtung. Die Besuchswochenenden und die Ferien im Kinderhospiz blieben. Nun galt es für mich, die Mutter so gut es geht zu ersetzen. Besonders die Aufenthalte über Weihnachten im Kinderhospiz wurden zu einem besonderen Erlebnis mit viel Lachen und Lebensfreude.

Bei den Besuchswochenenden half mir Esther, die Patentante der beiden Jungs. Wir lernten Esther Mitte 1999 zunächst als Schulbetreuerin für Lennart kennen. Daraus wurde über die Jahre eine besondere Freundschaft. Nun war Esther mir eine große Hilfe und es entwickelte sich im Laufe der Zeit zwischen uns eine Beziehung. 2013 haben wir dann geheiratet.

2011 sind die Jungs in eine neue Einrichtung gezogen. Ihre Zeit in der vorherigen Einrichtung endete regulär mit dem Ende ihrer Schulzeit. Ich wusste, es würde schwierig werden, eine geeignete Einrichtung zu finden. Wir hatten Glück, fanden die Stecknadel im Heuhaufen. Es ist ein großer Trost für mich, die Kinder liebevoll auf- und angenommen zu wissen.

Ende 2012 traf es mich dann scheinbar ganz unerwartet. Ich erlitt einen Herzinfarkt, was mir diesmal ganz persönlich die Endlichkeit unseres Daseins drastisch vor Augen führte.

Anfang 2013 musste bei Eyck eine Ernährungssonde gelegt werden, da er innerhalb weniger Wochen das Schlucken „verlernte“. In den darauf folgenden Wochen rechneten wir schon mit dem Schlimmsten und bereiteten uns auf einen möglichen Abschied vor. Tatsächlich Abschied nehmen mußten wir am 4. November 2016. Selbst in diesen schweren Stunden habe ich den hohen Wert der Gemeinschaft erfahren, den Trost, das mutige Herangehen an das manchmal Unabwendbare, um handlungsfähig zu bleiben.

Warum bin ich mit all den Herausforderungen über die Jahre überhaupt klargekommen? Das frage ich mich manchmal selbst.

2006 wurde mir klar, ich muss etwas ändern, denn meine bis dahin unterdrückte Wut und Trauer entluden sich zum Teil heftig in völlig unpassenden Augenblicken. In dem Seminar „Umarme deinen Tiger – Aggression als Lebensenergie" lernte ich, Aggression nicht als Destruktion aufzufassen, sondern als eine Energie, die wir zum Leben brauchen, die aber auch entsprechend wahrgenommen und kanalisiert gelebt werden kann. Dieses Seminar war für mich ein Schlüsselerlebnis und weitere folgten. Die Erkenntnis daraus ist für mich, Trauer und Wut zuzulassen, um auch wieder Freude und Liebe im Leben spüren zu können. Erst das Ausleben der Gesamtbreite der Gefühle erwies sich für mich als heilsam.

Dagmar brachte mich damals auf die Idee, an einer Segelreise mit Trauernden teilzunehmen, die ein ebenfalls betroffener Vater aus Hamburg veranstaltet. Erst das Einlassen auf unser gemeinsames Thema von Trauer, Tod und Abschiednehmen scheint es zu ermöglichen, dass wir Teilnehmer eben so viel Lebensfreude und Ausgelassenheit miteinander erleben können. Deshalb gibt es wohl auch so viele „Wiederholungstäter" bei dieser besonderen Reise.

Was sind nun die zentralen Erkenntnisse für mich aus all dem bisher Erlebten?

- Es ist die Bewusstheit über die Endlichkeit und die daraus resultierende Wertschätzung für all das, was nicht mehr selbstverständlich ist, und die damit verbundene Lebensfreude an vielen kleinen Dingen.
- Es ist die Dankbarkeit für die Tiefe, die das Leben gewonnen hat.
- Es ist die veränderte Perspektive, dass alles zwei Seiten hat und die andere Seite nicht zwangsläufig negativ ist, sondern nur anders. Damit ergeben sich neue Perspektiven, wenn ich mich darauf einlasse.
- Es ist das Vertrauen, es gibt einen Weg, es geht immer wieder weiter. Es wird nie wieder, wie es war, es wird anders schön.
- Es ist die Erkenntnis, das Leben wurde mir zum Leben geschenkt, endlich ist es für uns alle, das gehört zum Menschsein. Könnte die Aufgabe für mich lauten: „Mach etwas draus, vertraue!"?

Dieter Stuttkewitz:

Ich bin verheiratet und Vater von Sandra, 25 Jahre, und Roland, 31 Jahre . Beide jungen Erwachsenen haben die Stoffwechselerkrankung Mukopolysaccharidose Sanfilippo Typ 3A, diese Krankheit besteht seit Geburt.

In den ersten Jahren verlief die Krankheit für uns aber fast unauffällig.
Im Alter zwischen 9 und 15 Jahren waren beide hyperaktiv. Sie wurden schnell und unberechenbar, waren unermüdlich auf ihren Beinen und schienen ihr Leben im Zeitraffer leben zu wollen.

Wenn mein Kind anfing zu rennen, rannte ich mit, denn ich hatte es ja an der Hand.
Die Einkäufe im Supermarkt verlangten ein hohes Maß an Aufmerksamkeit,
so viele bunte Verpackungen, nach denen sie immer greifen wollten.
Wie muss das in den Fingern der Kinder gekribbelt haben.
Ich könnte so weitermachen mit Beispielen aus längst vergangen Jahren.

Jahre, an die ich mich heute gern erinnere, weil sie mit so vielen Geschichten, Erlebnissen und auch der großen Lebensfreude von Roland und Sandra verbunden sind. Manchmal machen sie mich auch traurig, weil ich weiß, was sie konnten und gern hatten, und ich miterleben musste, wie schmerzvoll der Verlust von Fähigkeiten für beide war.

Heute kann ich versuchen ihre Wünsche von den Augen abzulesen, mit dem Glauben und der Hoffnung, dass ich den Wunsch erkannt habe. Seit mehreren Jahren sind Roland und Sandra schon auf ihren Rollstuhl angewiesen, das Aktive ist nicht mehr gegeben.

Heute möchte ich Ihnen schildern, wie mein Weg der Auseinandersetzung verlief, was alles nötig war, um die Erkrankung meiner Kinder zu akzeptieren und was dazu führte, dass ich unser Leben als glücklich bezeichnen kann.

Mein Leben hatte immer wieder einige Höhen und Tiefen für mich parat, aber diese Diagnose brachte mir Tiefen, die ich bis dahin nicht kannte.

Wie in vielen Partnerschaften versuchten auch wir uns im Familienglück. Roland wurde im März 1984 als gesunder Junge geboren, wir waren glückliche und stolze Eltern.

In den ersten Jahren entwickelte sich Roland völlig normal. Im Alter von drei Jahren begannen Untersuchungen wegen entwicklungsbedingten Defiziten. Nun – nicht jeder kann dasselbe wie ein zweiter, da darf es auch mal Entwicklungsverzögerungen geben. Wer spricht schon fließend oder in langen Sätzen. Reden kann ich doch auch nicht ohne zu nuscheln. Perlen auf einen Faden ziehen muss er auch nicht können, ist doch eh Mädchenkram.

Natürlich war mir bewusst, dass es in der Feststellung um den Entwicklungsstand von Roland ging und darum, eine Ursache für die Defizite zu finden. Ich wollte aber eigentlich nichts davon hören, doch meine Frau machte sich weiterhin Sorgen und wollte für Rolands Probleme eine Antwort finden.

Drei weitere Jahre vergingen, das eine oder andere neue Problem schlich sich ein. Nach den Problemen und der Suche nach einer Ursache wurde die Diagnose gestellt. Sie kam pünktlich zur Geburt meiner Tochter, und zu ihr kam das gleiche Schicksal. Wenn ich Ihnen sage, dass mein Leben keine Perspektive mehr hatte, dann ist auch das noch eine Untertreibung. Ich stellte mich oft blind und taub, manchmal auch in umgekehrter Reihenfolge.

Unsere Lebenssituation war mir nicht egal, ganz sicher nicht. Aber ich hatte keine Ohren für Tipps und Ratschläge. Ich brauchte Zeit! Wie viel, das wusste ich nicht. Ich brauchte sie einfach.

Ich bin Vater zweier Kinder – Kinder, die ich mir immer gewünscht habe, aber wie jeder andere, wollte auch ich gesunde Kinder. Ich war noch nicht bereit, die Erkrankung meiner Kinder zu akzeptieren.

Neben der Zeit, die ich brauchte, um zu verstehen, was ich nicht verstehen wollte, war meine vorrangige Aufgabe, die Diagnose zu widerlegen. Diese musste einfach falsch sein. Der Arzt hatte sich sicherlich irgendwo vertan, wahrscheinlich falsch errechnet oder so.

Dazu kam, dass ich das Gefühl hatte, meine Kinder beschützen zu müssen, heute frage ich mich, wovor.

Wie jeder Kämpfer, der seinen Kampf verloren glaubt, wird er irgendwann den Widerstand aufgeben. So auch ich. Das war schwierig für mich, einfach aufzugeben und zuzulassen, was nicht zu ändern war. Der Widerstand schützte mich vor meinen Gefühlen. Aus dem Widerstand gegen die Diagnose entwickelte sich ganz langsam ein Leben mit der Erkrankung und ihren Folgen.

Ich wollte meinen beiden Wunschkindern ein Vater sein, der ihnen vieles vermitteln und auch beibringen wollte. Das hieß für mich, dass ich vieles mit beiden unternehmen wollte und, wann immer es nötig war, zu helfen. Ich wollte einfach immer für sie da sein.

Die Diagnose zerstörte meine Vorstellung von meiner Vaterrolle, dazu bekam ich damals nur ein Zeitfenster von 16 Jahren, das für mich zu klein war.

Der Traum, Vater zu sein, bekam ein völlig neues Gesicht, das mir wie eine aufgesetzte Maske vorkam. Eine Maske, die ich nicht wollte, die ich nicht verstand.

Ich verstand meine Vaterrolle nicht mehr. Wenn ich gefragt wurde, antwortete ich immer, dass alles mit mir in Ordnung sei und man sich um mich keine Gedanken machen brauchte. Was konnte ich anderes sagen, wenn ich selbst mit mir nichts anzufangen wusste.

Immer wenn ich meinen Sohn ansah, glaubte ich an eine Verwechslung von Ergebnissen. Ich sah, wie er sich entwickelte, und konnte nicht begreifen, dass dies in einigen Jahren nicht mehr sein sollte.
Nicht anders empfand ich für meine Tochter, seine sechs Jahre jüngere Schwester. Ein süßer Fratz. Vom ersten Tag an war sie anders, quirliger, mit ihrer eigenen Art von Temperament und einem unglaublichen Charme, der bis heute anhält.

In dieser Zeit kauften wir ein altes Fachwerkhaus mit großem Garten. Genau das richtige. Der große Garten für die Kinder und das renovierungsbedürftige Haus für mich. Schließlich habe ich im Bauhandwerk gelernt und konnte verändern, was immer notwendig war. Das Erste, was weg musste, war die Eingangsstufe – ebenerdig musste der Eingang sein –, was her musste, war die fehlende Tür in dem Zimmer der Kinder, die in den Garten führte. Ein Badezimmer nach den Bedürfnissen der Kinder zu gestalten und so weiter und so weiter.

Es ist ein sehr altes Haus. Von Grund auf musste alles erneuert werden. Aber das war mir egal. Mit diesem Haus schufen wir für meine Kinder ein kleines Reich. Jede Veränderung oder Ergänzung musste so werden, dass es für die Kinder sinnvoll wurde.

Zu Beginn der Renovierung half Roland noch mit und erzählte begeistert von seinem neuen Zuhause. In dieser Zeit kam Roland nach der Schule mit Mama zum Haus, begrüßte mich und fragte: „Det's dir dut?“, und er wollte helfen. Roland nahm einen Ziegelstein in beide Hände, drückte diesen vor seine Brust und marschierte damit ins Haus, lief, ohne sich festzuhalten, die Treppe keuchend hinauf mit den Worten: „Dieter helfen“, oder auch manchmal: „Dieterpapa helfen“!

Wir hatten mit diesem Haus für uns einen Platz geschaffen, an dem wir mit den Kindern geborgen und glücklich leben konnten. Neben den notwendigen Arbeiten, die am Haus einfach nicht weniger werden wollten, hatte ich ja auch noch meinen Arbeitsplatz, dem ich nachgehen musste. Dazu kam, dass ich viel Zeit für und mit meinen Kindern verbringen wollte. Angetrieben von dem Wissen, nicht viel Zeit zu haben, verstand ich die wenige Zeit zu füllen, mit Vorhaben, die mir notwendig und wichtig erschienen.

Ich kann nicht sagen, wie lange ich gebraucht habe, mich zu fangen und meinen Kindern der Vater sein zu können, der ich sein wollte. Immer und immer wieder war ich mit beiden unterwegs. Ob sie im Rollstuhl saßen und ich sie schob, oder sie mit mir auf einem Rad saßen und ich sie fuhr. Und wenn ihre Möglichkeiten des Tuns nicht mehr gegeben waren, war es an mir, dieses für sie möglich zu machen.

So fließend, wie es sich hier spricht, verlief es nicht.

Diese Veränderung, den Mantel des Widerstands abzulegen, machte mich wieder hilflos und verwundbar. Doch durch diese Verwundbarkeit hörte und sah ich meine Familie wieder. Ich nahm die Sorgen meiner Frau, die sie sich um unsere Kinder und um unsere Beziehung machte, wieder wahr.

Für meine Kinder begann ein anderes Leben mit mir. Ihre Krankheit konnte ich ihnen nicht nehmen. Aber ich konnte ihnen wieder alles geben, was ich zu bieten hatte. Meine uneingeschränkte Liebe für beide, meine Fürsorge, meinen unbändigen Drang, viele Unternehmungen mit ihnen zu machen und mein handwerkliches Geschick für sie einzusetzen.

So seltsam es klingt, die Krankheit mit ihren Folgen wurde mein Metronom. Dieser Taktgeber presste mich in ein Leben, das ich bis dahin nicht kannte. Trotzdem ließ ich mich auf den Rhythmus ein und erkannte, was ich dadurch gewann.

Ich begriff, dass ich eine andere Nähe zu meinen Kindern bekam. Eine Nähe, die bis heute gegeben ist, eine Nähe, die mir nur durch das Sterben der Kinder genommen werden kann.
Und ich verstand endlich, dass ich längst der Vater war, welcher ich von Anfang an für meine Kinder sein wollte.

Ich lernte dieses andere Leben mit meinen Kindern neu zu gestalten und zu genießen. Auch dafür brauchte und wünschte ich mir viel Zeit. Ich brauchte Zeit, wie viel, das wusste ich nicht. Ich brauchte sie zur Erfüllung meiner Träume, in denen ich Dinge konstruierte, die meinen Kindern das Leben erleichtern sollten.

Nichts war richtig oder gut an den Hilfsmitteln, es gab immer etwas zu verändern. Das ging so weit, dass ich Hilfsmittel entwarf und baute. Gern entwarf ich Konstruktionen für die Freizeit, um meine freie Zeit mit meinen Kindern genießen zu können. Die dafür entstandenen Konstruktionen, waren ein Rehawagen für zwei, ein Dreirad für uns drei oder auch ein Fahrrad mit Seitenwagen.

Meine Kinder waren Testpilot und Nutzer in einer Person. Das Leben bekam für mich einen gehörigen Reiz, es wurde wieder erträglich und sogar schön. Ich konnte meinen Kindern mit Ideen helfen, und das half mir bei der Auseinandersetzung.

Das waren Glücksmomente auf beiden Seiten. Wenn ich mit Roland und Sandra auf dem Dreirad sitzend durch die Gegend radelte, wir im schnellen Tempo bergab fuhren und das Jauchzen der Kinder meilenweit zu hören war, dann war es für mich eine große Portion Glück. Roland und Sandra sollten die Zeit – wie viel oder wenig davon zu bekommen war – als eine erfüllte Zeit erfahren.

Ich habe diesen Beitrag meinen Glücksfaden genannt, weil ich die Zeit mit meinem Sohn und meiner Tochter als eine erfüllte Zeit sehen kann. Ich kann es für mich als Glück empfinden, mit ihnen so viele wundervolle Jahre gelebt zu haben. Diese Jahre waren nicht alle schön. Wie im richtigen Leben hatten wir auch schwierige Tage, Wochen oder auch schon einmal Monate.

Die Krankheit forderte ihren Tribut. Zahlen mussten Roland und Sandra.
Der Preis war der Verlust von Sprache und Mobilität, den Genuss an Essen hatten beide verloren. Roland gewann ihn zurück, Sandra brauchte eine Magensonde.

Dennoch glaube ich, dass beide ihr Leben leben wollen, auf ihre Art. Bis heute zeigen sie ihren Lebensmut, ihre Lebensfreude. Auch wenn sie nicht mehr mit lautem Lachen ihre Freude bekunden, beweisen sie mit feineren Signalen und leisem Lächeln ihre Freude am Leben. Wann immer sie etwas von ihren Fähigkeiten verloren hatten, versuchte ich dies mit einer brauchbaren Lösung zu kompensieren. Ich kämpfte um den Platz des Wegbereiters.

Für mich war es mehr als ein glücklicher Moment, wenn die Lösungen für mein Kind, oder auch mal für beide, ein Gewinn und eine Bereicherung wurden.
Eine Konstruktion erlaubte mir mein Hobby zusammen mit Roland auszuüben. Ich baute einen Kanadier um, das heißt eine Sitzbank musste raus und eine Halterung für eine Therapieschale musste eingebaut werden.

Dann noch die notwendige Sicherheitsausrüstung wie Schwimmweste, wasserabweisende Jacke und Hose und wir konnten losfahren. Wir machten mehrere Jahre hintereinander einen Vater-und-Sohn-Ausflug. Ein Wochenende lang auf

Flüssen paddelnd Abenteuer erleben, leckeres Abendessen in unserem Hotel verspeisen und einfach unsere gemeinsame Zeit genießen.

Bei einer Vielzahl an Aktionen, auf dem Wasser oder zu Lande, konnten wir sehr oft die Krankheit vergessen. Nichts schien für uns zu kompliziert zu sein. Wir nahmen uns den Mut und probierten aus.

Im Laufe der vielen Jahre ist es um das Konstruieren ruhiger geworden.
Wichtig war bei allen Konstruktionen, dass die Kinder sie brauchten. Doch oft, sehr oft brauchten beide auch einfach nur mich. Ich hatte erkannt, dass nicht allein neue Konstruktionen die Tür zu den Herzen der Kinder waren. Da zu sein, sie einfach nur mal im Arm zu halten, eine Geschichte vorzulesen oder einen Schmetterling im Flug zwischen den Blumen zu verfolgen.

Der Bedarf meiner Kinder veränderte sich. Mehr Pflege und Umsorgung füllten den Tag. Viele Ausflüge zu machen, geschweige denn lange Touren zu unternehmen, gehört der Vergangenheit an. Diese veränderte Lebensweise schlich sich in unser Leben, es gab keine neuen von mir entworfenen technischen Lösungen.

Für mein Wohlbehagen allein genügte es, nah bei meinen Kindern zu sein, und Roland und Sandra genügte ebenfalls meine Nähe. Damals brauchte ich die Konstruktionen, um mit der Krankheit, dem drohenden Verlust der Kinder und um mit mir zurechtzukommen.

Heute sind andere Dinge wichtiger geworden, beispielsweise was Roland und Sandra heute noch können, ihr kleines Päckchen des Mitteilens. Wenn ich Roland zutexte und er zurücklächelt, seine unbändige Freude am Fußball. Oder wenn ich Sandra Töne entlocken kann, sind das echte Glücksmomente für mich.

Es sind die kleinen Dinge geworden, die mir Freude machen. Die Nähe meiner Kinder genießen zu dürfen, die Berührungen, das Lächeln um ihren Mund oder auch in ihren Augen zu sehen, halbwegs schmerzfreie Tage und der Erfolg, den Tag zu Ende gebracht zu haben, müde und glücklich.

Geschwisterwege

Sandra Schopen

„Wir fordern alle Menschen auf, aufmerksam zu sein. Dort, wo über Geschwister gesprochen wird, sollten auch Geschwister dabei sein.“
Stellungnahme des Arbeitskreis Geschwister im Deutschen Kinderhospizverein e. V., 2012.

Die Begleitung von Geschwistern in der Kinder- und Jugendhospizarbeit stellt für die Begleiter eine große Herausforderung dar. Es ist die Aufgabe der Kinder- und Jugendhospizarbeit, neben den erkrankten Kindern auch die gesunden Kinder der betroffenen Familien im Blick zu haben.
(vgl. Hubertus Sieler, S. 124).

Beide Aussagen zeigen deutlich, dass wir als hauptamtlich Tätige in der Kinder- und Jugendhospizarbeit eine große Verantwortung tragen. Sie besteht darin, die Geschwister an allen sie betreffenden Themen zu beteiligen und sie dabei gut zu begleiten. Es ist eine große Herausforderung, sich als Begleiter zurückzunehmen, ohne seine Fachlichkeit aufzugeben. Jedes Geschwister sollten wir so begleiten, als sei es das Erste.

Dies waren auch die Ziele bei der Planung und Durchführung des Workshops Geschwisterwege beim Deutschen Kinderhospizforum 2015 in Essen. Wir möchten Sie an der Entstehung und dem Ergebnis im Folgenden teilhaben lassen. Im Anschluss werden wir aufzeigen, welchen Fragen wir uns kritisch stellen müssen, um dem Anspruch, die Geschwister von lebensverkürzend erkrankten Kinder bzw. Jugendlichen oder/und bereits gestorbenen Kindern bzw. Jugendlichen[1] an den Inhalten der Kinder- und Jugendhospizarbeit zu beteiligen, und der Verantwortung, sie dabei nicht aus dem Blick zu verlieren, gerecht werden zu können.

Als die Anfrage gestellt wurde, einen Geschwisterworkshop beim Deutschen Kinderhospizforum durchzuführen, war es der erste Schritt, Kontakt mit Geschwi-

1 Im Folgenden spreche ich ausschließlich von Geschwistern.

stern aufzunehmen, die bereit sein könnten daran mitzuwirken. Die Erfahrung zeigt, dass eine persönliche Ansprache der Geschwister unabdingbar und es zudem unerlässlich ist, auf neue Medien zurückzugreifen, um Kontakte aufzubauen und sie aufrechtzuerhalten. Bei einem der ersten persönlichen Kontakte war es der Wunsch zweier Schwestern, zur Planung des Workshops gemeinsam ein Wochenende zu verbringen. Für sie sei das Vertrauen zu den anderen Geschwistern die Basis, um den Workshop später durchführen zu können. So haben neun Geschwister unter Begleitung des Ansprechpartners für Familien im Deutschen Kinderhospizverein e. V. (DKHV), Hubertus Sieler, und der Ansprechpartnerin für Geschwister im Deutschen Kinderhospizverein e. V., Sandra Schopen, den Inhalt und den Ablauf des Workshops an einem gemeinsamen Wochenende erarbeitet.

Ein intensiver Austausch der Geschwister und eine offene Auseinandersetzung mit der eigenen Lebenssituation haben es ermöglicht, den Workshop zu entwickeln. Vielfältige Lebenswege entstanden in kreativer Form. Die Geschwister verließen das Wochenende mit dem Auftrag, ihren gestalteten Lebensweg an der Seite eines Kindes bzw. Jugendlichen mit lebensverkürzender Erkrankung in Worte zu fassen, zu beschreiben, wie sich ihr Leben nach dem Tod des Bruders bzw. der Schwester verändert hat.

Die Vielfalt der daraus entstandenen unterschiedlichen Lebenswege und die Einblicke in die persönlichen Lebenssituationen zeigen, wie bedeutsam es ist, dass Geschwister als Experten in eigener Sache für sich sprechen. In den Lebenswegen werden Themen wie Schule, Freundschaften, Familie, Kraftquellen und die Bedeutung der Kinder- und Jugendhospizarbeit angesprochen. Die Geschwister gehen auf positive sowie negative Erfahrungen in ihrem Leben an der Seite des Geschwisters mit lebensverkürzender Erkrankung ein.

Ich danke Finn und Anna, dass wir im Folgenden ihre Lebenswege beispielhaft aufzeigen dürfen:

Lebensweg Finn, 15 Jahre

Zuerst möchte ich meine Familie und mich vorstellen. Also ich bin Finn, 15 Jahre alt und habe eine drei Jahre ältere Schwester (Jule), die lebensverkürzend erkrankt ist. Jule hat sich zunächst normal entwickelt bis ungefähr zum zehnten Lebensmonat, von da an entwickelten sich die meisten Fähigkeiten zurück, sodass Jule nicht krabbeln oder sprechen gelernt hat. Sie konnte mit viel Hilfe etwas stehen und ein bisschen laufen. Jetzt sitzt sie immer im Rollstuhl.

Als Kleinkinder konnten wir noch super alle zusammen in den Urlaub fahren, da Jule und ich noch einen ähnlichen Pflegebedarf hatten. Ich selber habe zu der Zeit nicht wirklich wahrgenommen, dass Jule behindert ist. Ich hab keine Rücksicht auf sie genommen: z. B. hab ich sie mit dem Gartenschlauch nass gemacht – so richtig draufgehalten, bis sie klitschnass war – und das im November, als es schon ganz schön kalt war – nicht nur einmal: drei Jahre lang immer wieder.

Doch irgendwann habe ich doch gemerkt, dass da was nicht stimmen kann. Zum Beispiel waren Aktionen wie Ballspielen und Rennen etc. nicht möglich. Ich konnte nur mit ihr kuscheln und spazieren gehen. Doch auch die Urlaube litten dann mehr und mehr an der Behinderung: Ein Urlaub musste ausfallen, da Jule wegen Krämpfen für eine Woche auf die Intensivstation musste. Wir haben später einen kurzen Trip nachgeholt. Wir konnten aber immer nur solche Sachen machen, die auch für Jule geeignet waren.

In dieser Zeit, als Jule noch klein war, haben auch unsere Nachbarn sie manchmal betreut oder haben was mit mir unternommen, wenn's zuhause hoch herging oder keine Zeit für mich war. Da wurde ich immer „verwöhnt".

Doch 2010 war der ganze „harmlose" Kram vorbei. Jule hat plötzlich nichts mehr gegessen, ihre Beine verkrampften total und sie hat nur noch gejammert und geschrien. Sie hat monatelang einfach nicht mehr gelacht und auch danach war es eine der größten Attraktionen im Jahr, wenn sie gelacht hat, obwohl sie das vorher sehr viel gemacht hat. Doch nicht nur Jule ging es schlecht, sondern auch mir. Ich hatte Angst um Jule, da sie den ganzen Sommer in verschieden Krankenhäusern und den Winter in der Reha-Klinik verbracht hat. Mir ging es sogar teilweise so schlecht, dass ich zu meiner Grundschulklassenlehrerin gesagt habe, dass ich nicht mehr weiterleben will bzw. mit der Situation nicht mehr leben kann. Nicht nur Jule war in dieser Zeit in allen möglichen Krankenhäusern, meine Mutter auch! Diese Zeit war eindeutig die schlimmste in meinem Leben. Auch Weihnachten ging es ihr sehr schlecht, deswegen war es gar nicht so schlecht, dass Jule Heiligabend verschlafen hat. Im Januar 2011 wurde Jule nach drei Monaten aus der Reha-Klinik entlassen – auch wenn es ihr noch kein Stück besser ging.

Zwei Monate später bekamen wir dann die Super-Möglichkeit, für zwei Wochen im Kinder- und Jugendhospiz Regenbogenland Ferien zu machen. Das allerbeste, was wir machen konnten (und schon viel früher hätten machen sollen). Auch für Geschwisterkinder, wie ich eins bin, gibt es ein sehr cooles Programm. Durch diese Unterstützung hatten Mama und Papa viel mehr Zeit für mich. Wenig später bekamen wir auch noch Hilfe vom ambulanten Kinderhospizdienst des Deutschen Kinderhospizvereins in Düsseldorf in Form von zwei Ehrenamtlichen. Diese kamen abwechselnd jede Woche einmal. Durch eine solch tolle Unterstützung konnten wir drei auch mal was zusammen machen, wie zum Beispiel die

Kirmes: An diesem Tag war ich das allererste Mal mit Mama und Papa zusammen auf einem Fahrgeschäft, da war ich zehn Jahre alt. Doch wir kehren nochmal in die Zeit zurück, wo Jule in so vielen verschiedenen Krankenhäusern war. Zu der Zeit war ich ein komplettes Jahr nie mit beiden gleichzeitig unterwegs, sondern meistens war es so, dass Mama bei Jule war und ich war mit Papa unterwegs. Nur wenn jemand da war (z. B. die Ehrenamtlichen), der Jule betreut hat, konnten wir auch mal ganz spontan zum Unterbacher See fahren.

Dann im Sommer 2011 kam die Hoffnung wieder zurück. Der Zustand von Jule verbesserte sich, aber nur bis zum Winter. Dann wieder gut und wieder schlecht und dann nur noch schlecht.

Im Sommer 2013 haben wir uns entschieden, dass Jule in eine Wohngruppe ziehen soll. Als ich dies zum ersten Mal hörte, habe ich Angst bekommen, ob es Jule da gefällt. Doch diese Angst wurde auf keinen Fall bestätigt. Jule geht es nicht immer gut in der Wohngruppe, aber es geht ihr auf keinen Fall schlechter – genauso wie zuhause halt. Nur, dass die Betreuer und Betreuerinnen nicht so ausgepowert sind, wie wir es zuhause waren. Jetzt lacht sie wieder mehr und kann sogar wieder was mit den Betreuern unternehmen.

Was mich in meinem Leben gestärkt hat, sind eindeutig alle meine Freunde. Sie haben immer wieder nach Jule gefragt, haben mir zugehört, mir Mut gemacht, haben mich nie wegen Jule gehänselt. Mit viel Spaß haben wir Rollstuhl-Rennen gemacht – bis er krumm und schief war.
Und natürlich auch meine Eltern und Großeltern, die immer wieder versucht haben, dass alles einigermaßen „normal" läuft.

Gestärkt haben mich natürlich ganz besonders die Geschwistertage vom Regenbogenland und des ambulanten Kinderhospizdienstes bzw. die Gemeinschaft mit den anderen Geschwisterkindern. Einerseits zu sehen, dass ich nicht allein bin mit dieser Situation – ich hab Freunde gewonnen, mit denen ich reden kann (wir haben uns auch mal gegenseitig Komplimente gemacht), andererseits aber auch das „Einfach-mal-Abschalten", das „Vergessen-Können" durch tolle Events. Und auch die Wertschätzung meiner besonderen Lebensumstände durch andere

Menschen, die mir durch ihre finanzielle Unterstützung ganz tolle Geschwistertage und Urlaub ermöglichen – das ist ein tolles Gefühl, das macht stark!
Für die Zukunft wünsche ich mir, dass es so weiter geht wie im Moment und dass noch viele Geschwistertage und Urlaube kommen, bei denen ich dabei sein darf.
Die Kinder- und Jugendhospizarbeit hat unsere Familie extrem entlastet und die Geschwistertage sind immer wieder ein großes Highlight für mich.

Lebensweg Anna, 21 Jahre

Mein Lebensweg beschreibt eher einen Lebensabschnitt und zwar den, als meine jüngere Schwester ins Hospiz gekommen ist. Deshalb verläuft der Weg auch ohne Kurven. Die „Hospizzeit" ging nämlich nur einige Monate lang und alles ist sehr schnell und ohne viel nachdenken passiert. Ich hatte das Gefühl, dass es keine Zeit gab, um mal „nach links oder rechts zu gehen". Und innerhalb dieser Zeit habe ich, um mit der Krankheit meiner Schwester klarzukommen, mir einen neuen Blick auf das Leben gebastelt: Es bestand also fortan aus drei Abschnitten, deshalb habe ich auch drei Spuren gemalt. Jeder Abschnitt steht für einen Ort oder ein Umfeld, den oder das ich regelmäßig besucht habe. Dazu muss man vorher noch wissen, dass meine Eltern getrennt leben und die verstorbene Schwester die Tochter meines Vaters und meiner Stiefmutter ist, also ist sie streng genommen meine Halbschwester.

Der oberste Abschnitt ist mein Haus in Frankfurt, wo ich mit meiner Mutter und meiner jüngeren Schwester Sonia lebte. Dort war dieses Thema, dass meine Schwester Lara bald sterben wird, nicht so präsent, weswegen ich dort auch „Kraft tanken" konnte. Es hat sehr gut getan, in ein anderes Umfeld zu kommen, weil es einfach leichter ist, sich von dem Thema Tod abzulenken.

Darauf folgt meine Schulzeit, wo ich natürlich auch Ablenkung hatte, weil dort meine Freunde waren, die ich ab und zu getroffen habe (deshalb auch die Cocktails). Aber es war gleichzeitig sehr stressig, weil ich mit dem Schulstoff nicht so ganz hinterhergekommen bin, dafür stehen die Schwimmer. Und obwohl ich mit meinen Freunden nicht so richtig über meine Situation reden konnte, weil sie nicht wussten, was sie sagen sollten, wusste ich, dass sie für mich da waren. Ein Freund meinte, er hätte sich jetzt ein Medizinbuch zugelegt, um meine Schwester zu heilen, und eine weitere Freundin hat regelmäßig angerufen, um einfach mit mir zu sprechen. Das hat mir sehr geholfen. Ich habe zwar an keinen „Hospizveranstaltungen" teilgenommen, sprich an Ausflügen mit anderen betroffenen Geschwistern, aber ich glaube, dass dieser Austausch wirklich hilft. Was mir nach dem Tod meiner Schwester außerdem geholfen hat, war ein Trauerseminar, in dem meine Familie und ich uns damit auseinandergesetzt haben (Eltern und Geschwistern in unterschiedlichen Seminaren). Aber auch, dass ich ein, zwei Interviews gegeben habe, in denen ich meine Geschichte erzählt habe, das hat dazu beigetragen, dass ich einfach mal die „Hospizzeit" von einem anderen Standpunkt aus reflektiert habe.

Die unterste Spur ist die extrem schnell verlaufende „Hospizzeit", deshalb ist dort das Auto. Wie ich schon erwähnt habe, kam es mir vor, als müsste ich von einem Moment auf den anderen mit einer komplett neuen Situation klarkommen, und das irgendwie drei Mal innerhalb eines Jahres: Das erste Mal, als die Nachricht kam, dass die Ärzte für Lara nichts mehr machen könnten, das zweite

Mal, als sie sich auf einmal immer weniger bewegen konnte, und das dritte Mal, als sie gestorben ist. Und ich weiß zwar nicht, wie ich das hinbekommen habe, aber nachdem ein Bekannter, der seinen Sohn verloren hatte, zu mir gesagt hat, dass der einzige Weg über die Krankheit und/oder den Tod „hinwegzukommen" der ist, dass man es einfach akzeptiert, habe ich mir genau das einfach zum Ziel gesetzt. Auch einer meiner Lieblingsautoren hat mal geschrieben, dass man die Dinge, die man nicht ändern kann, akzeptieren sollte und dann, wenn man etwas verändern kann und will, dann sollte man das auch machen.

Die letzten beiden Bilder rechts und links unten sind Fotos von den Orten, zu denen ich vor und nach der „Hospizzeit" gereist bin. Links ist der letzte Urlaub mit Lara in der Schweiz und rechts mein erster längerer Auslandsaufenthalt in Frankreich. Ich habe die Reisen zu meinem „Lebensweg" dazugeklebt, weil Reisen schon immer etwas war, das ich gerne gemacht habe, und weil ich überzeugt davon bin, dass Reisen gesund ist, vor allem, wenn man eine harte Zeit durchmacht.

Diese und die anderen ebenso beeindruckenden Lebenswege wurden in einem Film „Geschwisterwege" dokumentiert. [2]

Der Workshop sowie der daraus entstandene Film zeigen deutlich, wie bedeutsam es ist, Geschwistern Raum, Zeit und einen guten Rahmen anzubieten, um sich zu begegnen, sich auszutauschen und sie einzubinden. Die Geschwister sind Experten ihrer eigenen Lebenssituation und nur mit ihnen gemeinsam können wir unsere Fachlichkeit überprüfen.
Dabei sollten wir stets hinterfragen, ob wir der zu Beginn genannten Verantwortung, Geschwister einzubinden und sie dabei gut zu begleiten, gerecht werden.

Folgende Fragestellungen können dabei hilfreich sein:
- Wie binden wir Geschwister bei der Schaffung, Planung, Durchführung und Reflexion von Angeboten ein?
- Weisen wir Geschwister darauf hin, dass die Auseinandersetzung viel bewegen kann?

2 Der Film „Geschwisterwege" ist über folgenden Link anzuschauen: https://youtu.be/yWfASypR0uY

- Gehen wir dazu in den Austausch mit den Eltern? Müssen wir das?
- Hinterfragen wir, was Geschwister brauchen, um dies gut tun zu können?
- Bieten wir den Geschwistern vor, während und nach den Angeboten ausreichend Möglichkeiten zum Austausch mit anderen Geschwistern und/oder uns?
- Gehen wir nach Angeboten aktiv auf die Geschwister zu und fragen nach, wie es ihnen geht?
- Formulieren wir deutlich, was wir „bieten“ können (Erreichbarkeit)?
- Bieten wir den Geschwistern immer wieder die Möglichkeiten, aus Projekten auszusteigen, wenn sie merken, dass es ihnen nicht gut tut?

Selbst wenn wir alle Fragen im Interesse der Geschwister beantworten können, kann es auch zum Rückzug von Geschwistern kommen. Geschwister entscheiden selber darüber, dass sie Angebote nicht wahrnehmen. Dies muss nicht heißen, dass ein Angebot schlecht ist oder war, sondern die Auseinandersetzung für den jetzigen Zeitpunkt nicht gewünscht ist bzw. ausreichend war. Die Lebenswege der Geschwister sind nicht zwangsläufig und an allen Stellen ihres Weges mit der Kinder- und Jugendhospizarbeit verbunden. Die Wege können parallel verlaufen, können sich immer wieder kreuzen oder auch auseinandergehen. Diese Entscheidung treffen die Geschwister, jeder für sich. In diesem Zusammenhang möchte ich mit einer Aussage von Anna abschließen.

„Ich fange mal damit an zu erklären, warum ich mich überhaupt in erster Linie für die Teilnahme entschlossen habe. Und zwar wünsche ich mir, dass das Thema Tod und Trauern weniger verschwiegen wird. Ich glaube, dass ich, dadurch dass ich einen Teil meiner Geschichte erzählt habe, dem Tod seinen Schrecken ein Stück weit genommen habe. Denn im Endeffekt haben wir und werden wir alle jemanden verlieren, die bzw. der uns sehr wichtig ist. Und geteiltes Leid ist ja bekanntlich halbes Leid. Es war aber auch schon irgendwie „therapeutisch“, dass ich mich zum Beispiel mit Fragen konfrontieren musste/wollte, die ich mir selbst nicht gestellt hätte, oder auch meinen „Lebensweg“ zu malen. Ich gehe immer noch offen mit dem Tod meiner Schwester um, wenn das Thema aufkommt, aber ich möchte mich jetzt erstmal nicht mehr gezielt damit auseinandersetzen. Ich möchte eher „für mich“ trauern, wenn es halt aufkommt,

und dann ist es auch okay, wenn ich mal weinen muss, weil ich irgendwo eine Schnecke sehe.“[3]

Literaturverzeichnis:

Deutscher Kinderhospizverein e. V. (Hrsg.) (2013): Nähe gestalten, Teilhabe ermöglichen, Trauer begleiten – Die Vielfalt der Kinderhospizarbeit, Ludwigsburg.

Sieler, Hubertus (2006): Leben mit dem Abschied. Die Begleitung von Geschwistern als sozialpädagogisches Handlungsfeld in der Kinderhospizarbeit, in: Deutscher Kinderhospizverein e. V. (Hrsg.): Kinderhospizarbeit – Begleitung auf dem Lebensweg, Wuppertal.

3 Anmerkung von Anna: „Das ist der Spitzname meiner Schwester.“

Vertrauen
Was trägt uns in unsicheren Zeiten?

Anne Schneider, Nikolaus Schneider [1]

Vor-Worte: Wer fragt, gibt sich und das Leben nicht auf.

Anne Schneider:
„Wieso, weshalb, warum – wer nicht fragt, bleibt dumm!"
Ich denke, den meisten von uns ist diese Lebensweisheit der Sesamstraßenmelodie seit Kindheitstagen vertraut. Fragen verhindern und bekämpfen Dummheit. Das gilt auch für Erwachsene.

Wer nicht aufhört zu fragen und zu hinterfragen, bekämpft damit beispielsweise die Dummheit, sein Lebensglück vordergründig mit Gesundheit und Sicherheit zu identifizieren.

Wer fragt, gibt sich und das Leben auch in Krankheit und Krisen nicht auf. Wer fragt, lässt Schicksalsschläge nicht apathisch über sich ergehen. Wer fragt, der verdrängt und beschönigt nicht, sondern stellt sich den Unsicherheiten des Lebens. Eine Lebenshaltung, die uns auch in unsicheren Zeiten zu tragen vermag, verlangt nach der Offenheit, auf Fragen zu hören und Fragen zu stellen. Und nach der Fähigkeit, auch mit offenen Fragen zu leben.

Wir dürfen nicht aufhören, uns und einander zu fragen, was im Leben wirklich zählt. Und es sollte uns schon beim Fragen bewusst bleiben: Für die wirklich wichtigen Lebensfragen können wir keine abschließenden Antworten finden, um sie dann ein für alle Mal parat zu haben. Denn es geht dabei um Fragen, die man nicht mit allgemeingültigen Lehrsätzen zeitlos und unabhängig von der Situation beantworten kann. Um Fragen, die sich oft nicht logisch und manchmal auch nicht widerspruchsfrei beantworten lassen. Um Fragen, die oft weniger nach theoretischen Erörterungen verlangen als nach dem Erzählen und Reflektieren von konkreten Lebensgeschichten.

---

1 Vortrag auf dem 6. Deutschen Kinderhospizforum.

Nikolaus Schneider:
Es geht um Fragen, die uns in lebenslange Gespräche verwickeln: in Gespräche mit uns selbst, in Gespräche mit Lebenspartnern, in Gespräche mit Freundinnen und Freunden, in Gespräche mit Gott.

Eine entscheidende Lebensfrage, die uns Menschen in unterschiedlicher Intensität und mit unterschiedlichen Akzentsetzungen ein Leben lang begleitet, ist die Frage nach einer tragfähigen Lebenszuversicht. Nach einer Lebenszuversicht, die auch in Lebensbrüchen und Lebenskrisen standhält. Es geht um die große Lebensfrage:

Wie kann ich leben und sterben in der Gewissheit: Ich bin niemals allein.
Ich bin aufgehoben und geborgen in der Liebe von Menschen und von Gott – gerade angesichts von lebensverkürzenden Krankheiten, angesichts des Todes und sogar durch den Tod hindurch.

Diese „große Frage“ müssen wir für unseren Alltag herunterbrechen in kleinere und konkretere Fragen. Damit uns Ängste und Verzweiflung nicht überwältigen, wenn wir geliebte Menschen zum Sterben hin begleiten oder wenn wir uns der eigenen Sterblichkeit stellen müssen.

Für uns ist der Schweizer Schriftsteller Max Frisch ein anregender *„Fragen-Lehrer“*. Also ein Mensch, der uns immer wieder neue Anregungen und Impulse gibt für wichtige Lebensfragen und für Reflektionen und Gespräche, die nicht nur an der Oberfläche unserer Existenz kratzen. Einige Fragen von Max Frisch an Sie und an uns sollen gleichsam eine Begleitmelodie sein für unseren Vortrag zu dem Thema: *„Vertrauen. Was trägt uns in unsicheren Zeiten?“*

Acht Lebensfragen aus dem Tagebuch von Max Frisch:

1. Was fehlt Ihnen zum Glück? (Frisch, 2011, S. 11)
2. Lieben Sie jemand?
   Und woraus schließen Sie das? (a. a. O., S. 10)
3. Wofür sind Sie dankbar? (a. a. O., S. 11)
4. Wenn Sie sich beiläufig vorstellen, Sie wären nicht geboren worden: beunruhigt Sie diese Vorstellung? (a .a. O., S. 10)

5. Wenn Sie jemand in einer unheilbaren Krankheit wissen: machen Sie ihm dann Hoffnungen, die Sie selber als Trug erkennen?
   Und: Was erwarten Sie im umgekehrten Fall? (a. a. O., S. 181)
6. Haben Sie Angst vor dem Tod und seit welchem Lebensjahr?
   Und: Was tun Sie dagegen? (a. a. O., S. 424)
7. Hoffen Sie auf ein Jenseits? (a. a. O., S. 182)
8. Was gefällt Ihnen am Neuen Testament? (a. a. O., S. 405)

Sicherheit ist keine Qualität des Lebendigen

Anne Schneider:

Sicherheit ist keine Qualität des Lebendigen. Lebendiges wandelt und verändert sich. Lebendiges ist verwundbar und sterblich. Lebendiges entzieht sich unseren Festlegungen, unserer Machbarkeit und unserem festen Griff.

Wandel und Veränderung aber verunsichern uns Menschen. Verwundbarkeit und Sterblichkeit ängstigen uns – vor allem im Blick auf uns selbst und im Blick auf Menschen, die wir lieben. Und die Unverfügbarkeit des Lebendigen kratzt an unserer Selbstsicherheit.

Deshalb ist das Verlangen und Streben nach Sicherheit ein ur-menschliches Bedürfnis. Menschen versuchten und versuchen immer wieder neu, ihr Leben, ihre Beziehungen, ihren Besitz und ihre Werte zu sichern und abzusichern.

Auch wir taten und tun das. Aber wir wissen nicht nur theoretisch, sondern auch aus unserem Erleben und Erleiden, dass es keine absoluten Sicherheiten gibt.
Weder für unser eigenes Leben noch für das Leben unserer Kinder.
Weder für den Bestand unsere Liebes- und Freundschaftsbeziehungen noch für unsere materiellen Besitztümer. Und auch nicht für unsere Gottesvorstellungen und unser Gottvertrauen.

Im Blick auf letzteres geht es uns so, wie Fulbert Steffensky, der 82-jährige Theologe, es in seinem Buch „Heimathöhle Religion – Ein Gastrecht für widersprüchliche Gedanken“ beschrieben hat:

„Je älter ich werde, desto mehr erschrecke ich vor seinem (vor Gottes) Geheimnis und vor seiner Dunkelheit. Die Gottesbilder zerbrechen, und der Glaube muss täglich aus dem Grab des Unglaubens auferstehen. Vielleicht ist der Glaubensweg ein Weg, der gesäumt ist von zerbrochenen Gottesbildern."
(Steffensky, S. 154)

Wir mussten und müssen unser Leben mit immer neuen Unsicherheiten gestalten – mit offenen Fragen und mit Enttäuschungen, mit Ängsten, Trauer und unerfüllten Hoffnungen. Sind wir deshalb unglücklich? *Fehlt uns eine absolute Sicherheit zu unserem Glück* (vgl. M. Frisch, Frage 1)? Unsere Antwort ist ein klares „Nein"! Wir suchten und wir streben nicht nach absoluter Sicherheit. Denn wir sind davon überzeugt:

Menschen verpassen die Fülle des Lebens, wenn die Vermeidung von Unsicherheit für sie die höchste Priorität hat. Denn dann müssten sie ja versuchen, intensive Gefühle zu meiden. Wegen all der Wagnisse und Unsicherheiten, die jede intensive Freundschafts- und Liebesbeziehung mit sich bringt.

Wenn Menschen bei der letztendlich doch immer wieder vergeblichen Suche nach einer unverwundbaren Sicherheit ihre Herzen versteinern lassen, entgeht ihnen all das, was im Leben wirklich zählt. Denn Menschen mit versteinerten Herzen können nicht glauben, nicht hoffen und vor allem nicht lieben.

„Lieben Sie jemand?" – fragt uns Max Frisch (vgl. Max Frisch, Frage 2).
Solange ich denken kann, war und ist meine Antwort hier ein dankbares „Ja". Auch wenn ich das manchmal nur unter Tränen aussprechen konnte. Ja, ich liebe jemand, sogar ziemlich viele „jemande". Und ich schließe das nicht zuletzt daraus, dass meine Gefühle wegen dieser geliebten Menschen und mit diesen geliebten Menschen oft „Achterbahn fahren". Dass ich wegen dieser und mit diesen geliebten Menschen oft himmelhoch jauchze, aber manchmal auch zu Tode betrübt bin. Dass ihr Lachen und Weinen, ihr Stolz und ihre Unsicherheit, ihr Lebensglück und ihre Lebensbrüche mich unmittelbar berühren und bewegen. Vor allem aber daraus, dass ich nicht ständig versuche, meine Beziehung zu ihnen durch ein festes Bild von ihnen abzusichern.

So wie Max Frisch es in seinem Roman „Stiller“ auf den Punkt gebracht hat: „nicht umsonst heißt es in den Geboten: du sollst dir kein Bildnis machen! Jedes Bildnis ist eine Sünde. Es ist genau das Gegenteil von Liebe … Wenn man einen Menschen liebt, so lässt man ihm doch jede Möglichkeit offen und ist trotz allen Erinnerungen einfach bereit zu staunen, immer wieder zu staunen, wie anders er ist, wie verschiedenartig …“ Frisch, 1996, S. 146)

Die Absicherung durch feste und statische Bildnisse vom Anderen tötet eine lebendige Liebe – das gilt für Ehepaare wie für Eltern-Kind-Beziehungen wie für Freundschaften und im Besonderen auch für unsere Beziehung zu Gott.

Sicherheit ist keine Qualität des Lebendigen.
Ein erfülltes Leben und uns erfüllende lebendige Beziehungen bleiben ein nicht vollständig abzusicherndes Wagnis. Und auch der Glaube an Gott ist keine Lebensversicherung gegen Unsicherheit, Krankheit, Unglück und Tod – so sehr wir uns das auch oft wünschten.

Vertrauen ist ein Beziehungswort

Nikolaus Schneider:

„Ich bin vergnügt
erlöst
befreit
Gott nahm in seine Hände
Meine Zeit
Mein Fühlen Denken
Hören Sagen
Mein Triumphieren
Und Verzagen
Das Elend
Und die Zärtlichkeit …“
(Hüsch, 2007, S. 145)

Dieser Text von Hanns Dieter Hüsch, dem theologischen Poeten vom Niederrhein, macht uns bewusst: Zur Fülle unseres Lebens gehören beide Pole: unser Triumphieren und unser Verzagen, das Elend und die Zärtlichkeit.

Oder wie es das Motto des 6. Deutschen Kinderhospizforums verdichtet:
Zur Fülle unseres Lebens gehören Lebensfreude und Lebensbrüche. Es kommt im Leben nicht darauf an, Lebensbrüche und Lebenskrisen um jeden Preis zu vermeiden, auszublenden oder schönzureden. Es kommt darauf an, Kraftquellen wahrzunehmen und in unser Leben zu integrieren. Kraftquellen, die in Brüchen und Krisen vor lähmender Verzweiflung bewahren. Es kommt darauf an, eine Lebenshaltung und ein Beziehungsnetz zu entwickeln, die uns auch in ungesicherten und elenden Zeiten neue Wege wagen, bahnen und gehen lässt.

Mit dem Wort „Vertrauen" verweisen wir auf eine solche Lebenshaltung und auf ein solches Beziehungsnetz. Vertrauen ist für uns ein Beziehungswort. Also eine Lebenshaltung, die durch verlässliche Beziehungen entsteht, sich in verlässlichen Beziehungen bewährt und sich in verlässlichen Beziehungen regeneriert.

Wir haben die Erfahrung gemacht, dass ein nachhaltiges Vertrauen zu Gott und zu unseren Mitmenschen uns *erlöst* und *befreit* und manchmal sogar *vergnügt* leben lässt – auch mit und angesichts von lebensbedrohenden Krankheiten, Schmerzen und Todeserfahrungen.

Vor fast elf Jahren starb unsere jüngste Tochter an Leukämie, seit mehr als einem Jahr lebt Anne mit der Diagnose Brustkrebs. In den letzten Monaten haben wir verstärkt erlebt und erlitten, dass Abschiede und Beerdigungen von Freunden und Weggefährtinnen eine Begleitmelodie unseres fortgeschrittenen Alters ist. Und nicht zuletzt verunsichern und erschrecken uns jeden Tag neu die Nachrichten von Krieg, Gewalt und Flüchtlingselend.

Bei alledem aber konnten und können auch enttäuschte Hoffnungen, unerhörte Gebete, bedrückende Ängste und das Leiden an der Vergeblichkeit so vieler menschlicher Bemühungen unser Vertrauen in die Sinnhaftigkeit des Lebens nicht zerstören. Für uns gilt, was die Schriftstellerin Hilde Domin am Ende ihres

wahrlich nicht leichten Lebens so bekennt:
„Das Hauptwort in meinen Lebensberichten … ist Vertrauen: sich regenerierendes Vertrauen, widerständiges Vertrauen, Dennoch-Vertrauen." (Domin, S. 11)

„Dennoch-Vertrauen" – das bedeutet für uns: Unser Vertrauen in die Sinnhaftigkeit des Lebens hängt nicht an unserer Gesundheit oder an der Erfüllung all unserer privaten Wünsche, Träume und Gebete. Und auch nicht daran, dass es uns Menschen gelingt, die Erde in einen friedlichen und gerechten Paradiesgarten zu verwandeln. Unser Vertrauen gründet vielmehr in der Gewissheit, dass wir niemals allein sind, was immer wir tun und lassen, was immer wir erdulden und erleiden. Und weil wir uns bei allem, was uns widerfuhr, und bei allem, was in der Welt geschieht, von Gott und geliebten Menschen begleitet erfahren haben, konnte bislang nichts und niemand unser Grundvertrauen endgültig und unwiderruflich zerstören.

Gerade wenn Ängste und Todesschatten unser Leben verdunkelten, haben wir erfahren können: Ein Leben in vertrauensvollen Beziehungen bleibt auch in schweren Zeiten ein erfülltes und geglücktes Leben. Vertrauensvolle Beziehungen ließen und lassen uns tatsächlich so etwas wie „Glück im Unglück" und „Geborgenheit in Unsicherheit" erfahren. Für diese widerständige Glücks-Erfahrung *danke ich Gott* und ganz vielen Menschen! (Vgl. Max Frisch, Frage 3: „Wofür sind Sie dankbar?)

Anne Schneider:

In einem spannenden Buch über die Geschichte des Krebses als dem „König aller Krankheiten" (Siddhartha Mukherjee) habe ich einen mich berührenden Satz gefunden:
„Krebs ist eine fantastische Gelegenheit, das Gesicht direkt an die Fensterscheibe der eigenen Sterblichkeit zu drücken."
(Satz von Jason Shindev, zitiert nach Mukherjee, S. 494)

Nikolaus und ich haben den Sommer 2014 und meine Krebsdiagnose als eine solche Gelegenheit genutzt, um uns neu mit der je eigenen Sterblichkeit auseinanderzusetzen und uns wieder neu zu fragen, was für unser Leben im Blick auf ein getrostes Sterben wirklich zählt.

Wenn ich mir dabei *„beiläufig vorgestellt habe, ich wäre nicht geboren worden"* (vgl. Max Frisch, Frage 4), dann *beunruhigte mich schon die Vorstellung:*
Es gäbe dann ja auch meine Kinder und Enkel nicht. Und auch nicht das ganze Beziehungsglück, das ich in 66 Lebensjahren mit so vielen Menschen empfunden und geteilt habe.

Luise Schottroff, eine mir wichtige Theologin, starb im Februar dieses Jahres. Sie erklärte im Angesicht ihres nahen Todes:
„Mein Sterbeglück ist, dass ich die Beziehungen zu mir nahen Menschen noch einmal ganz neu und ganz wunderbar erlebe. Nie hätte ich es für möglich gehalten, dass in unserer durchgetakteten Welt so viel Zuwendung möglich ist."
(Claudia Janssen, Eine Begegnung mit Luise Schottroff im Angesicht des nahenden Todes, Zeitzeichen 11, 2014).

Vertrauensvolle Beziehungen zu nahen Menschen gehören auch für mich ganz wesentlich zu dem, was Menschen noch angesichts des Todes ein widerständiges Glück und Lebensfülle erfahren lässt.

Offensichtlich ist mir jetzt doch noch ein längeres irdisches Beziehungsglück geschenkt und mein „Sterbeglück" steht aktuell nicht an.
Das macht mich gerade jeden Tag neu dankbar (vgl. Max Frisch, Frage 3).

Vor allem aber bin ich dankbar, dass Nikolaus unser Beziehungsglück durch seinen vorzeitigen Rücktritt vom Ratsvorsitz der EKD „gepflegt" und mir im vergangenen Jahr so viel Zeit geschenkt hat.

Bei all unseren Diskussionen und trotz mancher Kontroverse über die theologische Bewertung der Selbsttötung und über sinnvolle politische Regelungen zum assistierten Suizid waren und sind wir uns doch darin einig:
Damit Menschen gut sterben können, brauchen sie vertrauensvolle Beziehungen zu Menschen, die sich mit ihnen auf diese wichtige Lebensphase einlassen.
Sie brauchen Menschen, die ihnen keine *trügerischen Hoffnungen* machen (vgl. M. Frisch, Frage 5), sondern die sich mit ihnen zusammen *den Ängsten vor dem Sterben und vor dem Tod* stellen (vgl. M. Frisch, Frage 6).

Im August 2003 – vier Monate nachdem die Diagnose Leukämie ihr und unser Leben radikal verändert hatte – schrieb unsere 21-jährige Tochter Meike in einer Rundmail an ihre Freundinnen und Freunde:
„Ich empfinde bei all den Gräben, die sich zwischen gesunden und kranken Menschen so auftun, ganz viel Nähe. Nähe zu meinen Eltern, meinen Verwandten, meinen alten und neuen Freunden, Freundinnen und Bekannten. Ich muss zum Glück diesen Kampf nicht alleine kämpfen, sondern werde ganz viel gehalten, gestützt und getragen. Gott gehört auch zu den tragenden Händen. Ihr alle wisst, dass ich weder nach dem tieferen Sinn hinter meiner Krankheit suche noch wütend auf Gott bin oder generell mit ihm hadere – mein Glaube hat Gedenkstättenfahrten überlebt, die Nachrichten, ein Jahr Kosovo, Zeitung lesen.

Mein eigenes Schicksal kann da wohl kaum der Grund sein, das *Vertrauen* in Gott als Kraft und Energiespender und mich liebender ‚Vater' (immer wieder scheitere ich an der Unzulänglichkeit von Worten bei dem Versuch, Gott zu beschreiben) zu verlieren.
Und so bete ich Abend für Abend dafür, dass ich weiter stark bleiben kann, dass ich nicht vergesse, wie sehr ich dieses Leben liebe, dass ich gegenüber den Menschen, die mich umgeben, nicht unfair werde, dass ich weiterhin nicht das Gefühl habe, allein zu sein ... Oft bin ich traurig eingeschlafen und fröhlich, fast schon vergnügt erwacht mit der Gewissheit, dass ich alles, was vor mir liegt, schaffen werde." (Meike Schneider, S. 44)

Meikes „Dennoch-Vertrauen" gründete in ihrem Gefühl und in ihrer Erfahrung *nicht allein zu sein* in ihrem Kampf gegen die Leukämie. Sie fühlte sich geborgen und getragen in einem vertrauensvollen Beziehungsnetz aus Verwandten, Freundinnen, Bekannten, Mitpatientinnen, Ärzten.
Und nicht zuletzt in ihrer vertrauensvollen Beziehung zu Gott.

Das hat ihr Sterben für sie und für uns nicht leicht gemacht.
Meike ist mit einer offenen Warum-Frage gestorben und hat uns mit einer offenen Warum-Frage zurückgelassen.
Und doch spürten wir bei Meikes Sterben:
Unser Gottvertrauen lässt sich auch durch offene Fragen nicht kleinkriegen!

Gottvertrauen trägt uns als ein Vertrauen über den Tod hinaus

Nikolaus Schneider:

Angesichts des vorzeitigen Todes von Meike wurde mir neu klar:
Meinem Dennoch-Vertrauen würde die Grundlage entzogen, hätte ich nicht eine Hoffnung über den Tod hinaus.

„Hoffen Sie auf ein Jenseits?“, fragt Max Frisch (vgl. Max Frisch, Frage 7).
Und hier ist meine Antwort ein klares „Ja“.

Ich hoffe auf ein „Jenseits“, auf ein Leben nach dem Tod in einer anderen Qualität, als wir sie hier im „Diesseits“ erfahren.
Ich hoffe auf ein neues Leben mit meiner alten Identität.
Auf ein neues Leben, das nicht mehr von Unsicherheiten, Ängsten, Krankheiten und Schmerzen bedrückt wird.
Auf ein neues Leben in einer unmittelbarer Beziehung zu Gott, so wie es uns in der Bibel verheißen ist:
„Und Gott wird abwischen alle Tränen von ihren Augen und der Tod wird nicht mehr sein, noch Leid noch Geschrei noch Schmerz wird mehr sein; denn das Erste ist vergangen.“ *(Offenbarung 21,4)*

Diese Jenseits-Hoffnung hilft mir, trotz und mit meinen Todesbegegnungen vertrauensvoll und zuversichtlich weiterzuleben.

Das ist es, „was mir am Neuen Testament gefällt“ (vgl. Max Frisch, Frage 9):
Es blendet Leiden, Sterben und Tod nicht aus.
Es beschönigt und verdrängt nicht, dass unser irdisches Leben durch Kreuzeserfahrungen geprägt ist und geprägt bleibt.
Aber das Neue Testament eröffnet mir mit dem Glauben an die Auferstehung zugleich eine nachhaltige Kraftquelle, die mich in diesen Kreuzeserfahrungen vor lähmender Verzweiflung bewahrt.

Mit dieser Vertrauens-Perspektive über den Tod hinaus trägt mich mein Gottvertrauen gerade auch in unsicheren Zeiten.

Ich vertraue auf Gottes Nähe im Diesseits und im Jenseits.
Deshalb kann Todesfurcht mich nicht lähmen, weder in meinem privaten Leben noch im Blick auf die Probleme und Krisenherde unserer Welt.
Deshalb kann ich mich realistisch und hoffnungsvoll zugleich der Vergänglichkeit alles Irdischen stellen. Auch der Vergänglichkeit meines irdischen Lebens und meiner irdischen Beziehungen.

Und ich kann weiter für Mitmenschlichkeit, Frieden, Gerechtigkeit und für die Bewahrung von Gottes Schöpfung eintreten, auch wenn Engherzigkeit, Unfriede, Unrecht und Umweltkatastrophen immer wieder zu triumphieren scheinen.

Mich trägt und bewegt dabei ein Gottvertrauen, wie Dietrich Bonhoeffer es in wahrlich unsicheren Zeiten bekannte:

„Ich glaube
dass Gott aus allem, auch aus dem Bösesten,
Gutes entstehen lassen kann und will.
Dafür braucht er Menschen,
die sich alle Dinge zum Besten dienen lassen.

Ich glaube,
dass Gott uns in jeder Notlage
soviel Widerstandskraft geben will,
wie wir brauchen.
Aber er gibt sie nicht im voraus,
damit wir uns nicht auf uns selbst,
sondern auf ihn verlassen.
In solchem Glauben müsste alle Angst
vor der Zukunft überwunden sein.

Ich glaube,
dass Gott kein zeitloses Fatum ist,
sondern dass er auf aufrichtige Gebete
und verantwortliche Taten wartet und antwortet."

(zitiert nach dem Evangelischen Gesangbuch der EKiR, S. 1243, Nr. 813)

Nach-Worte: Wer vertraut, wagt neue Wege

Anne Schneider:

Gott will, dass wir Menschen in Beziehungen leben und Vertrauen wagen – Vertrauen untereinander und Vertrauen auf Gottes Weggeleit.
Damit wir gerade in unsicheren Zeiten das Zutrauen gewinnen, neue Wege zu wagen. Oder wie es das Motto für das 6. Deutsche Hospizforum formuliert hat: Damit wir das Zutrauen haben: *Wege entstehen beim Gehen!*

Ein widerständiges Dennoch-Vertrauen setzt auf nicht berechenbare und immer neue *„Wunder-volle"* Erfahrungen mit Gott und Menschen. Und ist damit eine nachhaltige Kraftquelle gegen unsere Ängste und gegen eine uns manchmal lähmende Angst vor den Ängsten.

So wie die Lyrikerin Mascha Kaléko es uns rät:

> *„Zerreiß deine Pläne. Sei klug und halte dich an Wunder.*
> *Sie sind lang schon verzeichnet im großen Plan.*
> *Jage die Ängste fort und die Angst vor den Ängsten."*
> *(Mascha Kaléko, S. 8)*

Nikolaus Schneider:

Mir steht als großes Bild für ein erstaunliches und logisch nicht zu begründendes Vertrauen die biblische Geschichte von Petrus vor Augen, wie er es wagt, über das tosende Wasser des Sees Genezareth zu gehen. Im Vertrauen auf das Wort Jesu setzt Petrus seine Füße auf die stürmische See – und das Wasser trägt ihn. Es trägt ihn so lange, wie Petrus nur auf Jesus sieht, ihm vertraut und ihm entgegengeht. Erst, als Petrus seinen Blick auf die übermächtig erscheinende Bedrohung von Wind und Wellen richtet, erschrickt er und beginnt zu sinken. In seiner Todesangst wendet Petrus seinen Blick wieder auf Jesus und schreit: „Herr, hilf mir!"
Und Jesus streckt seine Hand aus, ergreift Petrus und zusammen treten sie in das rettende Boot (vgl. Matthäus 14,22-33).

Diese biblische Geschichte schenkt mir immer wieder neu den Mut, vertrauensvoll auch unsichere Wege zu wagen – im Blick auf Gottes Geleit und im Blick auf Menschen, die mir in Liebe und Freundschaft verbunden sind.

Mit einem Text von Hanns Dieter Hüsch hatte ich begonnen. Ein Segenswunsch des theologischen Poeten vom Niederrhein will ich Ihnen jetzt zum Abschluss des Vortrags mit auf Ihren Weg geben:

„Im Übrigen meine ich
Dass Gott uns das Geleit geben möge
Immerdar
Auf unserem langen Weg zu unserer Menschwerdung
Auf dem endlosen Pfad zwischen Gut und Böse
Herzenswünschen und niedrigen Spekulationen
Er möge uns ganz nahe sein in unserer Not
Wenn wir uns im dornigen Gestrüpp der Wirklichkeit verlieren …
Er möge sich unser erbarmen
Am Tage und in der Nacht
In der großen Welt und in der kleinen Welt unseres Alltags …
Er möge uns unsere Krankheiten überstehen lassen
Und uns in der Jugend und im Alter seine Schulter geben
Damit wir uns von Zeit zu Zeit
Von Gegenwart zu Gegenwart
An ihn anlehnen können
Getröstet, gestärkt und ermutigt."
(Hanns Dieter Hüsch, Segen für alle Zeit, 1998, S. 4ff.)

Literatur:

Hilde Domin (1993): Gesammelte Essays, Frankfurt a. Main.
Max Frisch (1996): Stiller, Frankfurt a. Main: Suhrkamp.
Max Frisch (2011): Tagebuch 1966–1971, Frankfurt am Main.
Hüsch, Hanns Dieter/Blum, Michael (1998): Das kleine Buch zum Segen, Düsseldorf.
Hüsch, Hanns Dieter (2007): Das Schwere leicht gesagt, Freiburg.
Kaléko, Mascha (2013): Sei klug und halte dich an Wunder, Gedanken über das Leben, München.
Mukherjee, Siddhartha (2015): Der König aller Krankheiten. Krebs – eine Biographie, Köln.
Schneider, Meike (3. Aufl. 2015): Ich will mein Leben tanzen, Neukirchen-Vluyn.
Fulbert Steffensky (2015): Heimathöhle Religion. Ein Gastrecht für widersprüchliche Gedanken, Stuttgart.

Hätten wir's verhindern können?
Schuld und Schuldgefühle in der Trauer

Isabell Schupp

Zwei befreundete Mönche wanderten durch die Wüste. Während der Wanderung kam es zu einem Streit und der eine schlug dem anderen im Affekt ins Gesicht. Der Geschlagene war gekränkt. Ohne ein Wort zu sagen, kniete er nieder und schrieb folgende Worte in den Sand:
„Heute hat mich mein bester Freund ins Gesicht geschlagen."
Sie setzten ihre Wanderung fort und kamen bald darauf zu einer Oase. Dort beschlossen sie beide, ein Bad zu nehmen. Der Mönch, der geschlagen worden war, blieb auf einmal im Schlamm stecken und drohte zu ertrinken. Aber sein Freund rettete ihn in letzter Minute.
Nachdem sich der Mönch, der fast ertrunken war, wieder erholt hatte, nahm er sein Messer und ritzte folgende Worte in einen Stein:
„Heute hat mein bester Freund mir das Leben gerettet."
Der Freund, der den anderen geschlagen, aber auch gerettet hatte, fragte erstaunt: „Als ich dich gekränkt hatte, hast du deinen Satz nur in den Sand geschrieben, aber nun ritzt du die Worte in einen Stein. Warum?"
Der andere antwortete: „Wenn uns jemand etwas angetan hat, sollten wir es in den Sand schreiben, damit der Wind der Vergebung es wieder auslöschen kann. Aber wenn jemand etwas tut, was für uns gut ist, dann können wir das in einen Stein gravieren, damit kein Wind es jemals löschen kann."

Mit dieser kleinen Geschichte aus dem Zen möchte ich Sie alle zu diesem Vortrag heute begrüßen. Diese Geschichte ist über 2000 Jahre alt und im Laufe meiner Ausführungen wird sich Ihnen erschließen, warum ich diese Geschichte ausgesucht habe.
Es soll heute um das Thema Schuldgefühle in der Trauer gehen. Ein schwieriges Thema, ein schweres Thema, ein Thema, welches mich fast schon mein ganzes Leben lang begleitet.

Als ich 5 Jahre alt war, hat sich mein Vater das Leben genommen.

Als ich 17 Jahre alt war, ist mein Bruder schuldlos bei einem Autounfall ums Leben gekommen. Als meine mittlere Tochter Pauline 16 Jahre alt war, ist sie an Leukämie gestorben. Drei Schicksalsschläge, die viel Raum für Schuld bieten: für Schuldzuweisungen gegen andere und für Schuldgefühle gegen mich selbst.

Zum Thema Schuld gibt es so viele Bücher, dass man kilometerlange Regale damit füllen könnte. Es gibt philosophische Bücher, religiöse Bücher, therapeutische Bücher und viele, viele juristische Bücher.
Denn – es ist alles nicht so einfach mit der Schuld.

Landläufig wird ja unterschieden zwischen zwei Arten von Schuld: Da ist zum einen die reale Schuld, also Schuld, die ein Mensch im strafrechtlichen Sinne ganz objektiv auf sich geladen hat. Diese reale Schuld wird von einem Gericht bewertet und dann bestraft. Das *scheint* eine klare Sache zu sein. Es handelt sich um reale, objektive Schuld. Aber wir wissen, dass sogar Rechtsanwalt, Staatsanwalt und Richter den gleichen Tathergang unterschiedlich bewerten.

Daneben gibt es diese andere Art von Schuld, diese etwas irrealere, subjektivere, so eine gefühlte Schuld für Dinge, die man getan oder eben nicht getan hat. Diese Schuld ist in strafrechtlichem Sinne nicht relevant, kein staatlich vereidigter Richter wird dafür jemals eine Strafe verhängen. Diese Art von Schuld nennt man „Schuld-Gefühle". Die Richter sind wir selbst und wir verhängen drakonische Strafen – gegen uns oder auch gegen Menschen, die wir für verantwortlich halten. Während eine reale Schuld ja irgendwann abgebüßt ist, verhängen wir gegen uns selbst oftmals lebenslänglich – ohne Begnadigung. Wobei wir nicht in einem realen Gefängnis sitzen, sondern in unseren Schuldgefühlen gefangen sind.
Interessant ist, dass das sogenannte Schuldgefühl gar kein Gefühl ist. Das Schuldgefühl ist ein Gedanke: Ich habe das und das gemacht, deshalb bin ich schuld. Und dieser Gedanke löst dann erst die Gefühle aus, Verzweiflung, Trauer oder auch Wut. Was es mit dieser Wortklauberei auf sich hat, darauf werde ich zu einem späteren Zeitpunkt zu sprechen kommen.

Es gibt jede Menge Beispiele für reale Schuld:
Wenn jemand eine Pistole nimmt, jemanden ausraubt und dann erschießt – ist er schuldig! Ganz eindeutig, ganz objektiv!
Wenn jemand in sein Auto steigt und ein Kind totfährt – schuldig! Eindeutig, objektiv.

Und doch ist es so einfach nicht. Das möchte ich an einem Beispiel aus meinem Heimatort verdeutlichen: Eine Bekannte von mir ging mit ihrer kleinen, vier Jahre alten Tochter Sarah an einer sehr wenig befahrenen Straße entlang, sie hielt sie, wie öfters, nicht an der Hand – Sarah hüpfte fröhlich neben ihr her. Doch plötzlich sah sie auf der anderen Straßenseite eine Freundin aus dem Kindergarten, sie flitzte auf die Straße, ein Auto konnte nicht mehr rechtzeitig bremsen und Sarah wurde überfahren – schuldig! Wer? Die Mutter, sie hat nicht aufgepasst ... Naja, kommt drauf an ... kommt ganz auf die Situation drauf an. ... so richtig für schuldig erklären würden wir die Mutter wohl nicht ... hm ... aber der Autofahrer, der hat Schuld. Klar. Er ist 50 km/h gefahren, in einer Straße, in der viele Familien mit kleinen Kindern wohnen und in der man, wenn man nur eine Spur Verantwortungsgefühl hat, nur maximal 30 km/h fahren sollte. Aber – in dieser Straße sind verkehrsrechtlich 50 km/h erlaubt! Und das hat sich auch durch diesen Unfall nicht geändert. Eine Geschwindigkeitsbegrenzung ist hier nicht notwendig – sagt der Gemeinderat, das Kind ist schließlich einfach auf die Straße gelaufen, da kann man keinen Präzedenzfall draus machen. Also doch nicht 100 % schuldig, der Autofahrer. Er hatte eine vorschriftsmäßige Geschwindigkeit. Oder?

Heute Abend, am Ende dieses Forums, werden wir uns alle in unsere Autos setzen, Sie und ich. Wir werden durch eine von diesen Straßen fahren, in denen 50 erlaubt ist, in denen man aber vernünftigerweise nur 30 fahren sollte.

Und heute werden wir vielleicht tatsächlich 30 fahren – weil wir von diesem Forum kommen, weil wir berührt sind, weil wir uns Zeit lassen wollen, weil uns einmal mehr bewusst ist, wie schlimm es ist, ein Kind zu verlieren. Wir werden aufmerksam und achtsam fahren.
Vielleicht fahren wir sogar t ä g l i c h durch diese Straße in unsere Arbeit. Ganz langsam und vorbildlich.

Aber da wir Menschen sind und somit fehlerhaft, wird der Tag kommen, an dem wir es eilig haben oder nicht ganz aufmerksam sind, und an diesem Tag werden wir mit 50 km/h durch diese Straße fahren, weil 50 erlaubt ist. Und wenn wir Glück haben, dann wird Sarah an diesem Tag keine Freundin entdecken und nicht auf die Straße vor unser Auto rennen. Aber … wenn ich Pech habe …

Der Richter würde mich womöglich nur zu einer sehr hohen Geldstrafe verurteilen, weil ja 50 erlaubt war und ich 50 gefahren bin. Die Mutter von dem Mädchen würde überhaupt nicht schuldig gesprochen werden, weil sie direkt neben ihrem Kind ging und so ihrer Sorgfaltspflicht Genüge geleistet hat.

Aber Schuld wäre dennoch genügend mit im Spiel: Ich würde mich lebenslang für schuldig halten, weil ich zu schnell gefahren bin und ein Kind totgefahren habe und weil ich denke, wäre ich doch nur auch an diesem Tag 30 gefahren, vielleicht würde das Kind dann noch leben. Der Umstand, dass ich an 300 Tagen im Jahr langsam und vorsichtig durch diese Straße gefahren bin, hilft mir leider gar nicht. Schuldig, lebenslang, Begnadigung ausgeschlossen, mildernde Umstände ebenfalls. Die Mutter würde sich selbst lebenslang für schuldig erklären, weil sie den Tod ihrer Tochter nicht verhindern konnte – ebenfalls keine mildernden Umstände. Die Mutter würde den Richter für schuldig erklären, weil er mich, die Raserin nicht zu einer Gefängnisstrafe verurteilt hat. Und die Mutter würde *mich*, die ich ihr Kind auf dem Gewissen habe, lebenslang für schuldig erklären. Wir sehen also, wie nahe wir alle, die wir Tag für Tag unser Bestes geben, daran sind, uns schuldig zu machen.

Mit diesen Beispielen befinden wir uns im strafrechtlich relevanten Bereich, der aber in diesem Vortrag gar nicht im Vordergrund stehen soll.
Die Schuldgefühle die m i c h mein Leben lang begleitet haben, gehören zum großen Teil in den Bereich der irrealen, der subjektiven, der gefühlten Schuld.
Als ich ein Kind war, gab es für mich nur einen Grund für den Suizid meines Vaters: Ich, seine einzige Tochter, war nicht liebenswert genug, um ihn auf dieser Erde zu halten. Denn wenn ich wirklich liebenswert gewesen wäre, dann hätte er sich doch niemals das Leben nehmen können. Daraus folgt – schuldig.

Später, als ich älter war, habe ich meinen Vater für schuldig erklärt: Ich habe ihn dafür gehasst, dass ich vaterlos aufwachsen musste, dass er mich, meine Brüder und meine Mutter so rücksichtslos alleine gelassen hat. Für alles, was in meinem Leben nicht rund gelaufen ist, habe ich ihm die Schuld gegeben.

Mein Bruder musste, als er 18 Jahre alt war, durch die Schuld eines betrunkenen VW-Bus-Fahrers sterben. Dieser fuhr mit einem völlig überladenen Fahrzeug auf der falschen Straßenseite, kollidierte mit dem Auto, in dem als Beifahrer mein Bruder saß, und die Autos gingen in Flammen auf. Beide Fahrer verbrannten am Unfallort, mein Bruder kam mit lebensgefährlichen Verbrennungen ins Krankenhaus. Da diese Verbrennungen auch im Gesicht waren, riet uns ein guter Freund und Kinderarzt, in dessen Krankenhaus mein Bruder lag und der ihn mit seinen Verbrennungen gesehen hatte, dass wir ihn nicht besuchen, sondern ihn so in Erinnerung behalten sollen, wie wir ihn kannten. Er läge ja ohnehin im Koma und würde von unserem Besuch gar nichts mitbekommen. Und sie werden es nicht für möglich halten, ich habe mich daran gehalten. Mein Bruder lebte noch fünf Tage, und ich habe ihn nicht auf der Intensivstation besucht.

Heute gebe ich Seminare für Palliativmediziner, in denen ich den Ärzten vermittle, wie wichtig es ist, dass Eltern ermutigt werden, sich auch von ihren entstellten Kindern zu verabschieden. Dass auch Menschen, die im Koma liegen, liebevolle Berührungen wahrnehmen und Stimmen von geliebten Menschen hören können. Und ich kann es gar nicht fassen, dass ich meinen geliebten Bruder in seiner Not alleingelassen habe. Vielleicht hätte ihm meine Anwesenheit Kraft gegeben und er hätte überlebt. Schuldig, schuldig, schuldig.

Meine Tochter habe ich begleitet, als sie den schweren Weg durch die Krankheit und in den Tod gehen musste. Sie durfte zu Hause sterben und meine ganze Familie saß an ihrem Bett um sie herum, als sie sich auf ihren schweren Weg gemacht hat. Das habe ich gut gemacht. Aber – was habe ich alles nicht gut gemacht? Da habe ich einiges gefunden.

Aber die schlimmsten Schuldgefühle habe ich, weil ich meine Tochter, als sie neun Jahre alt war, aus dem Elternbett vertrieben habe, in das sie jede Nacht getappt kam.

Es brach Pauline fast das Herz – aber ich bin hart geblieben. Und irgendwann hat es dann tatsächlich geklappt – sie schlief in ihrem eigenen Bett. Alles wäre gut gewesen, wenn nicht …
Ja wenn nicht genau sieben Monate später die Leukämie ausgebrochen wäre. Was meinen Sie wohl, wer daran schuld war?? Aber nein, werden Sie zu mir sagen, was hätten Sie denn machen sollen? Wenn jedes Kind, was nicht mehr im Bett seiner Eltern schlafen darf, Leukämie bekäme – ja du meine Güte, das hätte wir aber viele leukämiekranke Kinder. Da mögen Sie schon Recht haben, es ist nicht so, dass ich mir das nicht auch schon gesagt hätte, das nützt aber nichts. Ich bin nun einmal davon überzeugt, dass man durch ein Trauma Krebs bekommen kann, und dass das mit dem Bett ein Trauma war, und dass Pauline deshalb Leukämie bekommen hat und dass ich deshalb schuld bin. Ich, Mutter, habe versagt. Basta! Der Stachel sitzt tief.

Mit diesen Schuldgedanken befinde ich mich in guter Gesellschaft. Franziskas Sohn Arne und seine Freundin Lara planten eine Motorradreise durch Indonesien. Franziska hatte von Anfang an kein gutes Gefühl dabei. Sie wollte ihren Sohn vorher noch anrufen und ihm sagen, Arne, ich habe kein gutes Gefühl, bitte fahr nicht nach Indonesien. Sie hat es nicht getan, weil sie sich selbst blöd vorkam. Arne und Lara starben am ersten Tag ihrer Reise – durch einen Motorradunfall. Gibt es einen hier im Saal, der ernsthaft der Ansicht ist, dass Franziska durch diesen Ratschlag den Unfalltod ihres 27 Jahre alten Sohnes verhindert hätte? Ich vermute mal – nein. Wenn Franziska diese Geschichte in unserer Trauer-Gruppe erzählt, können alle Gruppenteilnehmer es fast nicht abwarten zu bekunden, dass Franziska sich aber dafür wirklich nicht schuldig fühlen muss, dass ihr Sohn sie ausgelacht hätte und natürlich doch nach Indonesien gefahren wäre. Ja meinen Sie das nicht? Aber so wie ich mich in die Schuldspirale steigern kann, dass ich mein Kind gegen seinen Willen des Bettes verwiesen habe, so kann sie das Gleiche tun mit diesem nicht getätigten Anruf. Und gut gemeintes Zureden hilft da gar nichts. Schuldig!

Max und Maja kommen seit drei Jahren in meine Trauerseminare. Ihre Tochter Fanny war Epileptikerin und starb mit 19 Jahren bei einem epileptischen Anfall. Sie hatte bei dem Anfall ins Kissen erbrochen, lag mit dem Gesicht auf dem Kissen und war an dem Erbrochenen erstickt. Max gibt dem Arzt die Schuld – er hätte die Eltern darauf hinweisen müssen, dass es bei einer Epilepsie passieren kann, dass man erbricht, und dass es unter diesen Umständen angeraten sein könnte, nachts ohne Kissen zu schlafen. Max ist verzweifelt und verbittert. Der Arzt hat versagt. Der Arzt ist schuld an Fannys Tod.

Mein Freund Dominik, ein warmherziger, liebevoller Mann und Vater, hatte einen Sohn, Lukas. Lukas hat sich im Alter von 19 Jahren das Leben genommen. Als ich diesen Vortrag hier ausgearbeitet habe, habe ich ihn angerufen und nach seinen Schuldgefühlen befragt. Alle seine Sätze begannen mit, ach hätte ich doch bloß, ach wäre ich doch nur nicht ... Hätte ich mich doch bloß nicht von seiner Mutter getrennt, wäre ich doch nur nicht ausgezogen, dann wäre das vielleicht nicht passiert. Ich, Vater, habe versagt. Schuldig. ... Ja, hätte, hätte, Fahrradkette, wie unsere Kinder zu sagen pflegen.

Nun kann man aber nicht über Schuld sprechen, ohne gleichzeitig über Vergebung zu sprechen. Vergebung spielt in unserem christlich geprägten Abendland schon immer eine große Rolle. Denn auch wenn wir unserem Feind, auch wenn wir uns selbst nicht vergeben wollen oder können, da ist doch immer noch einer, der das tut. Wie heißt es im Vaterunser? Und vergib uns unsere Schuld, wie auch wir vergeben unseren Schuldigern. Oder auch im Glaubensbekenntnis: Ich glaube an die Vergebung der Sünden.
Vergebung ist die Säule unserer abendländischen Kultur. Und ich glaube auch zu wissen, warum. Vergeben ist etwas, was unserem eigenen Wohlsein dient. Vergebung macht unser Herz groß, weich und warm. Nicht-Vergeben macht unser Herz eng, hart und klein.
Nicht-Vergeben ist wie eine Art eingefrorenes Standbild eines bestimmten Moments oder Ereignisses. Es ist so, als ob wir uns selbst festhielten und sagten: „Das habe ich getan und deshalb bin ich so und so und so (nämlich schuldig, nämlich eine Raserin, nämlich keine gute Mutter, kein guter Vater)."

Ich möchte das einmal an einem Beispiel verdeutlichen: Stellen Sie sich vor, es geht Ihnen nicht gut, Sie sind sehr gestresst und schreien Ihr Kind an. Genau in dem Moment kommt ein Dritter mit einer Kamera vorbei, macht einen Schnappschuss, sagt: „Uuuuh, das ist aber eine fiese Mutter, mit der will ich nichts zu tun haben!", und packt das Foto in seine Hosentasche. Zwei Jahre später kommt er wieder vorbei, zieht das Foto heraus und sagt: „Ahhh, du bist ja diese fiese Mutter. Mit dir will ich nichts zu tun haben!"

Genau so handeln wir, wenn wir an dem Bild eines Moments festhalten. Z. B.: Ich habe meinen Bruder im Krankenhaus alleingelassen, oder ich bin zu schnell gefahren, oder dieser Arzt hat uns nicht informiert ... Jedes Mal, wenn wir daran denken, erzeugen wir dieses Bild des Versagens, dieses Bild der Schuld von neuem und unsere Herzen werden eng. Vergebung bedeutet, dass wir nicht in so einem eingefrorenen Moment steckenbleiben.

Als die Apartheid in Südafrika aufhoben wurde, war der schwarze Friedensnobelpreisträger Erzbischof Desmond Tutu für mich ein großes Vorbild, denn er hat sich im Versöhnungsprozess zwischen Schwarz und Weiß durch Mut und große Klugheit ausgezeichnet. Er ist ein wahrer Meister des Vergebens, und es gibt einen wunderbaren Satz von ihm: „Vergeben ist die höchste Form des Selbstinteresses. Ich brauche Vergebung, damit Verzweiflung und Wut in mir mein Leben nicht zerstören."
Der Buddha sagte: „Ohne Vergebung ist es so, als ob ich Gift trinke und meine, den anderen damit zu schädigen."
Und Jesus sagte: „Vergib deinen Feinden wie dir selbst."

Warum fällt es uns trotzdem so schwer, uns selbst, ganz besonders uns selbst zu vergeben? Obwohl wir doch den Vergebungsgedanken von Jesus Christus mit der Muttermilch aufgesogen haben? Warum machen wir uns das Leben so schwer, warum quälen wir uns, indem wir uns und anderen nicht verzeihen können? Warum hilft uns unser christlicher Glauben genau dann nicht, wenn wir ihn am dringendsten bräuchten?
Sollten Schuldgefühle vielleicht einen tieferen Sinn haben?

Um dieser Frage nachzugehen, habe ich einiges an Fachliteratur gelesen. Dort habe ich gelesen, dass es Gründe für uns Trauernde gibt, warum wir oftmals so lange, so intensiv an unseren Schuldgefühlen festhalten, dass wir gewissermaßen etwas von unseren Schuldgefühlen haben.

Der eine Grund sei, dass wir die Ohnmacht einfach nicht ertragen können, dass wir das Geschehen, was zum Tod unseres Kindes geführt hat, nicht beeinflussen konnten. Also geben wir uns die Schuld und verleihen uns dadurch Macht – die Macht, das Geschehen beeinflusst zu haben. Der zweite Grund sei, dass unsere Schuldzuweisungen uns die Möglichkeit geben, unserem verstorbenen Kind auch über den Tod hinaus verbunden zu bleiben. Ich habe all das mit großem Interesse gelesen und viel über diese Thesen nachgedacht. Und als Trauerbegleiterin habe ich davon auch einiges profitiert.

Aber ich habe gemerkt, dass mir diese Erklärungen bei meinen eigenen Schuldgefühlen nicht weitergeholfen haben. Ich empfinde keine Erleichterung bei dem Gedanken, dass meine Schuldgefühle mir Macht verleihen oder mich mit meinem Kind verbinden. Sie tun einfach weh und sind nicht zum Aushalten. Wenn ich einen Pfeil in mein Bein geschossen bekomme, dann frage ich mich nicht, welchen Sinn dieser Pfeil in meinem Bein macht, sondern ich frage mich: Wie bekomme ich diesen Pfeil aus meiner Wunde heraus?

Dieser Frage bin ich nachgegangen und ich habe zwei Antworten gefunden, die ich nun mit Ihnen teilen möchte. Es sind meine Antworten, die ich da gefunden habe, jemand andrer mag andere Antworten finden. Ich erhebe da keinerlei Anspruch auf Allgemeingültigkeit.
Für die erste Antwort, möchte ich so eine Art Gleichung aufstellen, bei der es um zwei fatale Pünktchen gehen soll.

Hätte ich nur … dann wäre er nicht.

Hätte ich meinen Bruder im Krankenhaus besucht, wäre er nicht gestorben. Diese beiden Pünktchen auf dem **ä**, dieses „hätte“, dieses „wäre“, dieser Konditional, stellt einen Widerspruch her, denn Tatsache ist, **ich habe nicht.**
Und gegen diesen Widerspruch hätte/habe kämpfen wir an, ein ohnmächtiger Kampf voll Not, Verzweiflung, Raserei. Hätte ich doch, hätte ich doch, hätte ich doch nur – **Hätte ich nur … dann wäre er nicht gestorben.**

Ich möchte nun aus dem Konditionalsatz einen Aussagesatz machen. Diese Macht habe ich.
Ich habe … meinen Bruder nicht im Krankenhaus besucht. Ich weiß nicht, wie es Ihnen geht, aber ich habe gemerkt, dass es mir damit besser geht. Ich habe gemerkt, wie ich innerlich ruhig werde, wenn ich diesen klaren Aussagesatz lese, an dem es nichts zu deuteln gibt.

Hätte ich, hätte ich, hätte ich – da könnte ich glatt in Panik geraten.
Ich habe nicht – das fühlt sich still, klar, ruhig und ja – natürlich auch traurig an. Aber so einfach ist es natürlich nicht – mit den Schuldgefühlen. Denn ich habe ja jetzt den Schuldzusammenhang nicht beibehalten. Das wollen wir mal schleunigst nachholen.
Ich habe nicht … daraus folgt … er/sie ist gestorben.
Und dieses „daraus folgt" – das ist das andere, was uns so verzweifelt macht, weil es das eine mit dem anderen auf fatale Weise verknüpft. Dieses Verknüpfungs-Zeichen ist es, was uns weder das eine, noch das andere annehmen lässt. Ich kann es nicht annehmen, dass ich meinen Bruder nicht besucht habe, ich kann es nicht annehmen, dass mein Bruder gestorben ist, denn durch dieses Verknüpfungs-Zeichen geht in mir dieses Schuld-Fass auf, welches ich nicht aushalten kann.

Ich erlaube mir nun, auch hier eine kleine Änderung vorzunehmen. Dieses „daraus folgt"-Zeichen zu eliminieren … und durch ein **„und"** zu ersetzen.
Ich habe meinen Bruder nicht besucht.
Und
mein Bruder ist gestorben.

Der VW-Bus-Fahrer hat sich betrunken ans Steuer seines überladenen Autos gesetzt. **Und** mein Bruder ist gestorben.
Ich habe meine Frau verlassen. Lukas hat sich das Leben genommen.
Ich habe Sarah nicht an der Hand gehalten. Sarah ist überfahren worden.
Da stehen jetzt zwei Tatsachen nebeneinander.
Ich habe Sara nicht an der Hand gehalten, das ist die eine Tatsache.
Sara ist überfahren worden, das ist die andere Tatsache.

Wer bin ich eigentlich, dass ich mir die Macht zuschreibe, über das Schicksal meiner Tochter entscheiden zu können? Wer bin ich, dass ich mir das Recht einräume, ihren Weg bestimmen zu wollen? Achte ich meine Tochter, würdige ich ihren Lebensweg, ihre Entscheidungen, ihre Verantwortung, ihre Größe, wenn ich behaupte – ja, das habe alles ich zu verantworten? Dadurch, dass wir dieses **„daraus folgt"**-Zeichen wegnehmen, erkennen wir zwei Schicksale an, zwei Menschen, zwei Lebens-Wege. Aber dafür braucht es Mut. Mut, innezuhalten. Mut, stehen zu bleiben, Mut, **„ja so ist es"** zu sagen.

Wenn wir innehalten statt zu hadern und zu kämpfen, wenn wir hinschauen, anstatt uns zu rechtfertigen, wenn wir zuhören, aushalten, begleiten, anstatt zu trösten, wenn wir **„ja so ist es"** sagen, anstatt uns oder den Anderen in Grund und Boden zu verdammen, dann können wir überleben. Ja, so ist es. Das habe ich gemacht, das ist geschehen, das war mein Weg, das war sein Weg, das ist mein Schicksal, das ist ihr Schicksal. Ich will nicht behaupten, dass ich mich besonders gut fühle, wenn ich innehalte und der Tatsache nachspüre, dass ich nicht für meinen Bruder im Krankenhaus da war. Aber ich kann es aushalten.

Mit dem Wort „und" kann ich es aushalten, ich kann ruhig bleiben, ich kann es stehen lassen. Ich kann meine Würde behalten. Und ich kann demjenigen, der den Tod meines Kindes verschuldet hat, seine Würde lassen. Ich habe mal etwas gelesen, was mir gut gefallen hat. „Vergebung heißt, die Hoffnung auf eine bessere Vergangenheit aufzugeben."

Aber ich habe ihnen ja versprochen, dass ich zwei Antworten auf die Frage habe, wie ich den Schuld-Pfeil aus meiner Wunde bekomme. Dazu möchte ich noch einmal eine kleine Geschichte aus dem Zen erzählen:
Einst saß ein armer, zerlumpter Bettler in einer armseligen Hütte. Er hielt einen Becher unter einen rostigen Wasserhahn, aus dem alle fünf Minuten ein Tropfen brackiges, stinkiges Wasser tropfte. Da kam ein Weiser zu ihm und fragte, guter Mann, was machst du denn da? Ach Meister, klagte der Mann, ich bin so durstig, den ganzen Tag verbringe ich an diesem Wasserhahn, aber du siehst ja, es kommt fast nichts heraus. Guter Mann, sagte der Weise, nimm deinen Becher und geh an den klaren Fluss, der draußen vor deiner Haustüre vorbei fließt. Dort findest du Wasser in Hülle und Fülle.

Und nun möchte ich sie zu einer Übung einladen, die Teil des Schuldrituals ist, welches ich auf unseren Trauerwochenenden immer anbiete. Bitte nehmen Sie ein Papier zur Hand und schreiben Sie alles auf, was Sie in Ihrem Leben im Allgemeinen und mit Ihren Kindern im Besonderen, gut gemacht haben. Ich weiß, dass das eine sehr schwierige Übung ist, und ich weiß, dass es Ihnen leichter fallen würde, wenn ich Sie bitten würde, alles zu notieren, was Sie nicht gut gemacht haben. Aber ich möchte Sie dennoch ermutigen, mitzumachen. Ein Vater hat einmal etwas aufgeschrieben, was mich zutiefst berührt hat: Ich habe meinem kleinen Sohn das Rollerfahren beigebracht. Also diese Dinge meine ich, all die kleinen Dinge, die wir Tag für Tag tun, ohne die es nicht gehen würde und denen wir nicht die geringste Wertschätzung entgegenbringen. Dafür bekommen sie jetzt fünf Minuten Zeit.

Ja herzlichen Dank fürs Mitmachen. Nun möchte ich Sie bitten, dass einfach jeder jetzt eine einzige Tat, die er gut gemacht hat, laut vorliest, damit dieser Raum mit guten Taten angefüllt ist. Ich fange damit an: Ich habe 20 Jahre lang jeden Morgen individuelle Schulbrote geschmiert – jedem für seinen Geschmack.

Nachdem nun all diese guten Taten hier im Raume stehen, möchte ich mit meinen Überlegungen fortfahren. Erinnern wir uns an die Zen-Geschichte, die ich am Anfang vorgelesen habe. Der Mönch meißelt die gute Tat seines Freundes in Stein.
Wir hingegen sind anders programmiert? Wir meißeln in Stein, was nicht geklappt hat, was wir nicht gut gemacht haben, wo wir versagt haben, was nicht gelungen ist.
Ich vermute mal, dass dieses Programm einst für unsere Vorfahren aus grauer Vorzeit zum Überleben wichtig war. Wir leben nicht mehr in der Steinzeit und wir hätten die Möglichkeit, unsere Gedanken auf all unsere guten Taten zu richten. Tag für Tag setzen wir uns für unsere Lieben ein, damit es ihnen gut geht, damit sie wachsen und gedeihen, damit sie satt sind und es warm haben und damit sie glücklich sind.

Aber manchmal tun wir etwas, was nicht gut war, oder wir unterlassen etwas, was wir nicht hätten unterlassen dürfen. Und darauf richten wir dann unsere Kamera, unsere Gedanken, unsere ganze Aufmerksamkeit. So wie der Bettler am

Rande des Flusses seine ganze Aufmerksamkeit auf die schmutzigen Wassertropfen richtet und dabei völlig den sauberen Fluss übersieht.

Und da kommt uns nun, zum Abschluss, noch einmal diese kleine Wortklauberei zwischen Schuldgefühl und Schuldgedanke zu Hilfe. Denn wie ja schon gesagt: wenn ich denke, ich habe es nicht gut gemacht, ich bin schuldig – dann das ist kein Gefühl, sondern ein Gedanke. Nun, auf meine Gefühle habe ich wenig Einfluss, aber meinen Gedanken bin ich nicht ohnmächtig ausgeliefert. Ich habe die Wahl!! Ich habe die Macht zu entscheiden, was ich denke. Wenn es schon um Macht gehen soll, wie in der Fachliteratur steht, dann nutze ich meine Macht.

Erstens: Ich trenne, wie mit einem Schwert die verknüpften Gedanken, ich habe es nicht gut gemacht und deshalb ist mein Kind gestorben.
Ich denke stattdessen: ich habe das gemacht, ja, so ist es.
Und – ein Kind ist gestorben. Ja, so ist es.

Und zweitens nutze ich meine Macht, befreie mich aus der Ohnmacht, indem ich meine Gedanken auf das richte, was ich gut gemacht habe, das und das und das und das und das. Aufschreiben, wenn uns spontan nichts einfällt. Ablesen, jeden Tag und immer wieder. Unsere Freundinnen, unsere Kinder, unseren Ehemann bitten, für uns aufzuschreiben, was wir alles gut gemacht haben. Sie werden bemerken, dass diese einen gnädigeren und liebevolleren Blick auf uns haben, als wir selbst. Vielleicht werden wir uns dann mit der Zeit mit einem humaneren Strafvollzug uns selbst gegenüber anfreunden.

Das ist keine Wissenschaft, das ist etwas, was ich so erfahren durfte. Nur – das ist leider kein Prinzip, was man einmal verstanden hat und dann entfaltet es automatisch seine segensreiche Wirkung. Nein! Wir müssen es immer wieder üben, unsere Gedanken dahin zu lenken, wo wir sie haben wollen – wann immer wir mit Schuldgefühlen oder Schuldzuweisungen konfrontiert sind. Und das Üben beginnt zunächst einmal mit dem Innehalten. Innehalten, lauschen, zuhören, stehen lassen.

Eine große Herausforderung für uns alle – auch für Trauerbegleiter, Ärzte, Pflegekräfte, alle, die in diesem Bereich tätig sind. Selbst wenn eine Frau sagt, ich bin so dick und unattraktiv, deshalb hat sich mein Mann das Leben genommen. Erst einmal nicht unserem Impuls nachgeben, um zu sagen: Aber ich bitte dich, du bist nicht dick, du bist so nett, du bist so hübsch, du bist bestimmt nicht schuld!! Nein, stehen lassen, Raum geben, anerkennen.

Das ist mein Weg der Vergebung: erkennen und anerkennen. Wobei beides nicht unbedingt akzeptieren heißt. Es heißt einfach nur anzuerkennen, dass etwas da ist, ob ich es nun mag oder nicht. Und es heißt anzuerkennen, dass wir unser Bestes getan haben. Wir dürfen uns und unser Bemühen mit Wohlwollen und Wertschätzung betrachten. Immer wieder. Das ist der Weg der Aussöhnung mit uns selber und mit denen, die uns verletzt haben. Es ist der Weg mit Gnade und Freundlichkeit auf unsere Vergangenheit zu schauen und uns damit auszusöhnen.

Vielleicht bringt uns das an einen Ort, an dem wir mit Weisheit und Mitgefühl mit unseren Schuldgefühlen umgehen können, an den Ort, wo Schuld und Vergebung Hand in Hand gehen. Vielleicht bringt uns das an einen Ort, an dem wir irgendwann einmal ja sagen können – zu **allem**, was passiert ist. Und zu uns selber.

Ich schließe mit einem Gedicht von *Khalil Gibran*:

Und Gott sagte, liebet eure Feinde,
und ich gehorchte Ihm
und liebte mich selbst.

Vom Zumuten und Zutrauen
Mitteilung und Miterleben des Todes anderer Kinder und Jugendlicher

Petra Stuttkewitz

Sich verabschieden können ist eine wichtige Voraussetzung dafür, den Tod anzuerkennen; seine Endgültigkeit und Unumkehrbarkeit zu verstehen ist der erste Schritt, um Trauer zu bewältigen. Das gilt für erwachsene Menschen und für Kinder gleichermaßen. Für Menschen mit einer (schweren) geistigen Behinderung kann es bedeutsam sein, diese Erfahrungen ganz körperlich zu machen. Aber auch sie nehmen einen Verlust genauso schmerzhaft wahr. Wichtig ist die Ehrlichkeit in der Kommunikation um das Sterben eines bekannten und geliebten Menschen – sei es auf verbalem als auch auf nonverbalem Weg.
Diese Erfahrungen sollten wir auch Kindern, die selbst von einer lebensverkürzenden Erkrankung betroffen sind, zu**muten** und zu**trauen**.

Dies ist sicher leicht gesagt und erst die tatsächliche Umsetzung zeigt, wie sich die Begriffe mit Gedanken und Gefühlen füllen werden. Als Mutter von zwei jungen Erwachsenen, die an der Stoffwechselstörung Mukopolysaccharidose erkrankt sind, habe ich die ganze Bandbreite der Gedanken- und Gefühlswelt kennengelernt. Bis es ein Zumuten werden konnte, wurde es für mich ein langer Weg der Auseinandersetzung.

Als wir 1990 mit der Diagnose konfrontiert wurden, fühlte ich mich angesichts der Erkrankung meiner Kinder wütend, ohnmächtig, traurig und hilflos und das Sterben meiner Kinder machte mir so große Angst, dass ich glaubte daran zu zerbrechen. Ich war durch mein Gefühlschaos total aus der Bahn geworfen. Ich war bis auf meine Grundmauern erschüttert und musste diesen Schutt erst wieder zusammentragen, um mich selber auf einigermaßen sicherem Grund bewegen zu können. In dieser Zeit war ich meilenweit davon entfernt, auch nur darüber nachzudenken, ob wir Roland und Sandra zumuten dürften, sich von verstorbenen, ihnen nahestehenden Menschen zu verabschieden.

Ich denke, eine Grundvoraussetzung, Kindern und Jugendlichen die Möglichkeit der Verabschiedung zu geben, ist, dass man selbst mit dem Thema Sterben und Tod umgehen kann. Solange meine Ängste mich blockierten, war ich nicht frei, mich völlig offen auf die Bedürfnisse meiner Kinder einzulassen.

Es folgte ein Prozess der Auseinandersetzung, der Annahme sowie ein Suchen und Finden, wie ich unsere Lebenssituation gestalten könnte. In dieser Zeit lernte ich zu akzeptieren, dass ich nichts ändern kann, dass die Erkrankung und ihre Folgen unaufhaltsam ihren Weg nehmen werden. Ich verstand aber, dass wir Eltern es in den Händen hielten, wie wir unseren veränderten Lebenssweg gehen werden. Ausschlaggebend und prägend war für mich, wie meine Kinder mit ihrer Situation umgingen. Sie litten an den Folgen der Erkrankung, und dennoch waren sie immer wieder voller Lebensfreude. Dieses Dennoch wurde unsere Lebensmaxime.

Die Angst vor dem Sterben meiner Kinder lag aber weiterhin wie ein unüberwindbarer Berg vor mir. Längst habe ich auch diesen Berg bewältigt. Allerdings kann ich nicht genau bestimmen, was alles dafür nötig war, um das Sterben meiner Kinder zu akzeptieren, nicht mehr damit zu hadern. Sicherlich waren es viele einzelne Schritte, wie zum Beispiel das Lesen vieler Literatur zu diesem Thema, viele Gespräche mit anderen Eltern, das Abschiednehmen von den verstorbenen Kindern befreundeter Eltern.

Trotzdem war in meinem Bewusstsein noch keine einzige Überlegung, dass auch Roland oder Sandra eine Verabschiedung eines verstorbenen Kindes wollen würden. Zuerst musste ich noch viele andere Gedanken zulassen und daran arbeiten.

Das eigene Sterben von Roland und Sandra hatte ich noch nicht mit ihnen angesprochen. Zwar hatte ich mir geschworen, meine Kinder nie anzulügen, doch wie hätte ich damals einem sechsjährigen Jungen sagen sollen, dass er sterben wird? Zumal Roland nicht danach gefragt hatte. Ich wollte seine damalige unbeschwerte Kindheit nicht zerstören. Nachdem die ersten Rückschritte für Roland deutlich wurden, begann auch für ihn die Auseinandersetzung mit seiner Erkrankung. Beispielshalber als Roland seine Sprache verlor und ihm oft nicht die richtigen Worte einfielen, er mitten im Satz abbrach oder er manchmal seine Lippen bewegte, aber kein Wort aus seinem Mund herauskam, hat Roland viel geweint und war oftmals wütend. Wenn Roland mich in seine Nähe ließ, wenn er zuließ, dass ich ihn in den Arm nehmen durfte, und er etwas ruhiger wurde, habe ich ihm gesagt, dass die Erkrankung sein Leben verändern wird. Ich habe ihm nicht gesagt, alles wird wieder gut. An dieser Stelle habe ich ihm die Wahrheit zugemutet. Ich habe ihm gesagt, dass ihm diese Erkrankung seine Worte stehlen wird. Ich habe ihm aber auch versichert, dass ich ihn immer verstehen werde, auch ohne Worte, weil ich ihn liebe und er mir so vertraut ist. Dass diese Krankheit tödlich verläuft, habe ich weiter verschwiegen.

Sandra war zu diesem Zeitpunkt noch ein Kleinkind, welches heranwuchs und gerade dabei war, die Welt zu entdecken. Für mich war es so schwer auszuhalten, zu sehen, wie Sandra sich entwickelt, und gleichzeitig zu wissen, dass sie alles, was sie gegenwärtig lernt, wieder verlernen wird. Kurz zusammengefasst: In dieser Zeit war es mir unmöglich, mit beiden über ihr Sterben zu sprechen! Ich machte mir aber unglaublich viele Gedanken, wann denn wohl der geeignete Zeitpunkt für diese Mitteilung sein würde.

Dieser Zeitpunkt ist nie gekommen, weil mir irgendwann klar wurde, dass das nicht mein Umgang sein würde. Mir wurde deutlich, dass ich es ihnen nie mitteilen werde, aber ich werde immer offen sein für das, was meine Kinder mir signalisieren, und wir werden die Themen Sterben und Tod in unser Leben einbeziehen. So fing ich an ihnen Kinderbücher vorzulesen, in denen jemand starb, oder wir schauten gemeinsam Kinderfilme zu diesem Thema.

Bemerkenswert war für mich mitzuerleben, wie unterschiedlich beide darauf reagierten. Bei einem Kinobesuch beispielsweise, wenn der Held des Trickfilmes drohte zu sterben und alle Kinder im Saal völlig still waren, manchmal nur ein Schniefen zu hören war, dann lachte Sandra garantiert laut los. Oder als unsere Katze damals starb, sprach ich mit beiden darüber und zeigte ihnen unsere tote Katze. Roland wirkte traurig, sein Blick wanderte immer zwischen mir und der Katze hin und her, Sandra hingegen fing schallend an zu lachen.

Beide hatten auch ganz unterschiedliche Herangehensweisen in ihrer Auseinandersetzung mit ihrer Erkrankung. Während Roland mit Tränen und Gefühlen

– die mir sehr vertraut waren – reagierte, begegnete Sandra ihren Konsequenzen der Erkrankung eher mit Ignoranz. Wenn sie z. B. bei ihrem Steckspiel die Steine nicht aufeinandersetzen konnte, legte sie diese an die Seite und nahm immer wieder neue Steine. Dass die Steine nicht aufeinander passten, lag nicht an ihr, sondern an den Steinen. Sobald sie merkte, dass es vielleicht doch etwas mit ihr zu tun haben könnte, warf sie die Steine fort, stand auf und hatte dann oft Tränen ganz weit hinten in ihren Augen. Doch blitzschnell hatte sie etwas gefunden, das für sie in diesem Moment passte. Ihre Tränen hat sie nie laufen lassen.

Schon längst habe ich die Gewissheit, dass Roland und Sandra um ihr Sterben wissen.

Als Roland 16 Jahre alt war, gab es in seiner Schulklasse ein dreizehnwöchiges Kunstprojekt. Jeden Dienstag begaben sich die Schüler auf Spuren großer Künstler. Im Anschluss des Projektes gab es eine Vernissage. Ich war beeindruckt von den entstandenen Kunstwerken. Als ich vor Rolands gemaltem Bild stand, war ich seltsam berührt. Ich konnte dieses Gefühl erst nicht einordnen.

Zu dieser Ausstellung gab es eine Mappe mit Kunstkarten. Zu Hause saß ich lange mit der Karte in der Hand, die Rolands Bild zeigte, und versuchte herauszufinden, was mich darin so berührte. Es gab viele Dinge, die ich für mich deutete, aber ein Detail sprang mich förmlich an. Ganz oben links fügten sich die Linien zu einem zarten Flugzeug zusammen. Ein Flugzeug, leicht steigend, mehr losgelöst von dem Rest des Bildes. Ich dachte sofort – Roland weiß, dass er sterben wird. Das hat er mit dem Flugzeug dargestellt. Selbstverständlich weiß ich, dass dies eine Interpretation meinerseits ist, und doch war ich mir sicher.

Zusammen mit Roland sah ich mir das Bild an, sagte ihm, was ich alles in dem Gemalten sah. Dann sprach ich das Flugzeug an und fragte ihn, ob er da sein Weggehen gemalt hat. Jetzt wird es schwierig, etwas in Worte zu fassen, was sich zwischen uns ereignete – so ganz ohne Worte. Die Atmosphäre, die Blicke, Rolands Greifen nach meiner Hand. Ich war mir sicher, ohne Worte sprachen wir von dem Selben.

Eingehend habe ich darüber nachgedacht, wie das möglich war, oder hatte ich mir das nur eingebildet? Doch dieses Gefühl, das lange in mir blieb, ließ mich fest daran glauben, dass alles wirklich so war.

Sandra malte etwas später in einem Kinderhospiz auch ein Bild, mit völlig anderen Farben und auch sonst hatte es keine Ähnlichkeit mit dem Bild von Roland. Doch gab es eine Übereinstimmung, auch Sandra malte ein Flugzeug.

Zu erleben, mit welchen Strategien Roland und Sandra ihr Leben gestalten, gab mir die Sicherheit, dass sie mit ihren Potenzialen ihren Weg kompetent gehen werden. Mit dieser Gewissheit war die Basis für jegliches Zumuten und Zutrauen geschaffen.

Allerdings gab es immer noch eine Sache, die mich buchstäblich nicht zur Ruhe kommen ließ. Ich dachte immer wieder darüber nach, wie es für Roland und Sandra sein wird, wenn einer der beiden stirbt. Ein Geschwister zu verlieren mit dem Wissen, selbst sterben zu müssen, wird irgendwann für eins meiner Kinder zur Realität. Diese Vorstellung brachte mich an den Rand des Aushaltbaren. In uns Müttern ist der Wunsch, unsere Kinder zu schützen, ganz tief verankert. Auch wenn ich logisch gedacht weiß, dass ich sie weder vor den Folgen ihrer Erkrankung noch vor der oben beschriebenen Tatsache schützen kann, fühle ich ohnmächtig trotzdem den Wunsch, meine Kinder zu schützen.

Tausend Gedanken jagten in meinem Kopf durcheinander. Gerne hätte ich dazu Literatur gelesen, aber ich fand keine. Ich stellte meine Fragen an viele Fachleute aus der Pädagogik, aber auch hier gab es keine Antworten für mich. Ich fühlte mich mit meinen Ängsten und Sorgen alleingelassen und überfordert. Also ging ich diesen Fragen immer und immer wieder nach.

Ich versuchte mir vorzustellen, wie uns eine gute Begleitung gelingen wird – in einer Zeit, in der wir Eltern emotional ganz tief drinstecken. Wie werde ich verhindern können, dass ich meine eigene Trauer auf mein Kind projiziere? Kann ich in dieser auch für mich schweren Situation alle Signale meines Kindes wahrnehmen und deuten? Wie kann denn die Trauerarbeit für mein Kind verlaufen?

Bis heute habe ich keine befriedigenden Antworten gefunden, jedoch ließ mich das Denken darüber zur Ruhe kommen. Ich fühlte, dass ich darauf vertrauen muss, dass unser Netzwerk uns auch in dieser Situation auffangen wird. Wenn ich durch meine Trauer nicht in der Lage sein werde, an der Seite meines noch lebenden Kindes zu sein, wird ein anderer Vertrauter meinen Platz einnehmen. Gemeinsam mit unseren Freunden werden wir unser Kind gut begleiten können und trotzdem ausreichend Zeit für das Abschiednehmen unseres verstorbenen Kindes haben. Und ich werde darauf vertrauen müssen, dass es uns allen gelingt zu erkennen, zu erspüren, was unser Kind in dieser Zeit signalisieren wird.

Der Abschied von Nadine

Es war der Ostermontag 2010, als wir Nadine – Rolands langjährige Weggefährtin und Freundin – besuchten. Nadine ging es schon lange nicht mehr gut und ihr baldiges Sterben war abzusehen.

Nadines Eltern, ihre Geschwister und ich saßen am Tisch, tranken Kaffee und plauderten über dies und jenes. Die Atmosphäre war eher heiter als traurig. Nadine lag in ihrem Bett, welches im Wohnzimmer stand, Roland befand sich mit seinem Rollstuhl direkt daneben. Lange Zeit schaute Roland reglos zu Nadine, dann begann er an ihrer Decke zu zupfen, so lange bis er ihre Hand freigelegt hatte. Roland nahm Nadines Hand in seine. Händchen haltend schauten sich beide intensiv an. Schlagartig wurde es mucksmäuschenstill im Raum. Ohne Worte wusste jeder einzelne von uns, was zwischen den beiden gerade passierte. Zwei Freunde nahmen voneinander Abschied. Zeuge dieser Begegnung zu sein war unglaublich berührend und traurig zugleich.

Einige Zeit nach dieser Begegnung verstarb Nadine. Mein Mann und ich überlegten, ob wir mit Roland und Sandra noch einmal zu Nadine fahren sollten. Wir waren ein wenig unentschlossen. Was sprach dagegen und was dafür? Können wir ihnen auch diese Begegnung zumuten?

Dafür sprach auf jeden Fall, dass wir beiden die Chance gaben zu begreifen, dass Nadine gestorben war. Wir stellten uns vor, wie es für Roland und Sandra in

Zukunft sein würde, wenn wir Nadines Familie besuchen würden und Nadine nicht anwesend wäre. Dagegen sprach eigentlich nichts – außer wieder einmal ganz tief in mir der Wunsch, beide zu schützen. Ganz kurz nur flackerte dieser Wunsch auf, denn ich hatte mir ja mühselig erarbeitet, dass ich beide nicht vor dem Leben und seinen Konsequenzen schützen kann. Außerdem hatten Roland und Sandra in ihrem Leben bewiesen, dass sie – ihrer eigenen Lebensphilosophie folgend – zeigen werden, was sie wollen oder auch nicht wollen. Für mich war immer wichtig, beide ernst zu nehmen, sie in Entscheidungen mit ihren Möglichkeiten mit einzubeziehen, ihnen die Chance einer Wahl zu geben. Somit war die Entscheidung getroffen. Wir telefonierten mit Nadines Eltern und fragten, ob wir mit Roland und Sandra kommen dürften, und erhielten ein klares Ja.

Während der Fahrt wirbelten wieder einmal viele Gedanken in meinem Kopf umher. Meine größte Sorge war ich wohl selbst. Nadine und ihre Familie sind mir sehr nahe und ich trauerte ja auch um Nadine. Meine Gedanken waren natürlich auch dicht bei Nadines Eltern. Den Schmerz des Verlusts ihres geliebten Kindes mitzuerleben, machte mir auch wieder einmal deutlich, was uns noch bevorsteht. Natürlich weiß ich seit 25 Jahren, dass meine Kinder sterben werden, aber jetzt kam erneut ein Augenblick, wo sich dieses Wissen mit Gefühlen verbinden würde. Zusammengefasst: Meine Trauer um Nadine, das Mitfühlen von Nadines Eltern, meine eigene Angst vor dem Sterben meiner Kinder und dann noch das Abschiednehmen meiner Kinder von Nadine, erschienen mir im Moment zu groß.

Als unsere Fahrt endete und wir an der Haustür klingelten, rutschte mir mein Herz endgültig bis auf den Boden. Ich dachte nur noch, jetzt wird alles seinen Lauf nehmen und gleich werde ich wissen, ob sich unser Handeln als richtig oder falsch beweisen wird.

Während Nadines Familie Roland und Sandra begrüßten, sah ich Roland ernst von einem zum anderen schauen. Er spürte augenblicklich die vorherrschende Traurigkeit. Sandra nahm dies auch sofort auf, reagierte aber völlig anders. Sie verweigerte prompt jeglichen Blickkontakt. Damit war ihre Entscheidung gefallen. Sie hatte sich zurückgezogen und war nicht ansprechbar. Ich wertete ihr Verhalten als eine Schutzmaßnahme ihrerseits.

Mit Roland machten wir uns aber auf den Weg zu Nadines Zimmer. Nadine lag in ihrem Bett, sie sah so schön aus, ringsherum brannten viele Kerzen. Wir stellten Roland in seinem Rollstuhl sitzend ganz nah an Nadines Bett und stellten fest, dass Roland aus dieser Position keinen Kontakt zu Nadine bekommen konnte. Mein Mann nahm Roland aus dem Rollstuhl, stellte ihn auf die Füße und sicherte Roland mit seiner Standkraft ab. Dieser Positionswechsel ermöglichte Roland, dass er nun auf Nadine schauen konnte. Ich sagte ihm, dass dies der Augenblick ist, in dem er ein letztes Mal Abschied von Nadine nehmen kann. Ich fragte ihn, ob er Nadine noch einmal streicheln möchte. Dazu nahm ich seine Hand und legte sie vorsichtig auf Nadines Hände. Erschrocken zog Roland blitzschnell seine Hand zurück. Mein Herz klopfte unbeschreiblich heftig und ich dachte entsetzt, dass wir einen Fehler gemacht haben. Ich sagte zu Roland, dass es mir Leid tut und er wieder in seinen Rollstuhl zurück kann. Roland hatte währenddessen unaufhörlich auf Nadine geblickt und er nahm seine vorher hochgezogene Hand wieder herunter, legte sie auf Nadines Arm und streichelte ganz sachte mehrmals ihren Arm. Dann fiel Roland in sich zusammen, jegliche Farbe verschwand aus seinem Gesicht und mein Mann setzte ihn umgehend in den Rollstuhl zurück. Roland wirkte völlig erschöpft und blass, aber auch unglaublich ruhig.

Diesen intimen Augenblick des Abschieds mitzuerleben war für mich ein einzigartiges Geschenk. Und ich war glücklich, dass wir Eltern uns getraut haben, Roland diese Chance des Abschiednehmens gegeben haben. Am Anfang meines Berichtes habe ich davon gesprochen, welch langer Weg der Auseinandersetzung notwendig war, bis es ein Zumuten werden konnte. Damit meinte ich, dass ich mich erst festigen musste und einen gesicherten Umgang mit den Themen Sterben und Tod finden musste, um meinen Kindern das Abschiednehmen von verstorbenen Freunden zuzumuten. Heute weiß ich, dass ich diese Zeit brauchte, um mir zuzumuten, ein Zutrauen in meine Kinder zu setzen. Sie haben uns immer wieder gezeigt, dass sie in der Lage sind, auf alle Situationen mit ihren Möglichkeiten zu reagieren, dass sie sich schützen können, wenn sie etwas nicht möchten, immer vorausgesetzt, sie erhalten von uns eine Wahl, ihre eigenen Entscheidungen treffen zu können.

Abschiednehmen und Trauer bei Kindern und Jugendlichen mit schwerer Behinderung

Helga Schlichting

Sich von einem geliebten und vertrauten Menschen verabschieden zu können ist eine wichtige Voraussetzung dafür, dessen Tod anzuerkennen, seine Endgültigkeit und Unumkehrbarkeit zu verstehen, und es ist der erste Schritt, um Trauer zu bewältigen. Diese These ist unumstritten und gilt für erwachsene Menschen, für Kinder und auch für Menschen mit schwerer Behinderung. Bei letzterem Personenkreis tun wir uns allerdings schwer, dies anzuerkennen. Der folgende Artikel möchte deshalb diesen Fragen nachgehen:

- Können Kinder und Jugendliche mit schwerer Behinderung den Tod, den Verlust eines anderen Menschen überhaupt begreifen und trauern?
- Können wir Kindern und Jugendlichen mit schwerer Behinderung und eigener Betroffenheit von Lebensverkürzung bzw. schwerer chronischer Erkrankung eine Verabschiedung von einem geliebten Menschen zumuten?
- Sollten wir Kinder und Jugendliche mit schwerer Behinderung nicht eher vor der Konfrontation mit dem Tod schützen?
- Welche Unterstützung und welche Formen der Auseinandersetzung brauchen sie, um den Tod begreifen zu können?
- Wie können wir sie beim Abschiednehmen und in ihrer Trauer unterstützen?

Leider wird häufig davon ausgegangen, dass Menschen mit schwerer und mehrfacher Behinderung die Fähigkeit fehlt, eine Vorstellung von Sterben, Tod und Trauer zu entwickeln. So werden sie häufig nicht vom Tod nahstehender Menschen informiert und auch nicht auf Beerdigungen und Trauerfeiern mitgenommen.

Eltern, Professionelle und auch Ehrenamtliche, die mit diesen Menschen zu tun haben, wissen aber, dass Menschen mit schwerer Behinderung Verluste sehr wohl wahrnehmen und auf ihre ganz besondere Weise trauern. PAMIS (eine schottische Hilfsorganisation, die speziell Kinder und Jugendliche mit schwerer Behinderung und ihre Familien unterstützen will) hat erste wissenschaftliche Untersuchungen zu Auswirkungen von Verlust und Trauererfahrungen auf Menschen mit schwerer und mehrfacher Behinderung durchgeführt und dabei festgestellt, dass sie von diesen Erfahrungen stark berührt werden und ihr Wohlbefinden stark beeinträchtigt wird (Young 2014, S. 123).

Verlusterfahrungen sind häufige biografische Erfahrungen dieser Menschen. Kinder und Jugendliche mit schwerer Behinderung müssen während häufiger Krankenhausaufenthalte Trennungen von den Eltern hinnehmen. Auch im weiteren Lebensverlauf kommt es zu Verlusten von Bezugspersonen in der Kindertagesstätte, in der Schule und in Wohneinrichtungen. Problematisch ist hierbei, dass Kinder und Jugendliche mit schweren Behinderungen diese Trennungen nicht verstehen können und auch keine Erklärungen dafür einfordern können.

Diese Trennungen und Verluste können ganz unterschiedlich erlebt werden, fest steht aber, dass diese Erfahrungen beträchtliche Auswirkungen auf das Leben der betroffenen Person haben. So beschreibt Young (ebd.) folgende Erlebens- und Reaktionsmöglichkeiten:

Das Vermissen der Bezugsperson wird wahrscheinlich auf körperlicher Ebene sehr intensiv erlebt. So kann die vertraute Stimme der Bezugsperson nicht mehr gehört oder deren Körper nicht mehr gespürt werden. Dies kann zu Gefühlen von Verlassenheit und Ängsten führen. Ein Verlust der Bezugsperson führt zur Abhängigkeit von anderen weniger bekannten und vertrauten Personen. Auch alltägliche Routinen und Aktivitäten können sich dadurch verändern, was weitere Unsicherheit und Orientierungslosigkeit mit sich bringen kann. Young beschreibt weitere sogenannte sekundäre Verluste: Die Person sieht ihren Großvater nicht mehr, weil der Vater, der sie immer hingefahren hat, verstorben ist (ebd.). Kinder und Jugendliche mit schwerer Behinderung erleben Trauerreaktionen von Familienangehörigen und können diese nicht verstehen und einordnen.

Zu bedenken ist, dass Menschen, die sich in ihrer Umwelt wenig orientieren können und wenig auf sie einwirken können, besonders empfindlich auf Stressreaktionen wie veränderte Abläufe oder einen Wechsel von Bezugspersonen reagieren (Young 2014, S. 125).

Körperliche Symptome bei Trauer sind bei Menschen mit schwerer Behinderung die gleichen wie bei Menschen ohne Behinderung. Dazu gehören vor allem folgende:

- Kopfschmerzen
- Muskel- und Gelenkschmerzen
- Brustschmerzen
- Bauchschmerzen
- Erschöpfung und Müdigkeit

Reaktionen, die Menschen mit schwerer Behinderung auf Verluste zeigen, können genauso sein wie bei Menschen ohne Behinderung. Manchmal können sie aber so verändert sein, dass sie für Außenstehende nicht als Verlust- oder Trauerreaktionen erkennbar sind. In ihrer Untersuchung findet Young folgende Reaktionen:

- Angstzustände/Depressionen/Rückzug
- Vermehrtes Weinen/Jammern
- Veränderungen des Appetits
- Zunehmendes selbstverletzendes oder auch stereotypes Verhalten
- Fremdaggressionen
- Zähneknirschen

Menschen mit schwerer Behinderung erleben Verluste wahrscheinlich sehr viel einschneidender als Menschen ohne Behinderung. Deshalb können wir sie auch nicht vor diesen Erfahrungen schützen. Problematisch ist, dass sie wenige Möglichkeiten haben, einen Verlust zu begreifen, seine Endgültigkeit zu verstehen und zu trauern – dazu benötigen sie unsere Unterstützung.

Menschen mit schwerer und mehrfacher Behinderung, die kaum verbale Kommunikationsmöglichkeiten haben, brauchen konkrete Formen des Abschiednehmens. So sollten für die Kommunikation des Todes mehrsinnliche Zugänge genutzt werden, wie z. B. ein entsprechender Tonfall der Stimme, traurige Musik oder das Befühlen eines kalten Steines. Hilfreich kann die Begegnung mit der verstorbenen Person, also die Verabschiedung am Totenbett sein. Für das Verstehen kann es wichtig sein, dass der Mensch mit schwerer Behinderung die Person reglos liegen sieht und deren kalte Haut spürt. Es sollten Besuche im Krankenhaus organisiert werden, um die krankheitsbedingten Veränderungen der Person sichtbar werden zu lassen. Menschen mit schwerer Behinderung sollten an der Trauerfeier und an der Beerdigung teilnehmen, dabei den Sarg berühren, am Grab Erde und Blumen auf den Sarg werfen.

Bei einer Begegnung mit dem Tod brauchen Kinder und Jugendliche mit schwerer Behinderung unsere ganze Aufmerksamkeit, unsere uneingeschränkte Begleitung und unseren vollen Respekt. Wir müssen ihr Verhalten und ihre körperlichen Reaktionen gut beobachten und sie bei Überforderungssituationen aus der Situation nehmen. Verhalten der Trauer, auch wenn es uns befremdlich erscheint, sollte respektiert werden. Dabei sind unsere „Ideen des richtigen Weges" nicht unbedingt für das Kind oder den Jugendlichen „richtig".

In jedem Fall sollten wir betroffenen Kindern und Jugendlichen eine Verabschiedung und eine Teilnahme an den Ritualen der Trauer und Beerdigung zutrauen in dem festen Glauben:
„Jede Person weiß, was ihr gut tut und was nicht, wir verfügen über eine innere Weisheit, was zu uns passt und was nicht" (Reddemann 2015, S. 23).

Das gilt auch für Kinder und Jugendliche mit schwerer Behinderung. Auch sie verfügen über Möglichkeiten, Abschied und Trauer so zu gestalten, dass sie für sie aushaltbar sind. Sie spüren intuitiv, was sie sich zutrauen können, und darauf sollten wir vertrauen.

Angesichts des Todes geliebter Personen muss der Bedrohung und Deformation Zeit und Raum gegeben werden. Es trägt nicht der Verarbeitung bei, alles sofort wieder „gut machen" zu wollen (Reddemann 2015, S. 24). Gerade Pädagogen können Unglück, Kummer und Trauer von anvertrauten Kindern und Jugendlichen nicht gut aushalten und sind schnell dabei, abzulenken und anderes zu tun. Wir dürfen sie aber nicht aus vermeintlichem Schutz schnell von ihrem Schmerz und damit von ihren Gefühlen, die sie in jedem Fall haben, wegführen, sondern müssen gerade Kinder und Jugendliche mit schwerer Behinderung behutsam zum Schmerz hinführen und sie darin einfühlsam begleiten, Richtung und Tempo sollten sie dabei selbst bestimmen dürfen (Franz 2006, S. 132).

Wenn wir, aus vermeintlichem Schutz, Kindern, Jugendlichen, jungen Erwachsenen mit schwerer Behinderung nicht den Zugang zu Ritualen der Verabschiedung und der Trauer ermöglichen, haben wir eine Entscheidung vorweggenommen und behindern sie in ihrem ganz eigenen Prozess der Verarbeitung.

Abschließend soll betont werden: Die Fähigkeit zur Freude, zu Wut, Angst und auch zur Trauer ist uns angeboren; dies ist in unserem „Care-Paket" verankert, über das verfügen wir zeitlebens und unabhängig von Behinderung und Krankheit (Franz 2006, S. 130).

Literatur:

Franz, M. (2006): „Morgen wird mein Bruder beerdigt ...": Wenn Kinder dem Tod begegnen brauchen sie einfühlsame Unterstützung. In: Schriftenreihe des Dt. Kinderhospizvereins e. V. 1. Bd., S. 124–137.

Young, Hannah et al. (2014): Trauer verstehen und mit Trauer umgehen bei Menschen mit Komplexen Behinderungen. In: Maier-Michalitsch, N.; Grunick, G. (Hrsg.), Leben bis zuletzt –Sterben, Tod und Trauer, selbstbestimmtes Leben, S. 120-132.

Projekt: Bereavement and Loss. PAMIS, http://www.pamis.org.uk/_page.php?id=70.

Reddemann, Luise (2015): Resilienz. Zeitschrift für Palliativmedizin 16. Jg., 1/2015, S. 20–25.

Die Kraft der Trauer
Realisierung, Gefühlschaos, Sinngebung, Verortung

Claus Maywald

Von der Situation in die Reflexion

Der Text versucht eine Verbindung zwischen dem eigenen Erleben und Tun sowie den Traueraufgaben nach William Worden darzustellen. Ausgangspunkte sind meine kreativen Gestaltungen im Verlauf der Trauer sowie die spätere Reflexion über diese Gestaltungen.
Damit lege ich meinem Handeln im Nachhinein ein theoretisches Konzept unter, um selber zu erkennen und nach außen mitzuteilen, wie die Theorie in der praktischen Umsetzung ihre individuelle Form gefunden hat. Anders formuliert: Welche Umsetzungen passen zu welcher Traueraufgabe oder welche Traueraufgabe wurde wie umgesetzt?
In einer weiteren Reflexion stelle ich dar, wie das Einlassen auf die Trauerarbeit dem eigenen Leben zugutegekommen ist, und welche Wirkung die Trauerarbeit auf mein Leben ausübt.
Der Weg durch die Trauer wird heute und im Nachhinein als ein Prozess der Reifung wahrgenommen. Die Kraft, die diesen Prozess bewegt, bezeichne ich als „Kraft der Trauer“.
Es ist mein Weg von der Situation in die Reflexion. Ich freue mich, dass Sie mich ein Stück weit begleiten wollen.

Beispiel für die Vorgehensweise

Ich werde mit einem schriftlichen Text, „Monolog“ genannt, beginnen.
Wenn bei den Traueraufgaben von „Verortung und der Findung einer dauerhaften Verbindung mit dem Verstorbenen“ gesprochen wird (Traueraufgabe 4 bei William Worden), dann ist dies eine wissenschaftliche Essenz. Im Einzelfall muss man genau nachsehen, wie sich diese Aufgabe konkret zeigt. Denn ich gehe nicht mit einem Aufgabenbuch durch mein verwaistes Leben. Ich habe z. B. Schwierigkeiten, bestimmte Orte, die mit der Verstorbenen in enger Beziehung stehen, aufzusuchen. Ich sehe Hindernisse, mich dort länger aufzuhalten, spüre

eine emotionale Aufgewühltheit oder Ruhe, empfinde Ab- und Zuneigung gegenüber diesen Plätzen. Im Lauf der Zeit lerne ich, damit umzugehen. Ich kann mich dann zu den „Orten der Vergangenheit“, d. h. den Orten mit meiner Tochter, aufgrund der bewussten oder gefühlten eigenen Befindlichkeit aufstellen, rationale oder gefühlsmäßige Gründe für meine Aufstellung finden oder mich nur einfach instinktiv verhalten.

In einer bewussten Auseinandersetzung habe ich angefangen zu überlegen, was diese Orte mit mir machen. Warum fühlen sie sich so an, wie sie es tun? Das hat ganz natürlich zu der Frage geführt, wo die verstorbene Tochter jetzt ist, lenken die „verlassenen Orte“ doch den Blick auf den „neuen Ort“ der Verstorbenen. Dazu drängten die Erinnerungen an die gemeinsamen Orte zur Frage, wie sich eine dauerhafte Verbindung zu ihr gestalten könnte.

Der „Monolog“ ist die schriftliche Auseinandersetzung mit diesen Fragen. Zudem aber auch die vorbereitende Auseinandersetzung mit einem realen Ort, der aufgrund seiner emotionalen Verstrickung von mir noch nicht ohne weiteres aufgesucht werden kann.

All diese Gefühle und Gedanken verweben und vernetzen sich im Monolog zu einem Halt gebenden Konstrukt, das sich zum Schluss eine eigene Geschichte erzählt, einen neuen Bogen zur Verstorbenen spannt und sowohl Verortung als auch Verbindung anbahnt.

Im dem hier vorliegenden kurzen Beispiel aus der Schrift steht die Verbindung zur Verstorbenen im Vordergrund.

Du siehst mich ohne Deine Augen,
Dein Blick ruht auf meiner Seele
dort wo ich Dich mit mir trage und
geschützt mit meinem Körper längst mit Dir verschmolzen,
eine Einheit, die sich schon durch Generationen gezogen
und dort aufgehoben wird,
eine letzte Hoffnung
Dich am Ende der Tage wieder zu sehen,
das Leben weiter zu führen,
das uns verwehrt war, obwohl
Du doch immer dabei warst und in allen Momenten bei mir bist,

so tief und fest wie nie zuvor,
Du meine Seele in jedem Moment berühren kannst,
mir leise Deine Wünsche flüsterst,
die ich vor dem geistigen Auge lesen oder hören kann,
Du bist so nah wie nie zuvor,
meine Nabelschnur in die Unendlichkeit,
geflochten aus der Liebe zu Dir und erwidert durch Deine Liebe.

Der Monolog zeigt, dass die Wahrnehmung eines emotionalen Zustands an und zu bestimmten Orten zu einem Verhalten, einer Reflexion und einer Verarbeitung in einer oder mehreren Ausdrucksformen führt. Er zeigt aber auch, dass ich erst im Nachhinein diese Verarbeitung mit einer oder mehreren Traueraufgaben verbinden und ihr schließlich einen Platz in meinem eigenen Trauerweg zuweisen kann.

Von der Wahrnehmung zur Reflexion, von der Verarbeitung zum Ausdruck und mit diesem wieder zurück zur Reflexion, das ist der Weg, den ich jetzt mit weiteren Umsetzungen vorstellen will.

Traueraufgabe 1 – Realisierung des Verlusts

Als meine Tochter im Sterben lag, habe ich mich an diese bevorstehende Realität unter anderem mit Hilfe von zwei Bildern genähert. Sie sind im Kinderhospiz entstanden, und beide Bilder haben sich hintereinander wie von selbst aus der Situation heraus ergeben.

So das erste Bild mit dem Titel „Hände“. Es zeigt den sich anbahnenden Moment des Todes als eine wahrgenommene, aber sich noch abstrakt zeigende Übergabe des Lebenslichtes von der einen Seite zur anderen. Während die linke Seite in den roten, orangen und gelben Tönen an eine Sonne und damit an das aktive Leben erinnert, verweisen die schwarzen und blauen Töne auf den Mond, der auch im Kreisrund dieses Bildabschnitts zu sehen ist. Getragen wird das Ganze von einem grün und braun gehaltenen Untergrund, der sich durch das ganze Bild hindurchzieht. Gesichter sind auf beiden Seiten in die organisch-ornamentalen Strukturen eingearbeitet worden und sollen die Vorfahren symbolisieren. Die Übergabe selber ist in einen großen Halbkreis gelegt, in den nur die beiden Hände und das Rund des Lebenslichtes hineinragen.

Das zweite Bild, „Leben" genannt, ist zeitlich unmittelbar nach dem ersten entstanden. Der Tod rückte deutlich näher, die Zeit wurde knapp, und das, was mich dazu erwartet, wird auf der rechten Seite durch das Skelett verdeutlicht. Es war der unmittelbar bevorstehende Tod. Er wurde greifbare Realität. Damit war auch die abstrakte Vorstellung des Verlustes durch eine konkretere zu ersetzen.
Die Komposition wird durch eine vertikale Einfügung mit Wirbeln, Uhren und Efeu in zwei Teile getrennt. Dieser mittlere Bereich symbolisiert die Zeit, die das Leben bestimmt. Das Auge im Zentrum dieses Abschnitts schaut dabei in Richtung des Skeletts. In der linken Hälfte sind das Gesicht und der Oberkörper einer jungen Frau in die kreisförmig angeordneten Strukturen eingearbeitet. In der rechten Hälfte liegt ein Skelett auf einer nach unten geneigten Ebene. Beide Seiten sind mit hellen Farben ähnlich gehalten, so als ob die beiden Hälften unter dem gleichen Licht ständen. In die Komposition sind vereinzelt Elemente aus dem Leben von Lara (wie zum Beispiel der kleine Heißluftballon) oder bildhafte Elemente von Abschied (Schiff und Sonne mit Wolken) eingestreut. Die Bilder sind im Jahr 2013 im Heft „Die Chance" veröffentlicht worden.[1]

1 Maywald, Claus (2013): Sterben – Tod – Trauer – Hoffnung. Ein Bilderzyklus, in: Die Chance, Deutscher Kinderhospizverein e. V., Nr. 16, S. 78–83.

Die Annäherung an das kommende Schicksal, der Tod der Tochter, wird in dieser Bilderfolge augenscheinlich. Die Abstraktion oder die Darstellung eines im wesentlichen noch geistigen Prozesses im ersten Bild ist durch eine realistischere Darstellung im zweiten Bild weitergeführt worden, die Realität des Bevorstehenden durfte sich nicht mehr hinter dem Symbol des Lebenslichts verstecken. Sie wurde deutlicher und damit ein Stück weit über ein bewusstes und bildhaftes Ausdrücken wahrgenommen und akzeptiert.
Dieser Prozess, der sich in den beiden Bildern ausdrückt, passt gut zu der ersten Traueraufgabe von Worden. Sie besteht darin, *„es als Tatsache zu akzeptieren, dass die geliebte Person tot ist und nicht zurückkehren wird. Dazu gehört auch die Einsicht, dass ein Wiedersehen – zumindest in diesem Leben – nicht möglich ist.“*

In der Folge von dem einen zum anderen Bild wird die wachsende Akzeptanz durch die Wahrnehmung des gerade Geschehenen intellektuell und emotional ausgedrückt und sichtbar. Dies gilt in diesem Fall auch für die Wahrnehmung vor dem Tod.

Traueraufgabe 2 – Den Schmerz verarbeiten/die Gefühle durchleben

Betrachte ich die zweite Traueraufgabe bei Worden, so finde ich hier die Aussage, dass *„der tiefe Schmerz sowohl körperliche als auch emotionale und verhaltensspezifische Komponenten hat. Er muss zugelassen und durchgearbeitet werden …“*.

Der Schmerz drängt sich auf, er ist da und wird durchgearbeitet, weil er auszuhalten ist. Von daher ging ich immer so weit, wie ich es aushalten konnte, und ging dann wieder zurück, bis ich mich wieder traute, nochmals voranzuschreiten. Es ist ein sich Nähern und ein sich wieder Entfernen. Der Schmerz hat zur Bewegung und nicht zur Erstarrung angetrieben, ebenso wie die Furcht vor noch mehr Schmerz mich mit Bewegung in Deckung brachte. Es ist eine Choreographie der Gefühle und des Schmerzes, die zur Aufführung kommt. So hat jedes kleinste Detail den Verlust und den Schmerz vor Augen geführt und jedes Anfassen hat mir das Unwiderrufliche vor Augen geführt. Kleinste Berührungen haben ausgereicht, um an den entsprechenden Rezeptoren anzudocken. So ging es in den Schmerz hinein und wieder hinaus, in die innere Bewegung und den Tanz der Gefühle.

Die Wellen des Schmerzes haben sich bei meiner Frau, bei Sandra, in musikalische Wellen umsetzen und verwandeln können.
Mit ihren Worten und ihrem Gesang hat Sandra ihm und dem Gefühl eine Form gegeben, die bleiben konnte und haltgebend war und ist. Das Lied wurde von ihr noch in der letzten Zeit im Hospiz komponiert.

Wiese bunt, die Augen rund,
seh Dich lachen offener Mund,
Glockenblumen neigen sich Dir
die Prinzessin schreitet durchs Blumenspalier
und du lädst alle ein zum Tanzen
siehst panzerschwere Wanzen
lässt kleine Schirmchen steigen,
vom Zahne des Löwen im Reigen.

Steigen hoch hinauf ins Blau
Verwischen das Ganz-genau
Und Du schaust ihnen nach als die Sonne verschwand
Die die Hügel mit rosanem Samte verband

und du lässt die Beine baumeln
bist voller Kraft selbst im Taumeln
sogar Grasnarben willst du heilen
hilfst Schnecken sich zu beeilen

Du lässt die Beine baumeln
bist voller Kraft selbst im Taumeln,
sogar Grasnarben willst Du heilen,
hilfst Schnecken sich zu beeilen

Und eh man sich versieht
trägt weit hinauf Dich ein Lied
steigen Töne mit Dir sodann
ins Wolkenreich hinan.

Traueraufgabe 3 – Sich an eine Welt ohne den Verstorbenen anpassen und dem Verlust einen Sinn geben

Die dritte Traueraufgabe spricht davon, *„sich an eine Welt ohne den Verstorbenen anzupassen und dem Verlust einen Sinn zu geben“.* Bei der Anpassung wird zwischen extern, intern und spirituell unterschieden.
Ich möchte mich auf die weltanschaulich-spirituellen Veränderungen und Anpassungen konzentrieren. Ich will wissen, welche Wertvorstellungen und Grundüberzeugungen sich nach dem Tod von Lara in Frage gestellt und gewandelt haben.

Grundlegend hat sich eine neue Sicht auf die Welt gegeben, in der die Gegensätze so eng verbunden sind, dass ich sie eigentlich nicht trennen kann. Die Sicht ist aus der Erfahrung erwachsen, dass sich in den Momenten, wo sich die Seele im tiefsten Schmerz zusammenkrümmt, auch im Innern eine Glut entfacht, die mich wärmt. Und in dieser Glut gestalten sich Bilder und Ideen, die mir die Schönheit des Lebens vor Augen führen, meine Sinne und Hände führen, um mein Leben neu zu gestalten. Damit ist dieses schöne Leben so eng mit dem Schmerz verbunden, das ich verwundert davor stehe und mich frage, wieso aus solch schlimmen Ereignissen solch schöne Folgen erwachsen. Die Zusammenhänge übersteigen mein Verständnis, aber ich kann es annehmen und muss es nicht verstehen.

Die Einheit der Gegensätze wird in einer Installation deutlich, der ich die Worte „Ich deck noch mal für alle den Tisch“ gegeben habe.

Claus Maywald, Tischinstallation „Ich deck noch einmal für alle den Tisch“, 196 Teile, Tisch 350 mal 140 cm, Pappmaschee, 2015/16

Mit über 200 Pappmaschee-Geschirr-Teilen und papierbezogenen Elementen ist der Tisch für unsere ganze neunköpfige Familie gedeckt, für die Lebenden und die Verstorbene. Alle sitzen imaginär zusammen am Tisch und für alle ist gedeckt. Ich kann es nicht trennen, obwohl ich natürlich zwischen verstorben und lebend unterscheiden kann. Es ist schön, alle beisammen zu haben, und es schmerzt, weil es auch nicht mehr so ist. Die Einheit ist trotzdem gegeben.

Ein weiterer Grundpfeiler meiner Überzeugungen, der durch den Verlust von Lara noch deutlicher als bisher in meinem Leben verankert ist, betrifft das Bewusstsein für die Begrenztheit des eigenen Lebens und der eigenen Lebenszeit. Die Berechenbarkeit der Zeit, die einem verbleibt, wird zu einer Unberechenbarkeit. Es kann wirklich jederzeit zu Ende sein, in jeder Sekunde.

Und genau zu diesem Thema habe ich vor über 30 Jahren ein Bild geschaffen, das ich nach Laras Tod nur in Details veränderte. Es ist mein sogenanntes Sekundenbild.

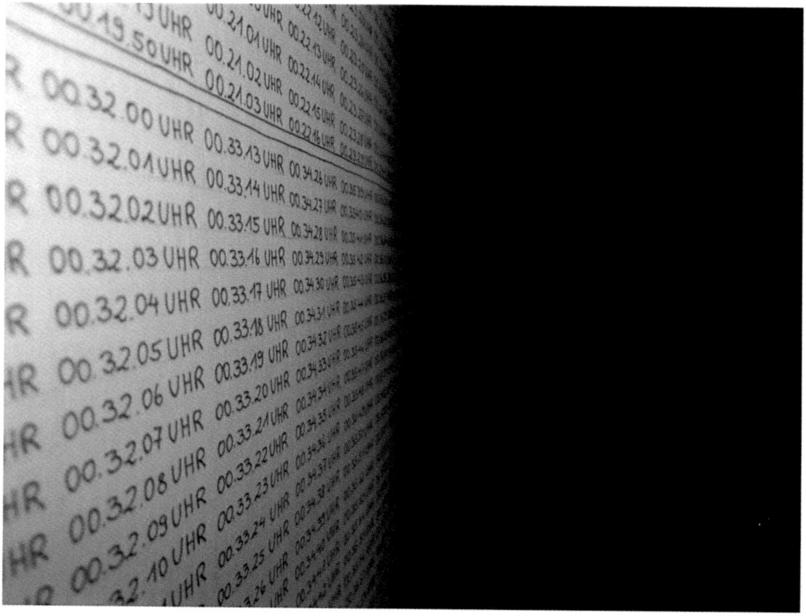

Claus Maywald, Sekundenbild, 820 mal 160 cm, Tinte auf Papier, 1983/2015

Mit seinen 86.400 Zeilen stellt es die Zeit eines Tages dar und ist gleichzeitig eine Meditation über die Zeit. Sein Herstellungsprozess hat viel Zeit gekostet und sie im Tun erfahrbar gemacht. Das Bild lädt ein, in zwei Richtungen zu schauen: auf den Anfangs- und den Endpunkt. Damit nimmt es die Endlichkeit, aber auch die Dauer der Zeit, die mir zur Verfügung steht, in den Fokus. Es wird zu einem „Memento Mori". Ich darf mich fragen: Wie viel Uhr ist es in meinem Leben? Mit der durchschnittlichen Lebenserwartung ausgestattet, lässt sich ablesen, auf wie viel Uhr die eigene Lebensuhr im Moment gerade stehen könnte, wenn nicht alles ganz anders kommt. Und wenn uns der Anfangspunkt kaum erschreckt, sondern als Urknall unseres Lebens den mehr oder minder fröhlichen Beginn markiert, so sehen wir doch mit anderen Gefühlen das Ende, die unerbittlich letzte Stunde, Minute und Sekunde.
Dieses Gefühl der Endlichkeit und Begrenztheit ist seit Laras Tod noch spürbarer geworden.

Traueraufgabe 4 – Eine dauerhafte Verbindung zu dem Verstorbenen finden und ihn verorten

In der vierten Traueraufgabe geht es darum, eine dauerhafte Verbindung mit dem Verstorbenen zu finden und ihn zu verorten. Erläutert und ergänzt wird dies mit den Worten einer *„Neuverortung der verstorbenen Person, um so einerseits mit ihr in Verbindung zu bleiben, sich aber andererseits dem eigenen Leben zuwenden zu können."* Worden spricht davon, dass wir eine *„dauerhafte Verbindung inmitten des Aufbruchs in ein neues Leben"* brauchen.

Ich möchte hier über den „Ort" sprechen, da ich doch wissen sollte, wo die Verstorbene ist, wenn ich dahin eine Verbindung aufbauen will und muss.
Der Ort der Verstorbenen ist erst einmal unbekannt. Die Frage lautet daher, ob es jetzt noch einen zusätzlichen, neuen Ort gibt, an dem sich Lara jetzt aufhält. Dann wiederum ist dieser Ort der Verstorbenen der Ort, an dem ich mich nach meinem Leben befinden werde – er ist der Ort meiner Zukunft, unbekannt, eben nach meiner Existenz. Vielleicht wird er gar nicht Ort genannt – ich weiß es nicht, denn ich bin mir bewusst, dass ich alles ohne Ort gar nicht denken kann.

Du bist überall dabei
und fehlst
imme
r
.

Gundela Kleinholdermann und Claus Maywald, Typographische Karte, 10,5 mal 15 cm, 2015

Die realen Orte, an denen sich Lara befand, sind hingegen noch vorhanden, nur die Zeit hat sich fortbewegt. Wie auch immer, der Wunsch, mit der Verstorbenen auf irgendeine Weise noch verbunden zu sein, macht ihren jetzigen Aufenthaltsort zu einem Sehnsuchtsort. Damit hat das Jenseits eine mildere Tönung bekommen, etwas Bekanntes scheint durchzuschimmern, da dort etwas liegt, das mir ganz besonders fehlt.

In der Zusammenschau von Zeit und Ort habe ich mich mit der Vorstellung angefreundet, dass sich die Lara jetzt, nach gut vier Jahren seit ihrem Tod, bereits gut vier Lichtjahre von mir aufhält. In der ihr eigenen Dynamik bewegt sie sich hinaus und ist dann gar nicht an einem bestimmten Punkt, auch Ort genannt, sondern verteilt sich im Raum, ist irgendwann überall.

Damit ist die Idee einer festen Adresse, eines klar definierten neuen Jenseitsortes für mich schwer vorstellbar. Der jetzige Aufenthaltsort von Lara wird zum „Über-

all.“ Das ist für mich nicht ein Verlust von Exaktheit, von einer klaren Adresse, sondern ein Trost durch das Verständnis einer umfassenderen Einheit, mit der alles verbunden scheint.
Ich habe dies in einer typographischen Karte umgesetzt.

„Du bist überall dabei und fehlst immer.“

Claus Maywald, Mexikanische Ofrenda, gebrannter Ton, 140 mal 110 cm, 2014/15

Eine andere, eher symbolische Verbindung zeigt sich bei der mexikanischen Ofrenda, die ich getöpfert habe. Sie ist, ganz in mexikanischer Tradition, meiner Tochter gewidmet. Die vielen Häuser und Balkone stehen stellvertretend für die neuen „Wohnungen“ der Verstorbenen. Die beiliegenden Erinnerungsgegenstände tragen des weiteren dazu bei, an diesem Werk eine dauerhafte Verbindung und Verortung zu spüren. Da auch meine Eltern und Großeltern mit einem Bild dort vertreten sind, wird er über Lara hinaus zu einem Verbindungsort mit allen Verstorbenen, deren ich gedenken will.

Man kann die „Ofrenda“ eventuell mit einem „Hausaltar“ für die Vorfahren vergleichen, so wie er in antiker römischer Tradition bestand.
Bei meiner Suche nach weiteren Verbindungsmöglichkeiten habe ich das Räuchern von Weihrauch und anderen Ingredienzien entdeckt. Diese rituelle Handlung hilft mir, in Verbindung zu bleiben und Trost zu schöpfen.

Mit meinem „Briefkasten für Verstorbene“, in dem sowohl Räucherwerk als auch Briefe oder Bilder eingeworfen und anschließend verbrannt werden können, kann der Rauch aufsteigen und die Nachricht „zugestellt“ werden.

Allein schon die Vorbereitung schafft eine Verbindung, und wenn dann der Rauch so langsam „in den Himmel steigt“, können die Gedanken mit ihm mitgehen. Die wenigen Minuten schaffen mir eine kurze Zeit der Besinnung und stiften Ruhe mitten im Alltagsleben.
Im Übrigen kursiert der Witz, dass die Lara für ihr Alter verdammt viel raucht und aufpassen sollte, nicht Lungenkrebs zu bekommen.

Zusammenfassung

Kraft der Trauer/Reifung konkret

Nach der Betrachtung der Wege und den Ausdrücken, welche sich als Notwendigkeiten auf diesen Wegen gestellt haben, will ich die Kraft, die sich aus dieser Trauer ergeben hat und die ich als einen Prozess der Reifung verstanden habe, zusammenfassen.

Die Kraft der Trauer stärkt mich durch den Prozess, den ich ausgehalten habe. Ich bin einen schwierigen Weg bis heute gegangen und es stärk mein Selbstvertrauen und Selbstbewusstsein, auf diesem Weg zu sein. Durch die Auseinandersetzungen bekomme ich ein stimmigeres Gefühl, was das Leben ausmacht, eine Art „Blick auf das Ganze“ in all seiner Gegensätzlichkeit, was die Zeit vor der Geburt genauso einschließt wie das Ende und die Zeit danach. Dem entspricht eine neue Messlatte für den Zeitbezug des eigenen Lebens.
Die Kraft, im weitesten Sinne mein Leben klarer zu gestalten und mich im Leben stärker auszudrücken, ist in dieser Reifung ebenso enthalten wie die Kraft,

das „So-Sein", so wie es gerade jetzt ist, anzunehmen und auszuhalten. Die Reifung wird auch durch verstärkte Selbstreflexion befördert, ebenso wie eine neue Sensibilisierung für das eigene und für fremdes Leben. Hieran schließt sich das Bewusstsein für die Fragilität des Lebens und einer Demut gegenüber dem, was ich nicht beeinflussen und erkennen kann, an. Das beinhaltet auch eine gewisse Offenheit für Spiritualität. Dies war schon bei dem Wort des existentiellen Schmerzes angesprochen worden. Die „vermeindliche" Leere des Daseins, so wie sie sich mir gestellt hat, hat sich für mich nicht bewahrheitet, sondern zu neuen Erfahrungen geführt, die ich mit einem „Gehalten-Sein" beschreiben würde. Es war nicht die tiefe Verlassenheit und Angst, die alles verschlucken und verschlingen würde, die mir entgegenkam, sondern eine „lichte Erscheinung" von Existenz hinter dem Sichtbaren, auch als „spirituell" bekannt. Und ich bin mir ganz sicher, dass dies nicht aus mir selber heraus gekommen ist, sondern mir geschenkt wurde.

In einer Auseinandersetzung mit dem christlichen Glaubensbekenntnis habe ich diese Erfahrung versucht in Worte zu fassen:

Glaubensbekenntnis

„Ich habe eine Erfahrung gemacht und mache sie immer noch. Sie hat sich zu einem Gefühl und zu einem Wissen im Lauf der Zeit verdichtet. Sie besagt: Ich werde getragen; ich werde geführt; es ist weitaus größer als ich selbst; ich verdanke es nicht mir, sondern habe es geschenkt bekommen; es ist ein Band zwischen den Generationen, den Lebenden und den Toten; es ist ein Band durch die Zeit hindurch; ein Band durch den Raum hindurch; es ist die Gleichzeitigkeit alles Geschehenen, das sich mit Lichtgeschwindigkeit ausbreitet, und es ist die Gleichzeitigkeit des Materiellen, das sich in mir durch die Äonen verdichtet hat in seinen kleinsten Teilchen. Ein Gefühl der Verbundenheit, überall und gleichzeitig. Es ist alles in einem. Es gehört zusammen, sodass ich spüre und mich erlebe in dem anderen, in allem Lebendigen und Toten als Gleichnis meiner selbst, als mein anderes Ich. Ich weiß es, weil ich es fühle, und das Gefühl schafft mir ein Wissen, aber nicht immer ein Wort."

Die Reifung in der Trauer lässt mir im Übrigen die Traurigkeit. Sie verbietet sie nicht, sieht sie aber in einem neuen Zusammenhang, setzt ihr neue Koordinaten in meinem Leben. Sie wird an eine andere Stelle gestellt, an der sie sich einordnet, in eine neue Sicht auf das Leben fügt. Sie verwandelt meine Traurigkeit in Akzeptanz, ohne passiv zu sein.

Schön auch, dass dieser Sicht von meiner ältesten Tochter Elsa der Satz daneben gestellt wird: „Ich wäre sicher ein prima Mensch geworden, auch ohne dass Lara gestorben wäre."

Zum Abschluss möchte ich mit ein paar Zeilen meine Vorsicht gegenüber allen Formen und Gestaltungen, die ich und wir gefunden haben, ausdrücken.

Und wenn ich die ganze Welt anmalen würde,
und jeden Tag mit tausend Melodien begrüßen könnte,
die schönsten Worte der Erinnerung fände,
Wiegen und Liebeslieder,
es wäre nur ein schwacher Ausdruck dessen, was ich will
und auszuhalten versuche,
denn alles entströmt aus dem Wunsch heraus,
mir es wiederzugeben,
ich will mein Kind zurück,
mich wieder ganz verbinden
so als Mensch und nicht als Engel,
der Du mich begleitest und mein Herz erwärmst.

Und es gibt keinen Trost
und keine Worte,
und keine Melodie, die es ersetzt, oder gar versteht.
Nur weil ich eine Form gefunden habe,
heißt das noch nicht, dass sie es ist,
denn hinter dieser Form stehen tausend,
und wiederum noch tausend mehr.

Und sie alle sagen etwas –
doch füllen sie nur einen Teelöffel voll
für einen Berg, der zu erschaffen wäre.

Wenn Kinder älter werden

„Es gibt keine App für's Leben und Sterben"
Identität – was ist das eigentlich?

Barbara Fornefeld

Identität – was ist das eigentlich? Die schlichte Frage zu beantworten ist schwierig. Einen Eindruck von dieser Schwierigkeit vermittelt der Schriftsteller Milan Kundera (1998) in seinem Roman „Identität". Kundera erzählt von Chantal und ihrem jüngeren Lebenspartner, der sich bei ihr eingerichtet hat, und den Widerfahrnissen des Lebens dieses ungleichen Paares. Mit seinem Roman will Kundera die Leser zum Nachdenken über das eigene *Ich* anregen.

Chantal, die als Personalchefin in einem Unternehmen arbeitet, spricht zu ihrem Geliebten über sich selbst:
„Vergiss nicht, ich habe zwei Gesichter ... aber ich kann sie nicht gleichzeitig haben. Bei dir habe ich das Gesicht, das sich lustig macht. Wenn ich im Büro bin, trage ich das seriöse Gesicht. Ich bekomme die Unterlagen der Leute vorgelegt, die sich bei uns um eine Stelle bewerben. Ich muss sie empfehlen oder ein negatives Votum abgeben ... Einmal empfehle ich den, der mir sympathisch ist, einmal den, der gut arbeiten wird. Ich handle halb als Verräter an meiner Firma, halb als Verräter an mir selbst. Ich bin ein doppelter Verräter. Und diesen doppelten Verrat betrachte ich nicht als Niederlage, sondern als tolle Leistung. Wie lange werde ich noch in der Lage sein, meine zwei Gesichter zu wahren? Das ist anstrengend. Der Tag wird kommen, an dem ich nur ein einziges Gesicht haben werde. Das schlechtere von beiden natürlich. Das seriöse. Das zustimmende" (1998, S. 29–31).

Milan Kundera beschreibt eine Erfahrung, die wohl jeder von uns kennt: in bestimmten Situationen sich verschieden von anderen zu zeigen. Wir haben viele Gesichter, sie gehören alle zu uns. Indem Chantal ihrem Geliebten beschreibt, wie sie sich sieht, versucht sie gleichzeitig zu erkennen, wer sie selbst ist. Die Identität von Chantal ist weder das eine öffentliche Gesicht noch das andere private. Die Identität „wird zwischen den zwei oder zwanzig Gesichtern ... gestiftet", sagt der Philosoph Gerhard Gamm (2002, S. 13). Es wäre naiv zu glauben, wir bräuchten die vielen Bilder von uns lediglich wie ein Puzzle zusammenzusetzen und hätten dann ein vollständiges Bild von uns oder wüssten, wer wir sind. Nein, so leicht ist es leider nicht. Der Mensch ist eben immer mehr, als er selbst erfassen kann. Sich selbst zu kennen, ist letztendlich unmöglich.

„Das Selbst verfehlt sich ständig!" (Gamm 2002, S. 13). Identität ist die Antwort auf die Frage: Wer bin ich?

Die Frage nach dem Selbst, d. h. nach der eigenen Identität, nimmt in der Philosophie einen breiten Raum ein. Die Philosophie des „Ich" oder „Selbst" versucht mit dem Begriff der Identität *das* zu fassen, was wir selbst *sind*. Aus philosophischer Perspektive kann Identität verstanden werden als Antwort auf die Frage: *Wer bin ich?*

Menschen entwickeln bzw. verändern sich ein Leben lang. Sie begegnen fortwährend anderen Personen und neuen Situationen. Was dazu führt, dass sich der Mensch anpasst, sein Verhalten und Denken verändert. Hierdurch drängt sich ihm erneut die Kernfrage auf: *Wer bin ich?* Darum ist die Identität nichts Statisches, sondern eine sich dauernd ändernde Bestimmung des Menschen.

Veränderung ist ein Charakteristikum von Identität. Sie führt dazu, dass es kein einheitliches Verständnis oder keine allgemeingültige Definition von Identität gibt. Hier können nur einige wenige theoretische Perspektiven von Identität aufgezeigt werden. Damit anschließend der Blick auf die Achtsamkeit gegenüber Menschen mit einer fortschreitenden, nicht kurativ therapierbaren Erkrankung in ihrer Identität gelenkt werden kann.

Von der Schwierigkeit, Identität zu fassen

Die Frage, wer wir eigentlich sind und wie wir uns selbst erkennen können, beschäftigt die Denker seit der Antike. So muss man wohl auch die Gedanken des Dichters Pindar aus dem 5. Jahrhundert v. Chr. verstehen: „Werde, der du bist, durch Erkennen deiner selbst." Die Frage nach der Selbsterkenntnis ist bis heute ein zentrales Thema der Philosophie geblieben. Nicht nur die Philosophie versucht der *Identität* des Menschen auf die Spur zu kommen: auch Mathematik, Rechtswissenschaft, Soziologie, Psychologie, Pädagogik, Kulturwissenschaft und neuerdings Entwicklungsneuropsychologie machen die *Identität* zum Forschungsgegenstand. Das erklärt die vielen verschiedenen Identitätstheorien und Identitätsdefinitionen. Da der Gebrauch des Begriffs der *Identität* heute auch in unserer Alltagssprache geradezu inflationär ist, verschwimmt seine Bedeutung immer mehr. In den Bereichen von Pflege und Behindertenhilfe sind psychologische und soziologische Verständnisweisen von *Identität* prägend.

Die Pädagogin Saskia Schuppener forscht seit vielen Jahren zur Identitätsentwicklung von Menschen mit Behinderung. Sie beschreibt Identität „einerseits als Kombination aus Merkmalen und Rollenerwartungen ..., die das Individuum in einem sozialen System als Etikettierung erfährt (‚soziale', ‚öffentliche' oder ‚situative Identität'). Andererseits dient sie zur Kennzeichnung komplexer sozialer Systeme beziehungsweise zur Identifizierung mit Gruppen, Organisationen, Schichten, Klassen und ähnlichem (‚kulturelle', ‚ethnische', ‚nationale' oder ‚Gruppenidentitäten" (2006, S. 165). Zur Verdeutlichung: Ich bin Deutsche mit einer akademischen Ausbildung. Ich leite einen Teil meiner Identität daraus ab, dass ich zu einer Gruppe gehöre, deren Mitglieder die gleichen nationalen und ausbildungsspezifischen Merkmale haben. Gleichzeitig wird mir durch diese Zugehörigkeit eine bestimmte Rolle zugeordnet: eine deutsche, berufstätige Frau zu sein. Mit dieser Rolle verbinden sich spezifische Erwartungen. Welche Bedeutung diese soziale Gruppenzugehörigkeit für das eigene Ich haben kann, lässt sich an der Äußerung eines Mannes mit einer nicht kurativ therapierbaren Erkrankung verdeutlichen: „Die Einschulung in eine Schule mit anderen körperlich Behinderten war für mich eine sehr positive Lebenserfahrung." (Interview Markus) Das ist eine nachvollziehbare Feststellung. Jeder fühlt sich dort am wohlsten, wo er Gemeinsamkeiten und Verständnis erwarten kann. Wir fühlen uns dort aufgehoben, wo wir dazugehören und nicht zum Außenseiter gemacht werden.

Von diesem soziologischen Identitätsverständnis grenzt sich das psychologische ab. Es sieht *Identität* als eine Form der Selbstreflexion, die sich beim Menschen im Verlauf des Lebens stufenweise entwickelt. „Bei diesem Prozess kommt den Erfahrungen über sich selbst und deren Verarbeitung in Abhängigkeit von Reaktionen und Rückmeldungen der Außenwelt zentrale Bedeutung zu" (Schuppener 2006, S. 165).

Das, was der Einzelne im Verlauf seines Lebens erfährt und erlebt, prägt seine *Identität.* Am deutlichsten spürt man sich selbst, wenn es Brüche im Leben gibt, wenn man in wirtschaftliche Not gerät, wenn ein geliebter Mensch einen verlässt oder wenn man schwer erkrankt. In Krisensituationen des Lebens ist man gezwungen, sich mit sich selbst und seinen eigenen Grenzen auseinanderzusetzen. Aus der Rolle des Ehemanns wird die des Witwers, aus der fürsorglichen Mutter die hilfsbedürftige demente Frau und aus dem Kind mit Zukunftsträumen ein Jugendlicher mit einer fortschreitenden Erkrankung. Mit den Veränderungen im Leben ändern sich zugeschriebene Rollen. Aber genau das sind auch die Chancen im Leben. Auf die Frage nach den Auswirkungen der Diagnose auf seine Lebensgestaltung, antwortet T. Quiter (Interviewpartner): „Mittlerweile würde ich eher sagen, nur positiver Natur. Bis vor ein paar Jahren hab ich immer nur das gemacht, was mir Spaß macht, aber mittlerweile hab ich einen Haken da dran gemacht und das hat keinerlei Auswirkungen."

Nicht, wenn der Fluss des Lebens ruhig und ebenmäßig dahinfließt, ändert sich der Mensch. Bricht sich der Lebensfluss an Stromschnellen und Strudeln, entstehen Chancen, sich neu zu sehen. Lebensbrüche und -krisen bewirken, dass man sich wandelt und seine Identität immer wieder neu ausbildet. Die Identitätsentwicklung ist eine lebenslange Aufgabe. Erst mit dem Tod endet dieser Prozess. Und das gilt für jeden Menschen, nicht nur für diejenigen, denen Ärzte ein kürzeres Leben prognostizieren. Sie werden früher und unter Umständen anders mit der Endlichkeit ihres Lebens konfrontiert.

Identität und nicht kurativ therapierbare Erkrankung

Diese Überlegungen führen zur Frage, ob es überhaupt sinnvoll ist, von einer spezifischen „behinderten Identität" auszugehen. Die amerikanische Schriftstellerin Nancy Mairs, die seit Jahren an Multipler Sklerose erkrankt und auf eine 24-Stunden-Assistenz angewiesen ist, macht dies deutlich in ihrer Autobiografie „Waisthigh in the world": „Ich könnte mir eine Nancy ohne MS vorstellen ... Ich wäre sicher nicht die Schriftstellerin geworden, die ich jetzt bin. So wie sich die Läsionen in meinem zentralen Nervensystem ausgebreitet haben, so haben sie jeden Teil meiner Existenz durchdrungen. MS ist genauso die Essenz meines ‚Ichs' wie der Tod meines Vaters und die zweite Ehe meiner Mutter, meine Yankee-Jugend, meine Konvertierung zum Katholizismus, mein Doktor in Englischer Literatur. Ich könnte die MS nicht abstreifen ohne das Lebewesen zu beschneiden, das die MS ins sich trägt" (Mairs 1996, S. 9f., nach: Maskos 2008, S. 1).

Alle gravierenden Ereignisse im Leben eines Menschen prägen ihn. Die Konfrontation mit einer schweren oder medizinisch nicht zu heilenden Erkrankung ist zweifelsohne ein schwerer Einschnitt ins Leben. Doch den Menschen nur auf dieses Ereignis und die damit verbundenen physischen Veränderungen zu reduzieren, beschädigt seine Identität. Der betroffene Mensch ist immer mehr als seine Krankheit oder Behinderung! Und er hat den Anspruch, als solcher gesehen zu werden.

Identität entwickelt sich von außen nach innen.

Nancy Mairs Worte hinterlassen den Eindruck, dass ihre Identitätsentwicklung eine reine Eigenleistung sei. Doch die Entwicklung der Identität ist keine reine Privatangelegenheit. Identität entwickelt sich von außen nach innen. Das bedeutet: Damit sich der Mensch selbst erkennen kann, braucht er andere. Eine gelungene Identitätsentwicklung vollzieht sich im Auspendeln der gesellschaftlichen Erwartungen und dem Empfinden bzw. Denken des Einzelnen. Beide Pole müssen in Verbindung zueinander gebracht und ausbalanciert werden. Darum ist das Verhalten der Mitmenschen wichtig, weil es die Entwicklung eines guten und starken Selbstbildes mitbestimmt. Abwertung oder Überbehütung erschweren oder beschädigen sogar das Selbstbild. *Identität ist nicht etwas Vorgegebenes, sondern beständige Arbeit mit sich selbst: Identitätsarbeit.* Sie beginnt mit der Geburt und endet mit dem Tod. Es gibt eben keine App für's Leben und Sterben. Wir müssen uns selbst um uns und andere bemühen.

Die Frage nach der eigenen Identität ist keine Frage von lebensverkürzender Erkrankung oder Behinderung, sondern eine Frage von Mensch-Sein an sich.

Die Berliner Psychologin und Journalistin Rebecca Maskos nimmt in Orientierung an die Stigma-Theorie Goffmans an, dass die Identitätsbildung bei Menschen mit einer Körperbehinderung durch die gesellschaftliche Entwertung einerseits und die Idealisierung andererseits geprägt wird. Gut gemeinte Äußerungen wie: „Wie machst du das nur?" oder „Toll, wie du dein Leben meisterst!" sind im Grunde Abwertungen. Sie können beim Menschen mit Behinderung dazu führen, dass er sich nicht als der wahrgenommen fühlt, der er wirklich ist. Er empfindet eine Spaltung zwischen „innerem" und „äußeren" Ich. Die körperbehinderte Psychologin Carol Gill spricht von einer „missverstandenen Identität" : „Über eine große Bandbreite von Situationen und zwischenmenschlichen Beziehungen hinweg erleben behinderte Menschen, dass die Identitäten, die sie formen und der Welt zeigen, regelmäßig abgelehnt werden zu Gunsten von stereotypen Identitätszuschreibungen. Konsequenterweise kreist ein signifikanter Teil ihres Erlebens von Behindertsein um ihre unermüdlichen Versuche, die Missverständnisse aus dem Weg zu räumen und ihre wirklichen Identitäten zu (re-)etablieren. ... Wie der Hauptdarsteller eines Science Fiction Films, der versehentlich für vermisst oder tot erklärt worden ist, kämpfen viele behinderte Menschen energisch gegen die Ablehnung ihrer Persönlichkeit. ... Ein Kernelement dieser Erfahrung ... ist es, als etwas gesehen zu werden, das man nicht ist, begleitet von der Erkenntnis, dass das, was man ist, unsichtbar bleibt" (Gill 2001, S. 253ff., nach: Maskos 2008, S. 13f.). Die Feststellung von Carol Gill lässt sich durch die Aussage eines jungen Mannes mit einer nicht kurativ therapierbaren Erkrankung belegen. Auf die Frage: „Was brauchst Du, um Dich zu verwirklichen", antwortete er: „Eigentlich nichts. Eigentlich nur meinen Verstand und sonst nichts" (Interview Markus).

Wenn es so ist, dass wir zur Selbstverwirklichung und zu einer guten Identitätsentwicklung andere Menschen brauchen, dann macht Markus' Antwort „Eigentlich nichts" nachdenklich. Sie wirft die Frage auf, weshalb es Eltern, professionellen und ehrenamtlichen Begleitern so schwer fällt, den Menschen mit einer fortschreitenden und nicht kurativ therapierbaren Erkrankung als *den* zu sehen, der er *ist*.

Leid und Krankheit passen so gar nicht zum aktuellen Zeitgeist. Das, was wir als Imperfektion am Menschen mit einer schweren Erkrankung empfinden, wird abgewertet, weil es uns die Grenzen medizinischer Machbarkeit sowie die Fragilität und Endlichkeit des Lebens vor Augen führt (vgl. Jennessen 2014, S. 23).
Das Ende des eigenen Lebens lässt sich möglicherweise hinausschieben, doch irgendwann muss jeder Mensch sterben. „Ja irgendwann sind wir alle mal dran" (Interview Markus). Die Begrenztheit des Lebens gehört nun mal zum Menschsein dazu. Sie wirkt *identitätsprägend*. „Der Mensch speist sein Menschsein aus dem

Wissen um die eigene Begrenztheit“ (Jennessen 2014, S. 24). Nur der Zeitpunkt des Todes ist anders, tritt beim einen früher, beim anderen später ein. Jeder sollte ein würdevolles Leben führen können, ganz gleich wie lange es dauert. Nicht der Zeitpunkt des Todes ist entscheidend, sondern die Qualität des Lebens.
Darum kann und will im Leben niemand ständig über das eigene Sterben sprechen. Es sollte dann zum Thema gemacht werden, wenn der andere den Wunsch äußert, darüber zu sprechen.

Um ein würdevolles Leben führen zu können, braucht der Mensch mit einer fortschreitenden und nicht kurativ therapierbaren Erkrankung ein authentisches Interesse an ihm, das auf einer achtsamen Grundhaltung beruht. Achtsamkeit ist eine Haltung, die die Verbundenheit aller Menschen und eine sorgende Aktivität gerade bei Ungleichheit der Partner anstrebt (vgl. Heimlich 2014, S. 3). „Würde zielt immer auf den Unterschied“ (Diebitz 2003). Es geht in der Achtsamkeit um eine Form der Sorge, die den Anderen nicht bevormundet oder entmündigt.

Dazu sind vier Fähigkeiten beim Sorgenden notwendig:

1. *Aufmerksamkeit* im Sinne von Offenheit und Zugewandtheit zum anderen,
2. *Verantwortlichkeit* im Sinne der Bereitschaft, Sorge für andere zu übernehmen,
3. *Kompetenz* im Sinne der Bereitschaft, eigene Grenzen zu akzeptieren und professionelle Hilfe geben zu können,
4. *Empfänglichkeit* im Sinne der Bereitschaft zur Nähe.

Offenheit und authentische Haltung sind unerlässlich für einen achtsamen Umgang. Nötig ist aber auch die Einsicht, dass zur würdevollen Sorge der Mensch mit einer Erkrankung selbst gehört werden muss. Der Gebende ist immer auch abhängig vom Nehmenden, ohne den er nicht unterstützend handeln könnte. Es besteht eine unauflösliche Abhängigkeit der Menschen voneinander. Sie gehört bei aller Unterschiedlichkeit zum Menschsein dazu. Die Ungleichheit sollte nicht weggeredet werden, sondern im Gegenteil zum Ausgangspunkt der eigenen Auseinandersetzung gemacht werden. Nur in der Achtsamkeit und Verständigung mit dem Anderen ist ein würdevolles Leben bis zum Tod möglich. Es gibt keine App für's Leben und Sterben. Wenn wir uns auf das Miteinander einlassen, können wir die Vielfalt der Lebensentwürfe kennen und verstehen lernen.

„Jeder entwirft sich selbst und stammelt seine eigenen Silben"
(Stefan Diebitz 2003, S. 98)

Literatur:

Diebitz, Stefan (2003): Die Würde des Menschen. In: der blaue reiter. Journal für Philosophie, Nr. 18 (2/03), S. 98–103.

Interview mit Markus (2015): Unveröffentlichtes Arbeitsmaterial der Vorbereitungsgruppe zu Forum 1: „Es gibt keine App fürs's Leben und Sterben". 6. Deutsches Kinderhospizforum Essen.

Jennessen, Sven (2014): Junge Menschen in dauerhaft fragilen Gesundheitssituationen und mit lebensverkürzenden Erkrankungen – Mitten im Leben?! In: Maier-Michalitsch, Nicole; Grunick, Gerhard (Hrsg.): Leben bis zuletzt – Sterben, Tod und Trauer, Düsseldorf: Verlag selbstbestimmtes Leben, S. 21–33.

Kundera, Milan (1998): Die Identität, München/Wien.

„Ich bin jetzt ein Mann“– Jonas erlebt seine Sexualität

Klaudia Kreiter-Eyle [1]

„Ich möchte, dass alle Jugendlichen mit Handicap Sexualität erleben können.“
Der Wunsch von Jonas, der 2015 mit 19 Jahren und 6 Tagen verstarb.

Jonas’ Sehnsucht nach mehr Selbstbestimmung

Jonas war ein junger Mann mit lebensverkürzender Erkrankung. Er starb im Jahr 2015. Er wusste schon mit 16 Jahren sehr genau, dass sein innigster Wunsch nach einer Freundin, einer Liebesbeziehung, für ihn nicht in Erfüllung gehen würde, allein schon aufgrund seiner starken körperlichen Beeinträchtigungen und seiner verkürzten Lebenserwartung.

Durch seine Bewegungsunfähigkeit konnte er schon seit dem 6. Lebensjahr keinerlei Selbsterfahrungen am eigenen Körper machen. Seine schwere Skoliose machte es ihm unmöglich, seinen Körper zu betrachten. Mit 9 Jahren begann die Notwendigkeit der Maskenbeatmung und bald gehörte seine Maske zu ihm, bei Tag und Nacht. Seine hypertrophe Zunge wuchs mit den Jahren unter dem Druck der Maskenbänder, prägte seine negative körperliche Selbstwahrnehmung und erschwerte das Sprechen, gehörte jedoch mit Selbstverständlichkeit zu ihm wie seine Atemmaske.

Er sehnte sich genauso wie andere Jugendliche seines Alters nach sexuellen Erfahrungen. Er hatte sich schon verliebt und kannte die Schmetterlinge im Bauch. Doch darüber hinaus war es nie gegangen und darunter litt er sehr. Es machte ihn abwechselnd wütend, traurig oder aggressiv. Er verbalisierte es gegenüber seiner sozialen Umwelt, seinen Eltern, den Pflegenden, dass er diese verwehrte Erfahrung als soziale Ausgrenzung, persönliche Ungerechtigkeit und Chancenungleichheit empfand, die er nicht akzeptieren wollte. Er wusste über den schnellen Verlauf seiner besonderen Form der Muskeldystrophie Duchenne Bescheid und hatte die permanenten physischen Rückschritte über die Jahre psychisch verarbeiten müssen.

---

1 Dieser Beitrag entstand aufgrund meiner Begleitung von Jonas als Krankenschwester, auf der Basis von Gesprächen mit ihm sowie mit Angelika Miko und Ute Himmelsbach.

Jonas hatte immer Ziele, und trotz seiner völligen Unfähigkeit, sich selbst zu bewegen, war er absolut neugierig und hungrig nach Leben. Er nahm am Schicksal anderer mit ehrlichem Herzen teil und sprach auch offen über Sterben, Tod und Trauer. Mit seiner Lebensenergie genoss er es, wenn seine Ideen und Vorstellungen mit Hilfe anderer Gestalt annehmen konnten. Aber er brauchte eben bei nahezu allen Aktivitäten seines täglichen Lebens seine Bezugspersonen zur Umsetzung.

Seine sprachliche Kommunikationsfähigkeit, seine Konfliktorientiertheit, seine kognitiven Stärken, seine Hartnäckigkeit und sein Charme waren seine Ressourcen, die er in die Waagschale warf. Aufgrund dessen gelang es ihm, in vielen Bereichen seinem Leben ein Stück Normalität abzutrotzen. Warum nicht auch im Bereich der Sexualität?

Jonas verstand es immer, zunächst als pubertierendes Kind, später als Jugendlicher, seine Sehnsucht nach sexuellen Erfahrungen zu artikulieren. Im Alter von etwa 11 bis 12 Jahren liebte er Rollenspiele mit seinen Kuscheltieren, in denen die pubertäre Auseinandersetzung mit Sexualität, Freundschaft, Liebe, Konflikten mit den Eltern Themen waren. Später konnte er, dank seiner blühenden Phantasie, selbst in eine Rolle schlüpfen und mit einer mitspielenden Person gemeinsam in eine „Daily Soap“ eintauchen.

Dann wiederum schlugen seine Frustration und seine Wut über verwehrte sexuelle Erfahrungen in Aggressivität oder Provokation um, was leicht die individuellen Grenzen der Eltern und anderer Bezugspersonen überschritt und auch zu Konflikten führte.

Letztendlich aber blieb der Wunsch der begleitenden Bezugspersonen, Jonas in seiner Sehnsucht nach Sexualität und Partnerschaft ernst zu nehmen und empathisch auf ihn zu reagieren. Gleichzeitig die eigenen Grenzen nicht zu übergehen. Sensibles Gespür, persönliche Reife, Humor und Ausdauer eines jeden waren gefordert.

Jonas Sehnsucht erfüllen – ein Weg eröffnet sich

Nach seinem 16. Geburtstag stellte Jonas fest, dass es nun Zeit für Sex wäre. Und er war der Meinung, dass Angelika Miko – Leiterin des Ambulanten Hospizdienstes Sterneninsel e. V. – die Richtige wäre, um ihm dabei zu unterstützen. In den vorangegangenen Jahren war das Vertrauen der Eltern zu Frau Miko gewachsen. Jonas' Bedürfnisse waren seinen Eltern bekannt. Die Mutter hatte sich selbst schon vergeblich bemüht, eine für die Eltern und Jonas annehmbare Lösung zu finden. Im Gespräch mit ihr entstand der Entschluss, mit der Sexualbegleiterin Ute Himmelsbach einen Termin bei Jonas zu Hause zu planen.

U. Himmelsbach:
„Als Sexualbegleiterin ermögliche ich es, in einem geschützten Erfahrungsraum die eigene Sexualität im Kontakt mit einem Gegenüber zu erleben und zu vertiefen. Basis dafür ist gegenseitiges Vertrauen, aufgebaut über einen längeren Zeitraum. Sexualbegleitung ist immer als Prozess gedacht, Nähe und Intimität können sich schrittweise entwickeln. Die Art und Weise, wie man miteinander zusammen ist, muss für beide Seiten stimmen, es ist keine bloße Erfüllung eines „Dienstleistungsauftrags". In der konkreten Begegnung gibt es deshalb keine festgelegte Struktur bezüglich Ablauf und Inhalten – natürlich können Wünsche und Vorstellungen kommuniziert werden, aber wie es sich letztendlich im Zusammensein gestaltet, entsteht immer aus dem Moment und es muss immer für beide Seiten authentisch sein. Das erfordert viel Aufmerksamkeit und Kommunikation und auch manchmal eine gewisse Frustrationstoleranz."

Angelika Miko führte mehrere Telefonate mit Ute Himmelsbach und klärte wichtige Details für das erste Treffen ab. Jonas stellte sich seine eigene Musik-CD „Berührungstraum" zusammen und hatte kleine Wünsche bei der Kleidung von Ute. Die Eltern besprachen sich, außer Haus zu sein.

Für die Eltern und Jonas selbst war auch die Sicherheit ein wichtiger Faktor. Fakten rund um die Beatmungsmaschine, den Sitz der Beatmungsmaske und Notfallmaßnahmen wurden besprochen, Hilfe für den Notfall organisiert. Ute beantwortete Jonas alle Fragen, die er zum Thema Sexualität hatte. Die beiden verbrachten bei den regelmäßig folgenden Terminen rund zwei gemeinsame Stunden.

Angelika Miko erinnert sich:
„Die Gespräche danach waren wertvoll und wichtig. Jonas' soziales Verhalten änderte sich, er war ausgeglichener und glücklich um die gewonnene Normalität."

Generell ist mir folgende Überlegung wichtig: In der Hospizarbeit lehren wir die eigene Auseinandersetzung mit dem Thema Sterben, Tod und Trauer. Wie gehe ich damit um, wo sind meine Wünsche, Vorstellungen und Grenzen, wie fühlt es sich an, darüber zu sprechen? Und was brauche ich, damit ich meine gefestigte Einstellung als eigene Ressource nutzen kann? Es geht mir darum, mein Gegenüber zu begleiten, da abzuholen, wo mein Gegenüber steht, mit Respekt, Achtung und vor allem Liebe. Egal welche Meinung mein Gegenüber vertritt – im Rahmen der eigenen ethischen Vorstellungen, unabhängig von Glaube und Religion.

In der sensiblen Begleitung, im vertraulichen Gespräch rund um das Thema Sexualität sehe ich dieselben Muster, dieselbe Notwendigkeit. Dass ich meine Sexualität, Genderverhalten, sexuellen Bedürfnisse und Wünsche anschaue, mir darüber für mich meinen Standpunkt klar mache und das für mich definiere. Damit schaffe ich meine Ressourcen, damit ich mein Gegenüber da abholen kann, wo er ist …

Sicher gehört das Organisieren und gemeinsame Reflektieren einer Sexualbegleitung nicht zu den originären Aufgaben eines ambulanten Kinder- und Jugendhospizdienstes. Im konkreten Fall war dies in der persönlich-freundschaftlichen Beziehungen von Angelika Miko zu Jonas und seinen Eltern begründet. Der Wunsch und das Erleben von Jonas zeigen jedoch, dass hier ein zentrales Bedürfnis eines Jugendlichen mit lebensverkürzender Erkrankung vorhanden ist, mit dem sich Kinder- und Jugendhospizarbeit auseinanderzusetzen hat. Zum Umgang damit kann es vermutlich kein generelles Konzept, sondern nur höchst individuelle und sensible Lösungen geben. Aber die Sexualität von jungen Menschen mit lebensverkürzender Erkrankung ist ein Lebensthema, für das Kinder- und Jugendhospizarbeit zumindest Beratung für die Jugendlichen und ihre Eltern vermitteln sollte, wie das Bedürfnis nach Sexualität – individuell sicher ganz unterschiedlich – gelebt werden kann.

Wie wichtig für Jonas das Erleben seiner Sexualität war, bestätigt auch die Aussage der Sexualbegleiterin Ute Himmelsbach:

„Für mich ist die Begegnung mit Jonas ein großes Geschenk gewesen. Als ich den ersten Kontakt über Angelika Miko aufnahm, bin ich noch etwas unsicher gewesen, ob ich diese Aufgabe wirklich übernehmen könnte, denn Jonas' Beeinträchtigungen waren schon erheblich. Aber ich spürte da einen so starken Willen und eine Klarheit, dass er seine Sexualität unbedingt erfahren und leben wollte, dass ich es zumindest versuchen wollte, meinen Teil dazu beizutragen.

Die mit großem Engagement und Liebe vorbereiteten Treffen waren dann so überzeugend für mich, dass wir unsere Begegnungszeiten bis zu seinem Tod weiterführten und es war jedes Mal etwas Besonderes. Es war auch eine Entwicklung bei Jonas festzustellen, er wirkte „männlicher" und selbstbewusster bezüglich seiner sexuellen Kompetenz.

Natürlich hatten wir auch immer mal „Diskussionen", wenn er unbedingt etwas wollte, was ich anders beurteilte. Das waren dann sehr konstruktive Prozesse, die mich auch ganz schön gefordert haben. In unseren Begegnungen erlebte ich Jonas als starke, lebensbejahende Persönlichkeit und seine Behinderung trat während des emotionalen Erlebens in den Hintergrund. Diese Erfahrung war für mich sehr wesentlich."

In einem Zeitraum von rund drei Jahren fanden Treffen zwischen Ute und Jonas statt und Jonas profitierte spürbar von ihnen. Seine verbalen sexuellen Anspielungen wurden harmloser und seltener, seine aggressiven Verhaltensweisen ließen deutlich nach. Ein anstehendes „Date" mit Ute wurde lange Zeit im Voraus ersehnt und mit sichtlicher Vorfreude erwartet. Er begann nach und nach jede Person seines vertrauten sozialen Umfeldes, Pflegende, Familienangehörige, Hospizbegleiter, in *seine* Geschichte mit *seiner* Sexualbegleiterin einzuweihen. Es war ihm absolut wichtig, allen zu erzählen, welche positiven und beglückenden Erfahrungen er machte. Ihm war es ein ausgesprochenes Anliegen, dass viele Menschen mit Behinderung von der Möglichkeit der Sexualbegleitung erfahren, denn aus ihm hatten seine sexuellen Erlebnisse für Augenblicke einen „glückseligen Kerl" gemacht. Zitat Jonas: „Ich bin jetzt ein Mann!"

Zu bedenkende Fragestellungen und Themen

Aus den Erfahrungen mit Jonas lassen sich folgende Anhaltspunkte zusammenfassen, die beim Wunsch eines Jugendlichen nach einer Sexualbegleitung seitens der Eltern bzw. der externen Begleiter zu bedenken sind:

1. der ausdrückliche Wunsch des Jugendlichen nach sexuellen Erfahrungen
2. sich viel Zeit für Fragen und Unsicherheiten nehmen
   - emotionale Auseinandersetzung mit Sexualität
   - finanziellen Rahmen erörtern
   - rechtliche Aspekte berücksichtigen (Schutzalter für sexuelle Handlungen: sexueller Missbrauch von Schutzbefohlenen § 174 StGB, sexuelle Handlungen mit Kindern unter 14 Jahren, von Jugendlichen bis 18 Jahren § 176 und §182 StGB)
   - moralische Bedenken in Bezug auf Sexualbegleitung ernst nehmen
   - Sexualbegleitung als zeitlich begrenzte Erfahrung vorstellen, keine Liebesbeziehung
3. die Einwilligung der Eltern zur Sexualbegleitung ihres minderjährigen Kindes
4. ausführliche Besprechung des Rahmens der Sexualbegleitung
   - Sicherheitsaspekte, Vorgehen im Notfall
   - pflegerische Vorbereitungen
   - Intimität gewährleisten, räumliche Möglichkeiten
5. Nachgespräche mit dem Jugendlichen und den Eltern anbieten
   - Möglichkeit geben, Gefühle auszudrücken, Fragen zu klären

Weiterführende Literatur

Achilles, Ilse (2010): Pubertät. Warum ist das für alle eine so schwierige Zeit? In: Ilse Achilles: „Was macht ihr Sohn denn da?“, München: Ernst Reinhard, S. 40–41.

Ortland, Barbara (2008): Vorwort; Einleitende Ausführungen, Sexualität; Die sexuelle Entwicklung von Jugendlichen mit und ohne Behinderung. In: B. Ortland: Behinderung und Sexualität – Grundlagen einer behindertenspezifischen Sexualpädagogik. Stuttgart: Kohlhammer, S. 9–80.

Plattner, M. (01.2012): Jugendliche mit Behinderung in der Pubertät. Abrufbar über: http://myhandicap.de/partnerschaft-behinderung/sexualitaet/pubertaet-jugendliche/ [Zugriff: 10.08.15].

Sandfort, Lothar: Pubertät behinderter Menschen: Sieben Brücken – natürlich barrierefrei (zur seelischen Architektur eines Weges durch Höhen und Tiefen). Abrufbar über: http://www.isbbtrebel.de/app/download/5780289019/M& [Zugriff: 10.08.15).

Gespräche mit:

Himmelsbach, Ute (2015): Raum geben für eine intime Begegnung und sexuelle Kommunikation. Dipl. Sozialarbeiterin, Zertif. Tantramasseurin TMV, Zertif. Sexological Bodyworkerin IISB (Institut zur Selbst-Bestimmung Behinderter), Zertif. Sexualbegleiterin ISBB, Zertif. Massagetherapeutin, Zertif. Entspannungstrainerin

Miko, Angelika (2015): Kinderkrankenschwester und Leiterin des ambulanten Hospizdienstes Sterneninsel e. V.

„Wohnst Du noch zuhause ... oder vielleicht doch lieber ausziehen?“ Anmerkungen zum häuslichen und außerhäuslichen Wohnen von Kindern, Jugendlichen und jungen Erwachsenen mit lebensverkürzender Erkrankung

Thorsten Hillmann

Einleitung

„Aus Kindern werden Leute“ – so sagt es der Volksmund. Dazu gehören der Abschluss der schulischen Laufbahn, die Entscheidung für einen Beruf, das Eingehen einer Liebesbeziehung und möglicherweise festen Partnerschaft sowie das Ausziehen aus der elterlichen Häuslichkeit. Die eigene Wohnung wird zum neuen Lebensraum der jungen Erwachsenen und zu einem wesentlichen Symbol der Unabhängigkeit von den Eltern.

Für Jugendliche und junge Erwachsene mit einer lebensverkürzenden Erkrankung stellte sich die Frage, zuhause auszuziehen und ein im Rahmen der gegebenen Möglichkeiten selbständiges Leben zu führen, lange Zeit zumindest scheinbar nicht. Zur Zeit der Anfänge der Kinderhospizarbeit in Deutschland und auch in den darauf folgenden Jahren des Aufbaus von Unterstützungsstrukturen war das Versterben der Kinder noch deutlich vor Erreichen des 18. Lebensjahres häufige und traurige Realität. Außerhäusliches Wohnen war in den Familien kaum ein Thema. Die Kinder wurden bis zu ihrem Versterben von den Eltern, meist von der Mutter, versorgt und begleitet. Auch die heute gängige Sprachregelung von Kinder- und Jugendhospizarbeit mit entsprechend altersspezifischen Angeboten im ambulanten und stationären Bereich begann erst zum Ende der sogenannten Nullerjahre dieses Jahrhunderts.

Heute stellt sich die Situation deutlich anders dar. In der Fachöffentlichkeit wird zunehmend häufiger von Kindern, Jugendlichen und jungen Erwachsenen mit lebensverkürzender Erkrankung gesprochen. Damit stellen sich sowohl die Bedürfnisse der Betroffenen als auch die Unterstützungsbedarfe der Familien sowie die damit verbundenen Anforderungen an die Versorgungsstrukturen sehr viel komplexer und anforderungsreicher dar.

In den nachfolgenden Ausführungen soll der quantitative und qualitative Bedarf an differenzierten Wohnformen für Jugendliche und junge Erwachsene mit lebensverkürzender Erkrankung dargelegt werden. Anschließend wird versucht, Grundprinzipien palliativer Versorgung und Hospizbegleitung auf die Lebenssituation von jungen Erwachsenen mit einer Erkrankung, deren Verlauf hinsichtlich Verschlechterung des Gesundheitszustandes, Verlust von Fähigkeiten und schließlich dem Versterben nur schwer oder gar nicht prognostizierbar ist, zu erörtern.

Auf diesem Hintergrund werden schließlich Beispiele von Wohnformen gegeben, um die Bandbreite von Möglichkeiten – je nach individueller Bedürfnislage – aufzuzeigen.

Ausgangssituation

In quantitativer Hinsicht hat sich nach neueren Studienergebnissen in Großbritannien,[1] die auf Deutschland übertragbar sind und hochgerechnet werden können, in den letzten 10 Jahren die Anzahl von Kindern und Jugendlichen mit lebensverkürzender Erkrankung von ca. 22.600 auf ca. 46.000 nahezu verdoppelt (siehe Jennessen/Hurth 2015, S. 6). Diese Zahl bezieht sich auf das Alter 0–19 Jahre. Somit sind die jungen Erwachsenen hier noch gar nicht berücksichtigt. Erfahrungswerte von Praktikern aus der SAPV für Kinder, Jugendliche und junge Erwachsene sprechen insgesamt für eine Zahl von ca. 50.000 jungen Menschen (vgl. Kopitzsch 2015, S. 35).

Das bedeutet, schon heute gibt es eine Reihe von jungen Erwachsenen, die altersgemäß außerhalb der elterlichen Wohnung würden leben wollen, wenn sie dazu eine ihren Bedürfnissen und krankheitsspezifischen Anforderungen entsprechende Möglichkeit finden. Eine noch größere (und in der Tendenz steigende) Anzahl von Jugendlichen mit lebensverkürzender Erkrankung sowie ihre Familien beschäftigt sich somit schon mit dieser Frage oder wird es zeitnah tun.

---

1 In Ermangelung valider Zahlen für die Situation in Deutschland stützt sich diese Aussage auf die Studie von Fraser, L. et al. (2012): Rising National Prevelance of Life-Limiting Conditions in England. Pediatrics 129, S. 1–7 (www.pediatrics.org/cgi/doi/10.1542/peds.2011-2846).

Um sich einem gründlichen Verständnis von der Komplexität des außerhäuslichen Wohnens auf dem Hintergrund einer lebensverkürzenden Erkrankung, die im Kindesalter aufgetreten ist, anzunähern, soll im nächsten Abschnitt dargelegt werden, um welchen Personenkreis es sich hierbei überhaupt handelt.

Das ImPaCCT-Papier der European Association of Palliative Care (EAPC),[2] welches 2007 veröffentlicht und in Deutschland von insgesamt 14 Fachorganisationen der Palliativversorgung von Kindern, Jugendlichen und jungen Erwachsenen unterzeichnet wurde, umfasst vier Gruppen:

Gruppe 1:
Lebensbedrohliche Erkrankungen, für die eine kurative Therapie verfügbar ist, welche jedoch auch versagen kann. Die Palliativversorgung kann parallel zu einer kurativ ausgerichteten Therapie und/oder bei Therapieversagen erforderlich sein (z. B. Tumorerkrankungen, Leukämie).

Gruppe 2:
Erkrankungen, bei denen ein frühzeitiger Tod unvermeidlich ist. Lange Phasen intensiver Therapien haben eine Lebensverlängerung und eine Teilnahme an normalen Aktivitäten des täglichen Lebens zum Ziel (z. B. Muskeldystrophie, Mukoviszidose).

Gruppe 3:
Progrediente Erkrankungen ohne die Möglichkeit einer kurativen Therapie. Die Therapie erfolgt ausschließlich palliativ. Sie erstreckt sich häufig über viele Jahre (z. B. Mucopolysaccaridosen).

Gruppe 4:
Irreversible, jedoch nicht progrediente Erkrankungen, die regelhaft Komplikationen zeigen und wahrscheinlich zum vorzeitigen Tod führen. Diese Erkrankungen stellen komplexe Anforderungen an die medizinische Versorgung (z. B.

2 Im Original publiziert in: European Journal of Palliative Care, 2007, 14 (3), S. 109–114. Übersetzt von Prof. Dr. Boris Zernikow, Datteln. Überprüfung der korrekten Übersetzung von Prof. Dr. Lukas Radbruch, Bonn/Rhein-Sieg.

schwerwiegende Zerebralparese, Mehrfachbehinderung nach Schädel-Hirn-Trauma, Wirbelsäulentrauma).

Junge Erwachsene der Gruppe 1 haben in der Regel dieselben Wohnangebote unabhängig von der Ursprungsfamilie zur Verfügung wie Erwachsene, deren Erkrankung (z. B. Krebs) im mittleren oder späteren Erwachsenenalter auftritt. Für differenzierte Wohnformen, die den spezifischen Bedürfnissen der jungen Erwachsenen auf dem Hintergrund der jeweiligen Erkrankung entsprechen, kommen insbesondere die Gruppen 2–4 in Betracht.

Für junge Erwachsene, die aufgrund ihrer Erkrankung – z. B. Muskeldystrophie – mit erheblichen Bewegungsbeeinträchtigungen, temporär auftretenden gesundheitlichen Krisen sowie sukzessivem Voranschreiten der Krankheit leben, ist es heute selbstverständlich, nach der Schule eine Berufsausbildung absolvieren, eine entsprechende Erwerbstätigkeit aufnehmen und ihr privates wie soziales Leben nach ihren eigenen Wünschen und Bedürfnissen gestalten zu wollen. Der Schritt ins möglichst eigenständige Wohnen gehört dazu.

Jugendliche und junge Erwachsene, die aufgrund ihrer Erkrankung nicht nur körperliche Einschränkungen, sondern auch eine geistige Behinderung mit kognitiven Beeinträchtigungen und Symptomen aufweisen, stellen wiederum andere Anforderungen an eine ihren Bedürfnissen, z. B. einen begleitend-schützenden Unterstützungsrahmen zur ständigen Verfügung zu haben, entsprechende Wohnform.

Bei dieser Gruppe treten in der Regel die Eltern als Fürsprecher ihrer erwachsen werdenden Kinder auf. Die Eltern respektieren hier den altersgemäßen Loslösungsprozess ihres Kindes und begleiten den Jugendlichen auch angesichts krankheitsbedingter Herausforderungen aus dem elterlichen Zuhause heraus in einen neuen Lebensabschnitt.

Wie bereits dargelegt, lebt heute noch die überwiegende Zahl der betroffenen Kinder, Jugendlichen und jungen Erwachsenen in den Herkunftsfamilien und die Pflege erfolgt durch Angehörige, teils ergänzt durch Pflegedienste. Nicht jede Familie kann aufgrund zum Teil schwieriger Lebenssituationen (z. B. Lebensalter, alleinerziehendes Elternteil, eigene Erkrankung der Erziehungsberechtigten) diese intensive pflegerische Versorgung auf Dauer leisten. Die Belastungen finanzieller, innerfamiliärer sowie sozialer Art dieser Familien ist, wie in der kürzlich veröffentlichten Studie des Kindernetzwerkes belegt wurde (Kofahl/Lüdecke 2014, S. 18), sehr hoch. Im Vergleich zu Eltern mit gesunden Kindern geben in Bezug auf die Lebensqualität der Familie doppelt so viele Eltern mit chronisch kranken und behinderten Kindern an, dass ihre Lebensqualität sehr schlecht sei (ebenda, S. 29). Dies birgt sowohl gesundheitliche als auch soziale Risiken für die ganze Familie. Deshalb ist es für manche Familien gar nicht anders möglich, als für ihre erwachsen werdenden Kinder – oder auch schon in früherem Lebensalter – außerhäusliche Wohnformen anzustreben. An dieser Stelle sei aber auch darauf hingewiesen, dass die elterliche Obhut nach 20–25 Jahren – im Sinne des Normalisierungsprinzips – auch enden darf und sich die Eltern nach der Familienphase einem neuen Lebensabschnitt zuwenden, in dem persönliche Interessen, das Zusammenleben als Paar und Regeneration in den Vordergrund treten.

Dementsprechend ist ein steigender Bedarf an differenzierten Wohnformen für Menschen, die an einer chronisch verlaufenden lebensverkürzenden Erkrankung über das achtzehnte Lebensjahr hinaus leiden, zu erwarten. Bei der Konzeptionierung und organisatorischen Ausgestaltung von derartigen Wohnangeboten stellt neben den allgemeinen pflegerischen und pädagogischen Erfordernissen die Auseinandersetzung mit der Erkrankung, ihrem Fortschreiten, dem damit verbundenen Abschied von Fähigkeiten sowie Sterben und Tod einen besonderen Bedarf dar, der zu berücksichtigen ist.

Wie bereits dargelegt, ist das Thema elternunabhängiges Wohnen für Jugendliche und junge Erwachsene mit einer lebensverkürzenden Erkrankung relativ neu. Es liegen keine systematisch ausgewerteten Erfahrungen vor. Vielmehr hängt es in der Regel vom kontinuierlichen und ausdauernden Bemühen der Eltern ab, ob für die Betroffenen geeignete Lösungen gefunden bzw. entwickelt werden können. Dabei ist dieser Weg oftmals mit einer ganzen Reihe von Frustrationserlebnissen gepflastert.

Gerade deshalb lohnt es sich, Transparenz über heute bestehende Angebote herzustellen und zu informieren sowie konzeptionelle Hinweise und Ansätze zu formulieren, um die Versorgungsstrukturen – orientiert an den Bedürfnissen der Betroffenen – nachhaltig zu verbessern.

Aus Sicht der Kinder- und Jugendhospizarbeit ist dabei die Frage, wie die persönliche Auseinandersetzung mit der eigenen Erkrankung, ihrem Fortschreiten bis zur Konfrontation mit Sterben und Tod angemessen im Sinne der Hospizbegleitung und Palliativversorgung berücksichtigt wird, zentral.

In den Wohn- und Pflegeheimen für alte und hochbetagte Menschen stellt sich schon seit einigen Jahren zunehmend die Aufgabe, Hospizkultur und angemessene Palliativversorgung im Einrichtungskonzept abzubilden, entsprechende Qualifikationen bei Mitarbeitenden vorzuhalten und in die Prozesse der Ablauforganisation zu integrieren. Die letzte Lebensphase von zunehmend mehr Menschen wird in stationären Einrichtungen verbracht. Häufig handelt es sich dabei tatsächlich um die allerletzte Lebensphase und bedeutet nur eine kurze Verweildauer in der Einrichtung. So zeigt eine empirische Erhebung aus den Jahren 2007 bis 2009, dass 20 % aller Bewohnerinnen und Bewohner bereits innerhalb der ersten vier Wochen verstorben sind, und knapp die Hälfte (47,5 %) sind nach nur einem Jahr gestorben (siehe hierzu Schönberg, F.; de Vries, B., 2011, S. 370–375).

Es kann – obgleich Unterschiede zwischen Erwachsenen und Kindern bzw. Jugendlichen zu beachten sind – sehr lohnenswert sein, hier Erfahrungsberichte und Modellbeispiele zu sichten und zu prüfen, inwiefern Konzepte ganz oder in Teilen übertragbar sind. Gerade im Aspekt einer kompetenten Begleitung im persönlichen Auseinandersetzungsprozess mit der Erkrankung und den daraus resultierenden Fragen zu Abschiednehmen und Sterben sowie Tod und Trauer lassen sich Parallelen zur Versorgung älterer und hochbetagter sterbender Menschen identifizieren. Die Deutsche Gesellschaft für Palliativmedizin (DGP) und der Deutsche Hospiz- und PalliativVerband (DHPV) weisen in einem gemeinsamen Grundsatzpapier auf folgendes hin (2012, S. 8):

„Bei alten Menschen liegen häufig chronisch verlaufende, nicht zwangsweise und unmittelbar zum Tode führende Erkrankungen vor. Dies macht ein Umdenken in der palliativen und hospizlichen Begleitung notwendig.

Palliativversorgung wurde ursprünglich für Menschen entwickelt, die unter einer eindeutig lebenslimitierenden Erkrankung leiden (vorwiegend Menschen mit Tumorerkrankungen), mit akuten Symptomlagen und/oder einer relativ geringen Lebenserwartung.
Für die palliative/hospizliche Begleitung in Pflegeeinrichtungen bedarf es einer dem besonderen Bedarf von alten, hochaltrigen, pflegebedürftigen, mehrfach-chronisch erkrankten Menschen angepassten Konzeption. Die Betroffenen müssen meist einen fortwährenden Abbau ihrer Leistungskraft hinnehmen und/oder leiden an entsprechend der Erkrankungsphase wechselnden Symptomlasten und Krisen, die ggf. längerfristig zu einer Beeinträchtigung ihrer Lebensqualität führen. Erschwerend können die altersbedingten kognitiven Veränderungen und die dadurch veränderte Wahrnehmung auf den Begleitungsprozess einwirken."

Gerade der Umstand, dass der Krankheitsverlauf nicht innerhalb weniger Tage oder Wochen zum Tod führt, aber dennoch über eine längeren Zeitraum – möglicherweise auch intermittierend – Hospizbegleitung und Palliativversorgung erforderlich ist, kann als ein konstituierendes Merkmal von lebensverkürzenden Erkrankungen im Kindes- oder Jugendalter bezeichnet werden. Somit handelt es sich nicht nur um ein Umdenken bzw. Erweitern des Handlungsrahmens für Hospizarbeit und Palliativversorgung, sondern stellt einen eigenständigen Auftrag der Kinder- und Jugendhospizarbeit sowie der Palliativversorgung für Kinder und Jugendliche dar. Diese setzt sich im Sinne von Kontinuität und Letztverlässlichkeit bis ins junge Erwachsenenalter fort – stationär wie ambulant in der individuell gewählten Wohnform.
Die Frage, wann denn palliatives Handeln beginne, ist somit nicht mit Angabe von Lebensalter und noch zu verbleibenden Tagen, Wochen oder Monaten bis zum Versterben zu beantworten, sondern mit Friedemann Nauck (2011, S. 4):

Palliative Care „(...) ist nicht nur auf die letzte Lebensphase und auf Krebserkrankungen beschränkt. Palliatives Handeln beginnt in dem Moment, in dem man daran denkt. Dazu bedarf es weiterer Anstrengungen, die Möglichkeiten des palliativen Handelns in allen Bereichen noch besser bekannt zu machen und zu lehren. (...) Palliatives Handeln kann schon in frühen Phasen der Erkrankung zur Linderung spezifischer Probleme und zur Krisenintervention erforderlich werden und sinnvoll sein. Frühzeitige Unterstützungsangebote geben Sicherheit und Lebensqualität und haben neben der bisherigen gegen die Erkrankung gerichteten Behandlung einen hohen Stellenwert."[3]

Damit wird im Sinne der Weltgesundheitsorganisation (WHO) die Palliativversorgung als ein Ansatz definiert,
„mit dem die Lebensqualität der Patientinnen und Patienten sowie ihrer Familien verbessert werden soll, wenn sie mit einer lebenslimitierenden Krankheit und den damit verbundenen Problemen konfrontiert sind" (Ministerium für Gesundheit, Emanzipation, Pflege und Alter des Landes NRW 2014, S. 9)

und der Umgang mit Sterben und Tod zu einer Aufgabe von Mitarbeiterinnen und Mitarbeitern in Wohneinrichtungen.
Es sind aber auch wesentliche Unterschiede zwischen jungen Erwachsenen mit lebensverkürzender Erkrankung und palliative Versorgung alter Menschen zu beachten:

Zunächst einmal beginnt mit dem Schritt in außerfamiliäres Wohnen für Jugendliche und junge Erwachsene mit einer lebensverkürzenden Erkrankung ein neuer Lebensabschnitt, wobei der Akzent auf Leben liegt. Auf unbestimmte Zeit – tendenziell länger als Hochbetagte im Pflegeheim – richten sie sich lebenspraktisch wie emotional in einem neuen Zuhause ein. Die mutmaßlich längere Verweildauer in der Einrichtung bzw. Wohnform ist dabei nur ein Aspekt. Insgesamt ist dieser Schritt für die jungen Erwachsenen ein zentraler Entwicklungssprung in ihrem Leben. Je nach individuellen Bedürfnissen und Möglichkeiten geht darum, sich als weitestgehend autonomes Subjekt zu erleben und das größtmögliche Maß von Teilhabe an der Gesellschaft zu erreichen. Hier steht tatsächliches Erleben im Vordergrund. Prozesse der Lebensentfaltung und Lebenssättigung haben noch eine ganz andere Bedeutung und Antriebskraft als für alte oder hochbetagte Menschen.

Diese jungen Erwachsenen sind mit der biografischen Erfahrung eines Kindes, das an einer lebensverkürzenden Erkrankung leidet, groß geworden. Solche biogra-

3 Das Zitat ist einem Interview mit Friedemann Nauck entnommen. Veröffentlicht in: Bundes-Hospiz-Anzeiger 5/2011 (Jg. 9), S. 4.

fischen Erfahrungen und Prägungen sind Teil der Identität des jungen Erwachsenen. Damit wird das Kind bzw. der Jugendliche nicht auf seine Erkrankung reduziert, aber in seinen spezifischen Erfahrungen und Bedürfnissen ernst genommen.

Das Wissen um eine Erkrankung mit lebensverkürzender Diagnose hat Einfluss auf das Erleben und Verhalten der Betroffenen selbst. Aber auch Mitbewohner – sofern es sich um gemeinschaftliches Wohnen mit Menschen ohne lebensverkürzende Erkrankung handelt, im besonderen Maße – sowie die Mitarbeitenden der Einrichtung bzw. Wohnform werden dadurch in ihrem Fühlen und Denken, Erleben sowie Handeln beeinflusst. Analog zu den obigen Ausführungen haben erweiterte Konzepte der Hospizbegleitung und Palliativversorgung als konstituierender Bestandteil unterschiedlicher Wohnformen die Aufgabe, die Menschen in ihrer progredienten Erkrankung – unabhängig von der Dauer – zu begleiten, Krisen und Symptomlasten zu bewältigen sowie Lebensqualität zu erhalten.

Kinder, Jugendliche und junge Erwachsene mit kognitiven Beeinträchtigungen stellen besondere Herausforderungen – ähnlich wie demenziell erkrankte Hochbetagte – für die Palliativversorgung dar. Aus der Biografie des Kindes bis zum jungen Erwachsenenalter sowie aus der Beobachtung emotionaler Reaktionen sind Wünsche und Bedürfnisse sowie individuelle Vorlieben und Abneigungen ableitbar, um Angebote der Hospizbegleitung und Palliativversorgung sicherzustellen. Konzepte der pädagogischen Begleitung (Teilhabe/Selbstbestimmung) und medizinisch-pflegerischen Versorgung in den unterschiedlichsten Wohnformen müssen diese Umstände berücksichtigen.

Eine bedürfnisorientierte Palliativversorgung von Kindern, Jugendlichen und jungen Erwachsenen mit lebensverkürzender Erkrankung hat u. a. das Ziel, ein selbstbestimmtes und autonomes Leben mit der langandauernden Erkrankung zu gewährleisten.
Personen, deren Auftrag es u. a. ist, dies zu gewährleisten, sollten dabei auf Handlungskompetenzen der Hospizarbeit und Palliativwissen zurückgreifen können.
Die Auseinandersetzung mit der eigenen Erkrankung und damit verbundenen Fragen des Lebens, Sterbens, der Trauer und des Abschiednehmens ist ein Grundrecht. Daher sind Anstrengungen und Maßnahmen zu ergreifen, um diesem Recht auch im Kontext außerfamiliären Wohnens Geltung zu verschaffen. Be-

sondere Bedeutung kommt dabei der Vernetzung und der Kooperation zwischen Anbietern der Hospizarbeit und Palliativversorgung für Kinder, Jugendliche und junge Erwachsene mit der jeweiligen Wohneinrichtung zu.

Wohnformen – ein Zukunftsthema für den DKHV e. V.

Für den Deutschen Kinderhospizverein e. V. ist der Aufbau von differenzierten Wohnangeboten für junge Erwachsene mit einer lebensverkürzenden Erkrankung eine Zukunftsaufgabe der Kinder- und Jugendhospizarbeit in Deutschland.

Dabei sind Mitwirkung der betroffenen Familien und Orientierung an den Bedürfnissen der jungen Erwachsenen zentrale Grundmerkmale.

Der DKHV e. V. als Fachorganisation, in der Beteiligung und Mitgestaltungsmöglichkeiten von betroffenen Familien integrales Prinzip der Organisation und ihrer Angebote ist, hat dieses Anliegen als Workshop auf dem Kinderhospizforum 2015 gemeinsam mit betroffenen Familien in den Dialog der interessierten (Fach-)Öffentlichkeit gebracht.

Dabei ist es nicht zielführend, Wohnformen zu vergleichen und in ein (be-)wertendes Ranking zu bringen, z. B. gemessen am Grand der Autonomie ihrer Bewohner. Es geht vielmehr darum, eine breite Palette von Möglichkeiten aufzuzeigen, um sich, ausgehend von den individuell sehr unterschiedlichen Bedürfnissen und – trotz krankheitsbedingter Einschränkungen – bestehenden Wünschen, für die passgenaue Wohnform entscheiden zu können.

Im Folgenden werden in Form tabellarischer Übersichten unterschiedliche Wohnformen beschrieben:

- Individuelles Regelwohnen mit persönlicher Assistenz
- Ambulant betreute Wohngruppe
- Kinderintensiv-Wohngemeinschaft
- Wohnheim mit Anbindung an eine Fachklinik
- Familienanaloge Wohn- und Lebensgemeinschaft
- Ambulante Hausgemeinschaft

Das erste Beispiel basiert auf der privaten Initiative des jungen Erwachsenen selbst. Das zweite Beispiel ist auf eine Elterninitiative zurückzuführen. Die folgenden drei Beispiele stehen für anbieterorientierte Wohnformen, in denen allerdings mit Erreichen einer bestimmten Altersgrenze ein weiterer Verbleib nicht mehr möglich ist. Das letzte Beispiel steht für eine anbieterorientierte Wohnform ohne altersbedingte Aufenthaltsbeschränkung.

Beispiel: Individuelles Regelwohnen mit persönlicher Assistenz

Zielgruppe:	Junge Erwachsene, deren krankheitsbedingte Beeinträchtigungen es zulassen, mit Hilfe eines persönlichen Assistenz-Unterstützungssystems dem Grunde nach selbständiges Wohnen in der eigenen Privatwohnung zu realisieren. Dieses Beispiel bezieht sich auf einen jungen Mann, der an Muskeldystrophie erkrankt ist.
Größe und Ausstattung:	Nach persönlichen Bedürfnissen und Finanzierungsmöglichkeiten.
Personal:	Persönliche Assistenz, d. h. es erfolgt im 8-Stunden-Schichtmodell eine 1:1-Betreuung; der Übergang zum 24-Stunden-Modell wird angestrebt, da sich hierdurch die Anzahl der MitarbeiterInnen deutlich verringert.
Finanzierung:	Bezüglich der Finanzierung besteht ein Rahmenvertrag mit dem Landschaftsverband Westfalen-Lippe: Dieser rechnet Leistungen mit den verschiedenen beteiligten Kostenträgern ab. Die Miete wird durch das Lohn-Entgelt aufgebracht, das er im Rahmen seiner Ausbildung erhält.
Medizinisch-pflegerische Versorgung:	Die medizinisch-pflegerische Versorgung erfolgt durch den Pflegedienst; bei Bedarf durch den Hausarzt oder im Rahmen einer Krankenhausbehandlung.
Hospiz- und Palliativkultur:	Es gab in der Vergangenheit Aufenthalte in stationären Kinder- und Jugendhospizen, er nimmt Angebote der Deutschen Kinderhospizakademie wahr und pflegt Kontakt zum Deutschen Kinderhospizverein.
Beteiligung von Angehörigen:	Individuell nach den persönlichen Wünschen.
Schule/Beruf und Freizeit:	Individuell nach den persönlichen Wünschen.

Beispiel: Ambulant betreute Wohngruppe (Elterninitiative)

Zielgruppe:	Junge Erwachsene mit geistiger, körperlicher und mehrfacher Behinderung im Einzugsgebiet des städtischen Umfelds.
Größe und Ausstattung:	Das Haus bietet Platz für 10 Bewohner.
Personal:	Das Personal besteht aus einem Betreuungsdienst mit ca. 25 MitarbeiterInnen, in der Regel Heilerziehungspfleger, sowie einem ambulanten Pflegedienst.
Finanzierung:	Eigenfinanzierung (z. B. Umbau des Hauses und Einrichtung der Räume); Stiftungen und Spenden; laufende Kosten werden durch Lohn-Entgelt, Grundsicherung bzw. Pflegestufe gedeckt; persönliches Budget.
Medizinisch-pflegerische Versorgung:	Die medizinisch-pflegerische Versorgung erfolgt durch die personenbezogenen Hausärzte sowie den Pflegedienst.
Hospiz- und Palliativkultur:	Bisher gibt es keinen Kontakt zur Hospizarbeit.
Beteiligung von Angehörigen:	Die Angehörigenbeteiligung zeigt sich in der Initiative selbst, nämlich der Vereinsgründung, bei der Planung und Realisierung des Hauses. Die Unterstützung der Bewohner wird sukzessive von elternunabhängigen Betreuern übernommen.
Schule/Beruf und Freizeit:	Die Bewohner arbeiten alle in der Werkstatt für Menschen mit Behinderung (WfMB); die Freizeit wird individuell nach persönlichen Interessen gestaltet. Darüber hinaus finden wöchentliche Hauszusammenkünfte statt, bei denen gemeinsame Freizeitaktivitäten geplant werden.

Beispiel: Kinderintensiv-Wohngemeinschaft

Zielgruppe:	Kinder und Jugendliche bis zum Alter von 18 Jahren. Eine ärztliche Verordnung von 24-Stunden-Behandlungspflege ist Voraussetzung. Die Spezialisierung der Pflegewohngemeinschaft liegt in der außerklinischen Heimbeatmung.
Größe und Ausstattung:	7 Plätze.
Personal:	Ausschließlich examinierte Pflegefachkräfte zur Sicherstellung der 24-Stunden-Intensivpflege; zusätzlich 2 Sozialpädagogen für die ergänzende Eingliederungshilfe (Frühförderung). 2 Einsatzleitungen für die Wohngemeinschaft; PDL/stellvertretende PDL 1:1 Betreuung bis max. 1:2 (nachts).
Finanzierung:	Betriebserlaubnis nach § 45 SGB VIII durch das Ministerium für Bildung, Jugend und Sport. Ambulanter Versorgungsvertrag nach § 132a SGB V für die medizinisch verordnete Behandlungspflege; Stundensatz nach Einzelfallentscheidungen mit den Krankenkassen. Rahmenvertrag nach § 75 SGB XI; Versorgungsvertrag nach § 72 SGB XI. Vertrag über ergänzende Eingliederungshilfe nach § 75 SGB XII für die sozialpädagogischen Leistungen; Tagessatz pro Anwesenheitstag/Kind (örtlicher Sozialhilfeträger).
Medizinisch-pflegerische Versorgung:	Hausärzte; MitarbeiterInnen des angeschlossenen Kinderkrankenpflegedienstes.
Hospiz- und Palliativkultur:	Es besteht eine Kooperation mit einem SAPV-Team für Kinder und Jugendliche.
Beteiligung von Angehörigen:	Die Angehörigenbeteiligung zeigt sich in regelmäßigen Elterngesprächen und Einbeziehung von Eltern in Fallbesprechungen; Teilnahme an Ausflügen und Feierlichkeiten; es besteht die Möglichkeit für Angehörige auch zu übernachten.
Schule/Beruf und Freizeit:	Die Begleitung in Kindertagesstätte oder Schule wird durchgeführt.

Beispiel: Wohnheim mit Anbindung an Fachklinik

Zielgruppe:	Kinder, Jugendliche und junge Erwachsene im Alter von 4 Wochen bis max. zum 25. Lebensjahr mit schwersten und komplexen Mehrfachbehinderungen bei einer neurologischen Grunderkrankung; z. B. zerebrale Paresen und Bewegungsstörungen, schwere Stoffwechselstörungen, angeborene und erworbene Hirnschädigungen. Diese Gruppe hat einen besonders intensiven Hilfebedarf und erfordert neben der pädagogischen Begleitung einen besonders hohen pflegerischen Versorgungsaufwand (z. B. Tracheostoma, Hustenassistent, häufiges Absaugen, erhöhter Sauerstoffbedarf).
Größe und Ausstattung:	60 Plätze, 12 Therapieräume und Snoezelenraum.
Personal:	Ein interdisziplinäres Betreuungsteam (74 VK) von ca. 105 MitarbeiterInnen aus pflegerischen und psycho-sozialen Berufsgruppen. Die pädagogische und pflegerische Betreuung umfasst: Betreuung mind. 1:1, für bestimmte Verrichtungen 1:2.
Finanzierung:	Eingliederungshilfe (SGBXII).
Medizinisch-pflegerische Versorgung:	Die medizinische Betreuung erfolgt durch die im gleichen Hause befindliche Fachklinik für Kinderneurologie und Sozialpädiatrie sowie externe Fachärzte und Kinderkliniken. Mitarbeiterinnen aus Betreuung, Pflege und Medizin haben Zusatzausbildungen in Palliativ Care.
Hospiz- und Palliativkultur:	Es besteht eine enge Zusammenarbeit mit einem ambulanten Kinder- und Jugendhospizdienst.
Beteiligung von Angehörigen:	Vorhandensein von Elternräumen.
Schule/Beruf und Freizeit:	Es besteht die Möglichkeit zum Besuch einer Kindertagesstätte oder einer Schule für Kranke.

Beispiel: Familienanaloge Wohn- und Lebensgemeinschaft

Zielgruppe:	Kinder und Jugendliche im Alter von 0–18 Jahren mit schweren Behinderungen oder lebensverkürzenden Erkrankungen.
Größe und Ausstattung:	6 Plätze finanziert nach SGB XII, 2 Plätze finanziert nach SGB VIII.
Personal:	Leitung innewohnend (2 VK), Kinderkrankenschwestern (1,5 VK), Erzieher (2,75 VK), Hauswirtschaft (0,75 VK). Qualifikationen: Sozialpädagogen (Schwerpunkt Heilpädagogik, Sterbebegleitung, Palliative Care), Kinderkrankenschwestern, Erzieher, Hauswirtschaft.
Finanzierung:	Eingliederungshilfe bzw. Jugendhilfe.
Medizinisch-pflegerische Versorgung:	Pflege (Grund- und Behandlungspflege) im Alltag intern; externe Therapien (soweit erforderlich); Krankengymnastik, Ergotherapie, Logopädie, Psychotherapie finden im Haus statt. Medizin: Kinderarzt, Fachärzte, ortsgebundenes Krankenhaus (Intensivmedizin), Universitätskliniken, Kompetenzzentren, Sozialpädiatrische Zentren (SPZ).
Hospiz- und Palliativkultur:	Aufenthalte im Kinder- und Jugendhospiz (gemeinsam mit Eltern); Kooperation mit zwei ambulanten Kinder- und Jugendhospizdiensten; kontinuierliche Kontakte/Mitarbeit des SAPV-Teams für Kinder und Jugendliche; Palliativ-Care-Weiterbildung, pädagogische Fortbildungen sowie Besuch thematischer Fachtagungen. Abschiedskultur: Bewusstes Abschied-Leben (Jahreszeit, Natur, Tiere, Angehörige, Nachbarn, Freunde); Rituale im geschützten Rahmen; Einbezug von christlichen Gemeinden und Teilnahme an christlichen Abschiedsriten. Aktivvernetztes, interdisziplinäres Helfersystem zur handlungsfähigen Entscheidungskultur (Ethik-Konferenz).
Beteiligung von Angehörigen:	Einbezug in das Fortschreiten der Behinderung oder Erkrankung durch Gespräche, Mitarbeit, Miterleben des Alltags u. ä. Teilnahme an interdisziplinären Entscheidungsprozessen (Ethik-Konferenz).
Schule/Beruf und Freizeit:	Förderschule; Reisen mit öffentlichen Verkehrsmitteln und Stadtbesichtigungen; Freizeitmöglichkeiten in der Natur.

Beispiel: Ambulante Hausgemeinschaft[4]

Zielgruppe:	Junge erwachsene Menschen mit einer chronischen, progredienten Erkrankung ab 18 Jahren.
Größe und Ausstattung:	24 Wohnungen unterschiedlicher Größe.
Personal:	Die Pflege und Betreuung wird durch ambulante Kooperationspartner erbracht. Mitarbeitende des Pflegedienstes werden rund um die Uhr im Haus sein. Es wird zudem einen festen Ansprechpartner geben. Dieser ist Vermittler, Berater, Koordinator und auch Initiator. Als zentrale Kontaktperson steht er den Mieterinnen und Mietern, den Zugehörigen, Nachbarinnen und Nachbarn sowie den Dienstleistern für alle Fragen rund um Wohnen, Betreuung und Serviceleistungen zur Verfügung.
Finanzierung:	Leistungen der Kranken- und Pflegeversicherung und der Eingliederungshilfe, ggf. auch der Grundsicherung. Ein Großteil der Wohnungen entsteht im geförderten Mietwohnungsbau.
Medizinisch-pflegerische Versorgung:	Ein Pflegedienst wird als Kooperationspartner 24 Stunden in der Einrichtung anwesend sein. Weitere Kooperationspartner werden durch die Ansprechperson im Haus vermittelt.
Hospiz- und Palliativkultur:	Es befindet sich ein stationäres Hospiz in der gleichen Trägerschaft.
Beteiligung von Angehörigen:	Betroffene sind in der Konzeptionierungsphase beteiligt.
Schule/Beruf und Freizeit:	Individuell nach den persönlichen Wünschen. Das Gebäude wird in einem urbanen Stadtteil mit guter Anbindung auch für Menschen mit einem hohen Unterstützungsbedarf entstehen.

4 Das Projekt befand sich 2015 im Planungsstadium.

Ausblick

„Wohnst Du noch zuhause ... oder vielleicht doch lieber ausziehen?"

Die Frage nach außerhäuslichem Wohnen von Jugendlichen und jungen Erwachsenen mit lebensverkürzender Erkrankung artikuliert sich in der Kinder- und Jugendhospizarbeit zunehmend. Die im Text skizzierten Projekte und Angebote bieten inhaltliche Ansätze, um betroffenen Familien erste Antworten zu geben.

Die Beispiele beruhen entweder auf privater Initiative von Betroffenen oder es handelt sich um trägergebundene Angebote von Wohnformen, die allerdings für eine bedarfsgerechte bundesweite Versorgungsstruktur nicht ausreichen.

Die gesellschaftliche Aufgabe, Teilhabe und Selbstbestimmung für Jugendliche und junge Erwachsene mit lebensverkürzender Erkrankung auch im Bereich des elternunabhängigen Wohnens zu gewährleisten, erfordert eine Überprüfung und ggf. Modifizierung der dafür maßgeblichen strukturellen, rechtlichen und finanziellen Voraussetzungen.
Für Anbieter bzw. Organisationen, die im Kontext Wohnformen Angebote entwickeln, stellt sich insbesondere die in der Regel neue Herausforderung, sich mit Fragen von Sterben, Tod und Trauer auseinanderzusetzen und eine angemessene Abschiedskultur zu entwickeln.
Hierfür sind Orientierungshilfen und Handlungskonzepte zu entwickeln und bereitzustellen. Dabei sind Erfahrungswissen und Elternkompetenz der betroffenen Familien zu berücksichtigen.

Gerade die Beteiligung der Betroffenen und Würdigung ihrer Kompetenz führt zum einen dazu, sich als selbstwirksam zu erleben, und zum anderen wird das Vertrauen gestärkt, die eigenen erwachsen werdenden Kinder in ihr jeweils mögliches Maß an Autonomie und Selbstbestimmung hineinwachsen zu lassen.

Literatur

DGP e. V.; DHPV e. V. (2012): Betreuung schwerstkranker und sterbender Menschen im hohen Lebensalter in Pflegeeinrichtungen. Grundsatzpapier zur Entwicklung von Hospizkultur und Palliativversorgung in stationären Einrichtungen der Altenhilfe (pdf abrufbar unter: www.dhpv.de; Rubrik Themen; Bereich Stationäre Altenpflege).

Fraser, L. et al. (2012): Rising National Prevelance of Life-Limiting Conditions in England. Pediatrics 129, S. 1–7 (www.pediatrics.org/cgi/doi/10.1542/peds.2011-2846).

Jennessen, S.; Hurth, S. (2015): QuinK. Qualitätsindex für Kinder- und Jugendhospizarbeit, Ludwigsburg: der hospiz verlag.

Kofahl, C.; Lüdecke D. (2014): Familie im Fokus – Die Lebens- und Versorgungssituation von Familien mit chronisch kranken und behinderten Kindern in Deutschland. Ergebnisse der Kindernetzwerk-Studie, Berlin.

Kopitzsch, F. (2015): Zahl der Kinder mit lebensverkürzender Erkrankung verdoppelt – Herausforderungen für die Praxis. Ein Gespräch mit Marcel Globisch, Andreas Müller, Boris Zernikow. In: Die Hospiz Zeitschrift, 17 Jg., Nr. 4, S. 34–41.

Ministerium für Gesundheit, Emanzipation, Pflege und Alter des Landes NRW (2014): Hospizkultur und Palliativversorgung in Pflegeeinrichtungen in Nordrhein-Westfalen. Umsetzungsmöglichkeiten für die Praxis.

Schönberg, F.; de Vries, B. (2011): Mortalität und Verweildauer in der stationären Altenpflege. In: Theorie und Praxis der sozialen Arbeit, 62. Jg., Nr. 5, S. 370–375.

„Die Hoffnung stirbt zuletzt und meine schon mal gar nicht“
Das Jugendhospiz Löwenherz

Gaby Letzing

Im Herbst 2013 haben wir in Syke neben dem Kinderhospiz Löwenherz unser Jugendhospiz eröffnet. Dort nehmen wir Jugendliche ab 14 Jahren und junge Erwachsene mit einer lebensverkürzenden Erkrankung auf. Die Eltern, Geschwister und nahe Freunde sind auch jederzeit herzlich willkommen – ähnlich wie im Kinderhospiz.

Das neue Jugendhospiz Löwenherz

Im Jugendhospiz ist es nicht ganz so kuschelig und behütet wie im Kinderhospiz. Das sieht man schon an unseren Räumlichkeiten, die etwas cooler gestaltet sind. Wir haben uns inspirieren lassen von der Idee, dass Jugendliche gern auf Reisen gehen, um neue Räume, Länder und fremde Menschen kennenzulernen. Das ist unseren erkrankten Gästen oft nicht möglich. So haben wir die Räume nach Traumstädten und Traumplätzen benannt und entsprechend eingerichtet, sodass ein Reisegefühl entstehen kann. Die Pflegezimmer heißen Paris, Rio, Tokio, New York und sind ganz im Styling dieser Weltstädte gestaltet.

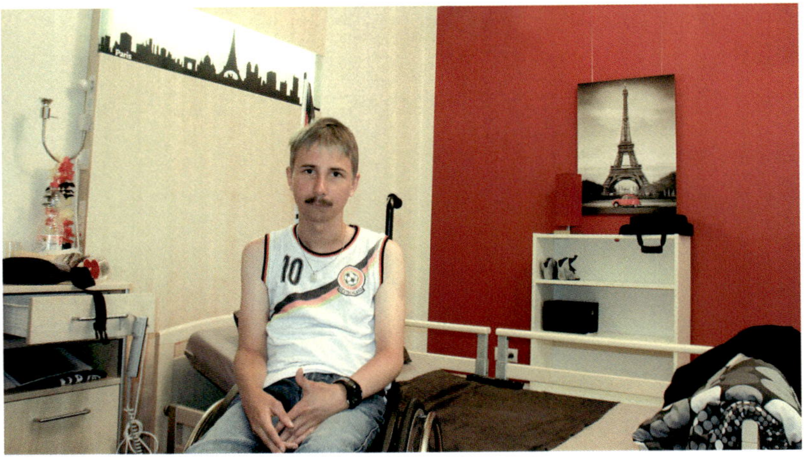

Schöne Grüße aus Paris

Im Down Under, unserem Aufenthaltsraum, essen wir alle zusammen. Auf der „Liegewiese“ können aktuelle Kinofilme angeschaut werden, an der Bar werden abends Cocktails gemixt – für die unter 18-Jährigen natürlich ohne Alkohol.
Das Bewegungsbad vermittelt das Gefühl, als wäre man auf der Trauminsel Mauritius. Hier können sich die Jugendlichen im Warmwasser entspannen, Leichtigkeit und Spaß erleben. Trotz allem.

Der Traum vom Baden auf Mauritius

Es könnte nach dieser Beschreibung leicht der Eindruck entstehen, als handele es sich um ein Jugendhotel – wenn man darüber hinwegsieht, dass überall intensivmedizinisches Equipment, Deckenlifter und die behindertengerechte Ausstattung deutlich machen, dass dieses Haus für besondere Menschen zur Verfügung steht.

Pflege-Betreuung

Unsere Pflegekräfte, die pädagogischen Begleiter und unsere Ärzte bemühen sich darum, dass die Jugendlichen eine intensive Lebenszeit im Löwenherz verbringen können – auch wenn sie durch die Folgen ihrer Erkrankung sehr eingeschränkt sind und womöglich jung sterben werden. Ihre Pflege ist aufwendig, die medizinische Betreuung eine große Herausforderung.

Die begleitenden Familienmitglieder brauchen Entlastung, Gespräche und die Erlaubnis, ein bisschen von der Anstrengung des Alltags loszulassen, auch von der engen Symbiose zu ihrem Kind.

Nachfolgend möchte ich von Nico berichten, einem jungen Mann von 17 Jahren, der vor einiger Zeit bei uns im Jugendhospiz gestorben ist.

Nico kostet auf dem Rad die letzten Sonnentage aus

Nico war ein mutiger Jugendlicher mit einem ungeheuren Bewegungs- und Wissensdrang. Mitte 2013 wollte er sich zu einem Auslandsjahr in die USA auf den Weg machen. Die Koffer waren gepackt, der YouTube-Reiseblogg im Internet gestartet. Ein paar Tage vor der Abreise bekam Nico Kopfschmerzen und ging zum Arzt. Diagnose: Hirntumor. Anstatt in die USA zu reisen, musste er in die Klinik. Diagnostik und Therapien wurden angesetzt. Nico, der immer sportlich, bewegungsbegeistert und freiheitsliebend war, musste im Bett liegen, seine Bewegungen wurden langsam und wackelig. Eine Halbseitenlähmung sowie ständige Schmerzen belasteten ihn. Er musste sich der Tatsache stellen, dass sein Tumor unheilbar war und keine Hoffnung auf Heilung bestand.

Im Mai 2014 war Nico zehn Tage mit seiner Familie im Jugendhospiz. Er wirkte körperlich stark angeschlagen – aber zukunftsfroh. Er wollte von uns mit Schmerzmitteln eingestellt werden, außerdem wollte er uns kennenlernen. Wer weiß, vielleicht brauchte er uns ja doch noch. Aber jetzt noch nicht !!!!!

Sein größter Wunsch war: in die USA zu reisen. Seine Familie setzte alles in Bewegung, sodass er im Juni mit seiner Mutter zusammen wirklich nach New York fliegen konnte. Ein Bild mit einem strahlenden Nico erreichte uns über Facebook – vor einem wunderbaren Essen. Hatte ich schon erwähnt, dass Nico ein echter Gourmet war? Bis zur letzten Stunde?

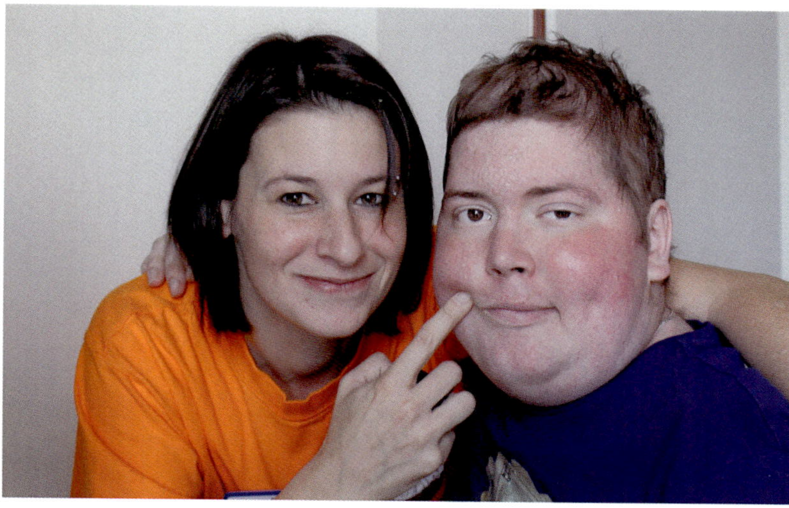

Nico mit Sabine – Pflegefachkraft

Im September rief Nicos Mutter bei uns an und bat um Aufnahme im Jugendhospiz.

Nico kam und vermittelte uns, nicht mehr viel Zeit zu haben. Und in diese kurze Zeit wollte er so viel wie möglich an Leben hineinpacken. Das bedeutete: Jede Minute war mit Aktivitäten gefüllt. Er war ruhelos. Auf seinem Programm standen:

- Besuche von Freunden, seiner Schwester, seinem Vater
- ein Fotobuch erstellen von der großen Reise
- leckere Gerichte kochen
- Fahrrad fahren an den letzten sonnigen Tagen
- Eis essen gehen mit seinen Kumpels

Und dazwischen immer wieder Gespräche, Gespräche, Gespräche. Besonders die Nachtwachen saßen stundenlang an seinem Bett und philosophierten mit ihm über Gott, das Leben, die USA und auch das Sterben.

Nico mit seinen Freunden im Löwenherz

Sein Tempo machte uns unruhig und atemlos. In unserem Teamgespräch fragten wir uns: Wie hält er diesen Stress eigentlich aus? Und was kann helfen? Da er immer mehr Termine hinter und auch übereinander hatte, machten wir ihm den Vorschlag, einen Wochenplan zu erstellen – mit Verabredungen, aber auch Ruhepausen.

Aus dem Wochenplan wurde schnell ein Zweiwochenplan, so viel war noch zu erledigen. Der Plan half Nico, den Überblick zu behalten und seine Kraft ein wenig besser zu zentrieren. Uns gab es die Möglichkeit, auch noch wichtige Besprechungen mit ihm zu vereinbaren.

Nico hatte starke Schmerzen. Die Schmerztherapie war eine echte Herausforderung für uns und die Ärzte. Einerseits wollte er möglichst wenig Schmerzen haben, andererseits wollte er wach bleiben und möglichst viel reden können. Er hatte ein

Schmerzspray, mit dem er selbst seine Dosierung steuern konnte. Das war wichtig, denn er wollte so viel Kontrolle über seine Situation behalten wie nur möglich. Bei seinen Verabredungen nahm er immer mal wieder einen Hub seines Sprays, auch um durchzuhalten. Wir fragten uns oft: Wo nimmt er nur die ganze Kraft her?

Nico kocht leidenschaftlich gern – hier mit Jens – Pädagogischer Mitarbeiter

Nico wusste um die Schwere seiner Krankheit, aber er wollte das überhaupt nicht akzeptieren. Er suchte nach alternativen Methoden, surfte durch das Internet, besuchte Alternativkliniken und einen Heiler. Immer auf der Suche nach dem Wunder, denn er wollte NICHT sterben.

Ich erinnere mich an ein Gespräch, in dem er mir sagte, er würde nicht sterben. Wenn nur die richtige Methode gefunden würde, würde er wieder gesund werden. Nach einem kurzen Zögern meinerseits, fragte ich ihn: „Wäre es nicht gut, einen Plan A – das Wunder geschieht und Du wirst wieder gesund – zu entwerfen UND einen Plan B – die Krankheit siegt und Du wirst sterben?"

Seine Antwort darauf: „Du weißt doch, die Hoffnung stirbt zuletzt und meine schon mal gar nicht.“

Was soll man darauf noch antworten?

Nico mit seiner Schwester Tessa und Veronika – Pflegefachkraft

Ein paar Wochen später ging es Nico immer schlechter. Er hielt immer noch die Hoffnung auf das Wunder hoch. Aber er setzte sich auf eine ganz besondere Art mit dem Thema Sterben auseinander. Nico begann in seinen letzten Lebenswochen seinen Freunden, seiner Familie, Löwenherzen und unseren Eltern die Frage zu stellen: „Was glaubst Du, was kommt nach dem Tod“? Er war ein Forscher, ein Sammler in eigener Sache und er bekam in den nächsten Wochen viel persönliche Post. Daraus entstand ein sehr besonderes Buch.

Auch mich hat er gefragt. Ich habe bestimmt drei Tage an dieser Frage gearbeitet: Was glaube ich wirklich, was sind meine Gedanken und Gefühle dazu? Drei Tage köchelten meine Gedanken, bis sie auf´s Papier flossen.

Mit dieser Frage stupste Nico uns alle an, sich zu bekennen, zu dem was jeder wirklich glaubt. Das ist ein sehr persönlicher Prozess, der auch mit Nicos

Tod nicht zu Ende ist. Nico hat ein besonderes Geschenk hinterlassen: Ein Buch mit vielen Gedanken, Bildern und Hoffnungen für das, was nach diesem Leben kommt – und diese Hoffnung stirbt schon mal gar nicht.

Nico an seinem letzten Lebenstag mit seiner Mutter und Veronika

Nico starb friedlich im Beisein seiner Mutter –

Hatte er die Hoffnung aufgegeben? Ich glaube nicht, ich glaube, seine Hoffnung hatte sich gewandelt. Er wollte, dass er nicht vergessen wird. Das wird er sicher nicht, denn er hat einen bleibenden Eindruck hinterlassen – bei uns und vielen anderen. Auch mit seinem Spruch:

> *„Die Hoffnung stirbt zuletzt und meine schon mal gar nicht.“*

Praxis der Kinderhospizarbeit – Herausforderungen und Erfahrungen

„... aktive Sterbehilfe würde ich jetzt nicht so toll finden, dass jemand eine Spritze gibt“
Zur Sterbehilfediskussion bei Kindern und Jugendlichen mit lebensverkürzender Erkrankung

Wolfgang Beer, Edith Droste

In der in Deutschland geführten Debatte um den assistieren Suizid spielte die Frage, welche Implikationen sich für Minderjährige ergeben, so gut wie keine Rolle. In den Positionspapieren unterschiedlicher parteiübergreifender Gruppen im Deutschen Bundestag vor der Parlamentsentscheidung im November 2015 sowie in der Stellungnahme des Deutschen Ethikrates wird die Bedeutung der Selbsttötungsbeihilfe für Kinder und Jugendliche nicht thematisiert. Mit der Betonung der uneingeschränkten Einwilligungsfähigkeit als juristische Voraussetzung für die Selbsttötungsbeihilfe waren Kinder faktisch aus den Überlegungen ausgeschlossen.

Ausgelöst durch die Legalisierung der aktiven Sterbehilfe für Kinder aller Altersstufen, so wie sie in Belgien seit Anfang März 2014 gesetzlich verankert ist, findet auch bei uns seitdem außerhalb der parlamentarischen Ebene eine Auseinandersetzung mit der Problematik der Tötung auf Verlangen im Kontext der pädiatrischen Palliativmedizin und der Kinder- und Jugendhospizarbeit statt.

Euthanasie für Kinder – die Situation in den Beneluxländern

Unter der Titel „Euthanasie für Kinder jetzt“ forderten 16 belgische Kinderärzte im November 2013 Hilfe für Kinder in – wie sie es nannten – unerträglichen Leidsituationen. Leid, so ihre Argumentation, dürfe in einem Land, das die Tötung auf Verlangen für Erwachsene legalisiert hat, keine Altersgrenze kennen. Trotz des Widerspruchs der Mehrzahl der belgischen Pädiater sowie des Europarates ist die aktive Tötung von Kindern durch ärztliche Hand gesetzlich zulässig. Unter den Voraussetzungen einer medizinisch ausweglosen, zum Tode führenden Situation, dem Vorliegen dauernder und unerträglicher Schmerzen, eines die medizinische Indikation und kindliche Urteilsfähigkeit und Reife bestätigenden Gutachtens von zwei Ärzten und eines Psychologen sowie der Zustimmung der Eltern können, weltweit erstmalig, auch junge Kinder auf eigenen Wunsch Sterbehilfe begehren. Bis zum Frühjahr 2017 wurde seit Inkrafttreten des Gesetzes ein Fall bekannt, in welchem das Gesetz angewendet wurde.

In den Niederlanden wird die Tötung auf Verlangen seit 1984 von Ärzten straffrei und seit 2002 gesetzlich abgesichert bei Erwachsenen praktiziert. Euthanasieentscheidungen bei Minderjährigen sind im Alter von 12 bis 16 Jahren mit Zustimmung und zwischen 16 und 18 Jahren mit Beteiligung der Sorgeberechtigten erlaubt. Der Groninger Kinderarzt Eduard Verhagen, hat in den Jahren 1997 bis 2004 nach eigenem Bericht 22 behinderte Kinder im Alter von 0 bis 12 Jahren mit Zustimmung der Eltern gesetzeswidrig euthanasiert. Als Begründung nannte er – bei einer oft prognostizierten längeren Lebenserwartung – eine extrem niedrige Lebensqualität, vorauszusehende Unfähigkeit der Selbstversorgung, mangelnde Kommunikationsfähigkeit, dauerhafte Hospitalabhängigkeit. Verhagens Handeln und Forschen mündete im Jahr 2004 in das sogenannte Groningen-Protokoll. Es schützt Ärzte, die Euthanasie an bis zu 12-jährigen Kindern und Jugendlichen praktizieren, vor strafrechtlicher Verfolgung mit Zustimmung der Staatsanwaltschaft unter Bedingungen, die mit den in Belgien geltenden Regelungen unter der Voraussetzung der Zustimmung der Eltern vergleichbar sind. Gegenwärtig wird eine Übernahme der belgischen Gesetzesregelung auch für diese Altersgruppe diskutiert (Vgl. Wunder, Michael, S. 116f.).
Als weltweit drittem Land ist seit 2009 die Euthanasie für Erwachsene in Luxemburg rechtlich zulässig. Dies gilt – mit Zustimmung der Eltern – auch für Jugendliche ab 16 Jahren.

Welche Sterbewünsche äußern Kinder selbst?

Was wünschen sich Kinder und Jugendliche mit lebensverkürzender Erkrankung selbst für ihre allerletzte Lebensphase? Wie gehen sie mit der Tatsache des bevorstehenden Sterbens und den damit verbundenen Leidenssituationen um? Hierzu zwei Beispiele.

1. Die Mutter von Jule führte kürzlich in einem HR-Interview zum Thema „Aktive Sterbehilfe für Kinder?" aus, wie ihre 10-jährige Tochter kurz vor dem eigenen Tod – sie war inzwischen auf den Rollstuhl angewiesen, litt unter ihren Hautgeschwüren und Schmerzen – sagte: „So will ich gar nicht mehr, so will ich nicht mehr leben." Einen Tag vor ihrem Tod – Jule behielt keine Nahrung mehr bei sich, wurde über einen Tropf ernährt und litt unter den Abstoßungsreaktionen im Zusammenhang mit der Knochenmarktransplantation – bekam sie heftigste Schmerzen und bat: „Mama, es gibt so viele Medikamente für allen Mist, für alle Krankheiten, für alles, da muss es doch auch etwas geben, war mir hilft zu sterben. Gib mir was, damit es schneller geht." Die Mutter versprach ihr daraufhin, dass man alles tun würde, damit sie keine Schmerzen bekäme. Jule erhielt von den Kinderärzten, die sie schon lange kannten, Morphin, sodass ihr die Schmerzen genommen werden konnten. Sobald sie keine Schmerzen mehr hatte, hat sie den Wunsch zu sterben nicht mehr geäußert und es war ihr ganz wichtig, von ihrer besten Freundin und von ihrer Mutter Abschied zu nehmen (vgl. Weber, Doris, 2015).

2. Lutricia erkrankte im Alter von acht Jahren lebensgefährlich an Leukämie. Mit elf Jahren erlitt sie einen Rückfall. Es folgten Chemotherapien und eine Knochenmarktransplantation. Inzwischen ist Lutricia 15 Jahre alt. Sie beschreibt ihre Situation wie folgt: „Ja, das ist so, also ich will das nicht nochmal machen, das dritte Mal, und dann wieder so viel leiden und darauf habe ich keine Lust, aber diese aktive Sterbehilfe würde ich jetzt nicht so toll finden, dass jemand eine Spritze gibt, ein Arzt oder so, ja, es kommt von einem Fremden. Es ist was anderes, wenn ich Schmerzmittel bekomme, die Schmerzen lindere und damit die Zeit dann genießen kann, zu Hause, nur bei meiner Familie, und die sich dann aktiv um mich kümmern die ganze Zeit. Also ich würd es besser finden, wenn sich der Kreis dann wirklich langsam schließt, als wenn ich das abrupt einfach beende durch einen Arzt, 'ne Spritze oder so den Schalter ausschalten und dann schwups ist man weg."
   Gleichzeitig war es Lutricia sehr wichtig zu betonen, dass man ihr keine weiteren medizinischen Maßnahmen aufzwingt und ihren freien Willen respektiert, wenn sie am Ende ihres Lebens angelangt ist (vgl. Weber, Doris, 2014).

Die Aussagen von Jule und Lutricia öffnen ein Fenster hinein in das Erleben der jungen Menschen selbst in der finalen Lebensphase. Sie verweisen darauf, dass geäußerte Todeswünsche als Ausdruck von Ambivalenz, seelischen und körperlichen Schmerzen zu deuten sind. Diese gilt es wahrzunehmen, zu begleiten und zu lindern.

Welche Todeskonzepte haben Kinder und wie urteilsfähig sind sie?

Die grundlegenden Erkenntnisse der Entwicklungspsychologie sowie aktuelle Erfahrungen aus der therapeutischen und pädagogischen Arbeit mit Kindern belegen, wie diese sich altersspezifisch mit dem Thema Sterben und Tod auseinandersetzen (vgl. Cramer, Barbara; Finger Gertrud). Ihre Aneignungsstrategien sind ungeordnet und emotional: Lachen und Weinen, Klagen und Toben, magische Vorstellungen und Schuldgefühle liegen – einem Gefühlskarussell vergleichbar – nahe beieinander, tauchen oft abrupt auf und verschwinden wieder. Kinder gönnen sich Pausen in der Trauer. Aufgrund ihrer starken Verwurzelung im Hier und Jetzt springen sie in eine Trauerpfütze hinein, um sich im nächsten Moment wieder den schönen Dingen ihres Lebens zuzuwenden. Bis etwa ins Grundschulalter ist Tod im kindlichen Erleben ein vorübergehender Zustand, ein Ende des Daseins aufgrund fehlender Zeitvorstellungen nicht denkbar. Danach entwickelt sich allmählich, zwischen Realitätsbewusstsein, Scheu, Neugier und Interesse an den biologischen Vorgängen und Phantasievorstellungen pendelnd, ein tieferes Verstehen hin zu einem vollständigen Todeskonzept, das um die Universalität, Irreversibilität, Nonfunktionalität und Kausalität des Todes weiß. Von 9–10-jährigen Kindern wird der Tod meist intellektuell akzeptiert, wobei die individuellen Vorstellungen losgelöst davon immer wieder denen jüngerer Kinder ähneln können.

Kinder mit progredienten lebensverkürzenden Erkrankungen müssen sich schon sehr früh mit dem Verlust von motorischen, oft auch kognitiven Fähigkeiten auseinandersetzen. Meist wissen sie intuitiv, ausgelöst durch das Verhalten der Erwachsenen oder den Tod von Freunden und Klassenkameraden, um die Bedrohtheit des eigenen Lebens. Welche Todeskonzepte und Bewältigungsstrategien sie unter den erschwerten Bedingungen der persönlichen Betroffenheit entwickeln, ist erst in Ansätzen erforscht. Kindliche Todesvorstellungen, so der Kinderarzt Dietrich Niethammer, integrieren die persönliche Situation der eigenen unmittelbaren Betroffenheit und ermöglichen den jungen Menschen, die mit der Krankheit verbundenen Probleme zu verarbeiten: „Kinder mit einer schweren Erkrankung verstehen meist von Anfang an, dass sie in Gefahr sind, ihr Leben zu verlieren. Das wird vor allem durch das veränderte Verhalten ihrer Eltern oder anderer Erwachsener ausgelöst. Sie sind in der Lage, in den Gesichtern ihrer Eltern wie in einem Buch zu lesen; sie spüren die Tränen ihrer Eltern, ... durchschauen das Theater, das ihnen vorgespielt wird, sie schauen hinter die Masken, die die Gesichter der Erwachsenen verbergen."(Niethammer, Dietrich, S. 89–90).

Hilfe beim Sterben durch liebevolles Unterlassen

Der 20-jährige Yanick befindet sich in der finalen Phase einer lebensverkürzenden Erkrankung. Zweimal wäre er fast gestorben und hat nur mit intensiver medizinischer Reanimation zuhause überlebt. Yanicks Lungenfunktion ist extrem eingeschränkt und den früheren Einsatz des sogenannten Hustenassistenten erlebte er immer als äußerst qualvoll. Der Vater schilderte im Gespräch: „ Im Zusammenspiel mit der Kinderpalliativärztin, dem Pulmologen, der Pflegedienstleitung, dem ambulanten Kinder- und Jugendhospizdienst und uns Eltern wurden die Therapieziele neu abgestimmt mit dem Fokus, ab sofort jegliches pflegerische und medizinische Handeln daran zu orientieren, inwieweit es Yanicks aktuelle Lebensqualität verbessert und vor allem seine erkennbare Zustimmung findet. Das heißt nunmehr: Rücknahme invasiver Maßnahmen, Therapieverzicht, keine Reanimation – ergänzt um die Zusage an Yanick: Du wirst das Gefühl zu ersticken nicht noch einmal so erleben müssen. Yanick hat auf Nachfrage den ausdrücklichen Wunsch geäußert, dass wir im Wiederholungsfall unbedingt ein starkes Medikament (Morphin) einsetzen sollen, damit er davon nichts mitbekommt. Ihm ist seine derzeitige Lebenssituation sehr bewusst und er möchte bis zuletzt zuhause ohne Schmerzen und Todeskampf leben und alles erleben. Wir als Eltern unterstützen diesen Wunsch, handeln gemeinsam mit dem gesamten Team in seinem Sinne und begleiten ihn jeden verbleibenden Tag."

Das Beispiel zeigt eindrucksvoll, wie im gemeinsamen Prozess alle Beteiligten – Yanick und seine Eltern, Kinderpalliativmediziner, Facharzt, Pflegedienstleitung und ambulanter Kinderhospizdienst – in einem ethischen Abwägungsprozess unter Ausnutzung des rechtlich und medizinisch möglichen – zu einer Entscheidung fanden, mit der alle Beteiligten gut leben können.

Erfahrungen der pädiatrischen Palliativmedizin

Deutsche Kinderpalliativmediziner betonten in ihrer Reaktion auf die belgische Entscheidung, dass sie auch in der Finalphase von Kindern oder Jugendlichen gar nicht oder so gut wie nie nach aktiver Sterbehilfe gefragt worden seien. Auch Eltern, die massiv unter den Schmerzen ihrer Kinder leiden würden, hätten den Wunsch nach aktiver Sterbehilfe für ihre Kinder noch nicht geäußert.

Der Kinderpalliativmediziner Sven Gottschling führt aus: „Der Wunsch, dem Leben ein Ende zu setzen, ist (...) vor allem ein Hilfeschrei, weil der Patient starke Schmerzen hat, weil er schlecht Luft bekommt, weil er Angst vor einem weiteren Eingriff hat oder sich nicht mehr bewegen kann. Bei vielen dieser Dinge kann ich als Arzt durch Gespräche, Medikamente und Unterstützung helfen." (Gottschling, Sven) Im Zusammenhang mit der Sterbehilfediskussion sieht er die Gefahr, dass die Option der Erlösung von unendlichem Leid durch eine Spritze den Blick auf die Tatsache verstellt, dass Ausbau und Nutzung der Palliativversorgung in Deutschland noch am Anfang stehen: „Deutschland ist, was die Palliativversorgung angeht, ein Entwicklungsland. Das Gleiche gilt übrigens für Belgien. Nur zehn bis zwanzig Prozent der Kinder, die eine Palliativversorgung benötigen, haben in Deutschland überhaupt die Chance, eine zu bekommen. (...) Natürlich ist es im Zweifel einfacher und billiger, einen Menschen ‚wegzuspritzen' als ihm beizustehen, und das passt auch besser in unsere Entsorgungsgesellschaft. Leider werden in der öffentlichen Debatte nur die Alternativen diskutiert: Wollen Sie schreckliche Schmerzen haben oder aktive Sterbehilfe? Palliativversorgung hat eine ganz andere Blickrichtung. Wir behandeln nicht Sterbende, sondern Lebende, die bald sterben werden." (ebenda)

Fazit und Ausblick

Können wir, ohne aus persönlicher und authentischer Erfahrung zu wissen, wie es ist, mit einer schweren zum Tode führenden Erkrankung – dem Angewiesen sein auf den Rollstuhl, der Ernährung per Sonde, künstlicher Beatmung, kognitiven und kommunikativen Einschränkungen – zu leben, Aussagen darüber treffen, was ein Leben zu einem lebenswerten Leben macht?

Das Hauptargument von Befürwortern einer Sterbehilfe auch für Kinder ist, dass wir sie von unerträglichem und unzumutbarem Leid erlösen müssen. Hier stellt sich ein Grundproblem der gesamten Debatte. Der Blick ist gerichtet auf Menschen, die in Situationen und Kontexten leben, die die Mehrheit derer, die die Debatte über Sterbewünsche, Sterbehilfe, über zumutbare und unzumutbare Lebenssituationen führen, weder selbst erlebt hat noch authentisch nachvollziehen kann. Die Sicht eines gesunden, aktiven Erwachsenen auf die Situation von Kindern und Jugendlichen mit einer lebensverkürzenden Erkrankung ist immer eine interpretierende Außensicht, oft geprägt von Mitleid und Betroffenheit. Auf dieser Basis Zuschreibungen und Bewertungen von Lebenssituationen vorzunehmen oder gar der Impuls, für andere entscheiden zu können oder zu müssen, sind bei so folgenreichen und irreversiblen Entscheidungen wie der über die aktive Tötung ethisch nicht akzeptabel. Es besteht ein schmaler Grat zwischen dem freien und dem mutmaßlichen Willen. Er birgt die Gefahr einer begleiter- statt subjektorientierten Sichtweise. Dies gilt in besonderem Maße für Kinder und Jugendliche, die sich aufgrund ihrer Erkrankung nicht mehr oder nur eingeschränkt verbal artikulieren können und sich im Spannungsfeld zwischen Fürsorge, Autonomie und Paternalismus bewegen.

Wenn das Thema der Beendigung des Lebens im Kinderhospizkontext auftaucht, dann im Zusammenhang mit dem Wunsch nach Therapieabbruch. Nach der in Deutschland geltenden Rechtsprechung ist Einwilligungsfähigkeit hier nicht an das Alter gebunden, sondern an die Fähigkeit, die individuelle Situation einzuschätzen und eine begründete Entscheidung zu treffen. Schon heute kann in Deutschland jeder einwilligungsfähige Patient – auch ein Minderjähriger – auf medizinische Maßnahmen verzichten. „Liebevolles Unterlassen ist eben keine aktive Sterbehilfe", so die Palliativmedizinerin Monika Führer.

Eine Veränderung der gesetzlichen Regelung hin zur Legalisierung der aktiven Sterbehilfe auch für Kinder und Jugendliche wäre aus einem weiteren Grund ein fatales Signal. Wenn aktive Sterbehilfe als gesellschaftlich akzeptierte und ethisch positiv bewertete Lösung oder schlimmer Erlösung Realität wäre, so bestünde perspektivisch die Gefahr, dass die Gesellschaft Kinder mit einer lebensverkürzenden Erkrankung als unerwünscht betrachtet. Das Argument, dass eine extrem aufwändige und teure Behandlung von lebensverkürzend erkrankten Kindern und Jugendlichen in einem zunehmend ökonomisch überforderten Gesundheitssystem auch aus Gründen sozialer Verteilungsgerechtigkeit zu hinterfragen sei, wäre dann ein nächster Schritt in einer inhumanen Logik. Eltern von lebensverkürzend erkrankten Kindern würden bei einem solchen Szenario in die Situation geraten, dass sie sich für das Leben ihres Kindes rechtfertigen müssten. „Sollen Eltern" – so fragt der Deutsche Kinderhospizverein e. V. – „künftig begründen, warum ihr Kind noch lebt? Sollen sie das Leben ihres Kindes verteidigen müssen?" (Deutscher Kinderhospizverein e. V.)

Ambulante und stationäre Kinder- und Jugendhospizarbeit und pädiatrische Palliativversorgung bieten Konzepte und Orte, die es weiter auszubauen gilt, damit junge Menschen mit lebensverkürzender Erkrankung die Sicherheit haben: Hier kann ich mich mit meinem bevorstehenden Sterben auseinandersetzen – so, wie ich das möchte. Hier haben Ängste, Wünsche und persönliche Verfügungen für die Zeit um mein Sterben herum und danach einen sicheren Raum.

In der in den Medien immer mal wieder erhobenen Forderung nach Sterbehilfe für Kinder quasi als Bestandteil unverweigerbarer Kinderrechte spiegelt sich ein immer noch problematisches und letztlich inhumanes Verhältnis unserer Gesellschaft zum Leid, zum Sterben und zum Tod wider, das implizit auch in der Debatte um die Beihilfe zur Selbsttötung eine zentrale Rolle gespielt hat und nach wie vor spielt. Leitbilder sind Stärke, kollektive und individuelle Effektivität, Kontrolle und Steuerung. Leid, Tod und Sterben werden nicht als Bestandteile des menschlichen Lebens begriffen und akzeptiert, mit dem es gilt umzugehen. Sie werden als von außen kommender Angriff auf das Leben gesehen und interpretiert, den es wirksam abzuwehren gilt – in letzter Konsequenz durch die Beendigung des angegriffenen und ineffektiv gewordenen Lebens durch Sterbehilfe. Ein Urteil des Bundesverwaltungsgerichtes vom März 2017 bestätigt die Aktualität der Auseinandersetzung, in dem es einer nach einem Unfall vom Hals abwärts gelähmten Frau das Recht auf assistierten Suizid zuspricht.

Hier ist ein Perspektivwechsel anzustreben, der Leiden, Sterben, Tod und Trauer ins Leben und damit in den gesellschaftlichen Fokus zurückholt, indem nach Lebenssinn und -freude auch im Leid gefragt und nach Wegen zur Bewältigung gesucht wird. Würde, Selbstbestimmung und Sorgekultur bilden die Elemente, die ein Leben bis hin zu einem humanen Sterben ermöglichen – für Kinder und Jugendliche mit lebensverkürzender Erkrankung und für Hochbetagte gleichermaßen.

Kinder wollen leben – bis zuletzt. Und dies schließt den Tod als letzten Akt des Lebens ein. Die Bitte um Sterbehilfe wird nicht gestellt – nicht von den Kindern und auch nicht von ihren Angehörigen.

Literatur:

Cramer, Barbara (2011): Bist du jetzt ein Engel? Mit Kindern über Sterben und Tod reden. In: Deutscher Kinderhospizverein e. V. (Hrsg.): Lebenskünstler und ihre Begleiter, Ludwigsburg.

Deutscher Kinderhospizverein e. V.: Presseerklärung vom 14. Februar 2014, Olpe.

Finger, Gertrud (2013): Kindertrauer verstehen und die Selbstheilungskräfte der Kinder fördern. In: Deutscher Kinderhospizverein e. V. (Hrsg.): Nähe gestalten, Teilhabe ermöglichen, Trauer begleiten, Ludwigsburg.

Gottschling, Sven: Frankfurter Allgemeine Sonntagszeitung 2. März 2014, Nr. 9.

Niethammer, Dietrich (2011): Der Umgang mit der Wahrheit bei schwer kranken Kindern. In: Deutscher Kinderhospizverein (Hrsg.), a. a. O., S. 89–90.

Weber, Doris (2014): „Kinder verlangen nicht den Tod. Die Diskussion über aktive Sterbehilfe in Deutschland", WDR 3, 12.1.2014 (Manuskript).

Weber, Doris (2015): Aktive Sterbehilfe für Kinder? Gespräche am Rande des Undenkbaren. Hr2-kultur/Camino – Religionen auf dem Weg (Manuskript).

Wunder, Michael (2015): Selbstbestimmung ohne Grenzen? In: Ulrich Lilie, Wolfgang Beer, Edith Droste, Astrid Giebel (Hrsg.): Würde, Selbstbestimmung, Sorgekultur, Esslingen, S. 116f.

„Wenn die Lebens- zur Sterbebegleitung wird ..."

Marion Zwilling

Wie ist das Leben mit einem behinderten und kranken Kind? Viele denken vielleicht als Erstes: „Oh Gott! Wie schrecklich!" So ein besonderes Kind kann aber viel geben und das Leben sehr bereichern. Wie es uns mit unserer Tochter ergangen ist und wie wir sie bis zu ihrem Tod begleitet haben, möchte ich hier beschreiben.

Als wir von den Ärzten hörten, dass wir ein behindertes Kind bekommen würden, das nach der Geburt eventuell nicht lebensfähig wäre, stürzte für uns eine Welt ein. Wir waren Mitte zwanzig und unser erstes Kind, ein Wunschkind, würde behindert sein.

Die Möglichkeit, die Schwangerschaft abzubrechen, um uns das „Leid" zu ersparen, kam für uns überhaupt nicht in Betracht. Die Chance auf Leben wollten wir unserem Kind nicht nehmen.

Unsere Tochter Vanessa kam dann im Juni 1993 zur Welt. Per Kaiserschnitt, um den Geburtsstress so gering wie möglich zu halten. Sie war lebensfähig und atmete spontan ohne Hilfe. Eine große Freude für uns.

Zu Hause war der Alltag zunächst genauso wie bei anderen jungen Eltern auch. Die Nächte waren kurz und Vanessa brauchte genauso viel Aufmerksamkeit wie gesunde Babys. Mit zunehmendem Alter wurde die Pflege doch aufwendiger. Sie musste auch weiterhin gewickelt werden (auch nachts). Sie brauchte sehr viel Zeit für die Mahlzeiten, konnte sich nicht alleine bewegen und kommunizieren ging nur über Laute und Mimik.

Sie konnte die Arme und Beine bewegen, aber gezieltes Greifen war nicht möglich. Als sie ein halbes Jahr alt war, wurde festgestellt, dass sie unter Krampfanfällen litt. Wir wurden zu einem Spezialisten in die Uniklinik nach Kiel überwiesen. Dort stellten die Ärzte einen genetischen Defekt fest. Aufgrund dieses Defektes wurde das Gehirn nicht richtig ausgebildet. Die Lebenserwartung mit dieser Erkrankung betrug laut Statistik bei Mädchen maximal drei Jahre. Jungen wären mit dieser Form der Erkrankung nicht lebensfähig.

Das war ein großer Schock für uns. Vanessa war jetzt eineinhalb Jahre alt und würde spätestens in eineinhalb Jahren sterben.

Wir fuhren unendlich traurig und wie paralysiert nach Hause zurück. Wie sollten wir das unseren Eltern beibringen? Als Erstes wollten wir es gar nicht erzählen, um ihnen weiterhin einen unbeschwerten Umgang mit Vanesa zu ermöglichen. Dann entschlossen wir uns aber, ganz offen damit umzugehen. Es fiel uns sehr schwer. Die erste Zeit dachte ich viel über den Tod nach. Mit der Zeit rückte dieser Gedanke immer mehr in den Hintergrund, bis ich eigentlich gar nicht mehr daran dachte. Vanessa ging es ja richtig gut. Sie war ein sehr fröhliches und gut gelauntes Kind.

An ihrem dritten Geburtstag hatte ich Angst. Würde sie jetzt sterben? Könnte es jeden Tag so weit sein? Diese Gedanken machten mich sehr traurig und träge. So wollte und konnte ich nicht leben, immer mit Angst. So war ich meiner Familie keine Hilfe. Also beschloss ich, anders zu denken. Ich lernte durch diese Situation, lösungsorientiert zu denken und zu leben, und nicht problemorientiert. „Wenn es so weit ist, kann ich über Angst und Traurigkeit nachdenken“, nahm ich mir vor. „Bis dahin genieße ich die Zeit mit unserer Tochter.“ Das klappte sehr gut.

Vanessa besuchte erst den integrativen Kindergarten und dann eine Förderschule für mehrfach körperlich und geistig behinderte Kinder. Unter anderen Kindern fühlte sie sich sehr wohl und hatte dort eine schöne Zeit.

1997 und 1999 bekamen wir zwei weitere Kinder, die gesund und munter auf die Welt kamen.

Vanessa entwickelte sich trotz der negativen Prognose weiter. Wir waren eine ganz normale, glückliche Familie. Vanessa war überall mit dabei und genoss den Trubel um sie herum. Wo sie aufgrund des Rollstuhls oder ihrer Behinderung nicht hinkonnte, da blieben wir auch weg. Unsere Urlaube verbrachten wir in

Dänemark in einem großen Ferienhaus. Das Klima an der Nordsee tat ihrer Lunge gut. Das Geräusch der Wellen war für sie wie Musik.

Mit zunehmendem Alter wurden ihre Lunge und die Atmung immer mehr zu einem Problem. Sie hatte eine starke Wirbelsäulenverkrümmung. Dadurch wurde ein Lungenflügel nicht mehr richtig belüftet, es kam zu vermehrten Lungenentzündungen. Meistens war dann ein längerer Aufenthalt auf der Intensivstation nötig, bei dem Vanessa auch beatmet werden musste.

Jetzt kam auch das Thema Tod und Sterben wieder in den Fokus.

Vanessa konnte sich durch Mimik und Laute verständigen. Mit uns fand die Kommunikation auch auf einer anderen Ebene statt. Das lässt sich nur schwer beschreiben. Es war ein Gefühl. Ich, mein Mann und die Geschwister brauchten sie nur anzuschauen und dann wussten wir meistens, was sie wollte oder brauchte. Wir verstanden uns auch ohne Worte. Die Kommunikation mit Vanessa funktionierte ganz viel über die Gefühlsebene. Ich spürte, wenn es ihr schlecht ging, oder wurde unruhig, wenn ein Krampfanfall drohte.

Als sie noch kleiner war und wir noch nicht so eingespielt waren, kam ich mir manchmal vor wie ein Detektiv. Ein Beispiel: Wenn Vanessa schlecht drauf war, wechselten wir zuerst ihre Windel. Wurde es dann nicht besser, boten wir ihr etwas zu essen und zu trinken an. Hatten wir auch dann immer noch nicht die Ursache gefunden, konnte sie sehr energisch werden. Sie runzelte dann die Stirn und strampelte stark mit dem Bein. So ging die Suche weiter, bis wir irgendwann entdeckt hatten, was sie wollte. Mit der Zeit wurde die Art der Kommunikation besser – dann brauchte ich sie nur anzuschauen und wusste, was dran war.

Noch ein Beispiel: Wir waren in der Klinik auf der Intensivstation. Bei Vanessa war der Tubus des Beatmungsgerätes entfernt worden und sie sollte auf die normale Station verlegt werden. Ihre Blutgaswerte und ihr Zustand waren gut und stabil. Doch ich hatte ein sehr ungutes Gefühl. Der Arzt bestand darauf, Vanessa zu verlegen, schließlich gab es keine weitere Indikation, auf der Intensivstation zu bleiben. Ich hatte Glück, es war dort nicht viel los. So ließ der Arzt sich darauf ein: Vanessa könnte bis zum Abend auf der Intensivstation bleiben. Bei Eintreffen eines Notfalls müsste sie allerdings auf die andere Station. Das hörte sich gut an. Kurz nach dem Mittag verschlechterte sich ihr Zustand sehr. Und sie musste wieder an die Beatmungsmaschine. Es war gut, dass sie noch auf der Intensivstation war. Der Arzt meinte anschließend: „Unterschätzt niemals das Bauchgefühl der Eltern." Wie recht er hatte.

Vanessa kämpfte und gewann den Kampf gegen den Tod immer wieder. Der Tubus konnte entfernt werden, wir fuhren nach Hause. Bis zum nächsten Mal. Es war eigentlich immer klar: Sie schafft das.

2007 war anders. Der Klinikaufenthalt dauerte noch länger als sonst und die Beatmung wurde nach der Entfernung des Tubus am nächsten Tag schon wieder angeschlossen. Nach 14 Tagen sagte der Arzt uns, die Werte wären gut und er würde den Tubus entfernen. Allerdings würde er bei einer Krise nicht wieder intubieren. Durch die Wirbelsäulenverkrümmung wäre dieser Vorgang eine Qual für Vanessa und unmenschlich.

Das war für uns wie ein Schlag ins Gesicht. Das ging ja wohl nicht. Ein Mediziner muss doch bitteschön alles tun, damit ein Mensch am Leben bleibt, oder? Ich war außer mir. Dem Arzt sagte ich, dass ich jetzt gehen und meinen Mann anrufen würde. Er solle erst mit uns beiden sprechen, bevor irgendetwas entschieden würde.

Das Gespräch fand im Arztzimmer statt. Die Ärzte erklärten uns, dass bei einer erneuten Intubation eine Dauerbeatmung unumgänglich wäre. Dieses würde bedeuten, dass ein selbstbestimmtes, würdevolles Sterben nicht mehr möglich wäre.

Wir wurden gefragt, ob es im Sinne von Vanessa wäre, an eine Dauerbeatmung angeschlossen zu sein? Und wie wäre es, wenn wir irgendwann entscheiden müssten die Maschinen abzustellen? Wann wäre der richtige Zeitpunkt? Oder wäre es vielleicht besser, Vanessa zu gestatten: „Jetzt kann ich nicht mehr, ich möchte gehen"? Wir mussten erst einmal nachdenken. Ein von Maschinen abhängiges Leben hätte sie nicht gewollt. Sie hatte die ganzen Jahre gekämpft und es immer wieder geschafft. Wir stimmten den Ärzten zu und der Tubus wurde entfernt. Ein paar Tage blieben wir noch in der Klinik, dann fuhren wir nach Hause. Wir sollten die Zeit genießen, die uns noch bliebe.

Vanessa ging es erst besser, aber ab Juni ging es wieder bergab. Wir wurden zu Hause von unserer Kinderärztin super betreut und brauchten nicht wieder in die Klinik. Mein Mann und ich schliefen während dieser Zeit getrennt in Etappen. Ich schlief von 20.00 Uhr bis 01.00 Uhr und er von 01.00 Uhr bis 06.00 Uhr. Es war eine anstrengende Zeit. Unsere anderen beiden Kinder mussten zur Schule und wollten schließlich auch noch Aufmerksamkeit.

Nach drei Wochen war Schluss. Unsere Kinderärztin legte uns nahe, einen Kinderkrankenpflegedienst einzuschalten. So gut fand ich die Idee erst einmal nicht. Ich schaffe das doch, sagte ich mir. Doch ich musste mir eingestehen, dass ich am Ende meiner Kräfte war.

Der Kinderkrankenpflegedienst kam und Vanessa ging es immer schlechter. Nun war ich gezwungen, mich mit dem Tod auseinanderzusetzen. Ich besorgte mir Bücher, führte Gespräche und haderte mit meinem Glauben.

In dieser Situation schauten wir uns auf Anraten unserer Kinderärztin das Kinderhospiz Löwenherz an. Am darauffolgenden Tag wurden wir als Gäste dort aufgenommen.
Ich hatte die Möglichkeit, endlich wieder einmal durchzuschlafen. Um Vanessa kümmerten sich ja ausgebildete Fachkräfte. Welch ein Luxus.

Das Wunder geschah und Vanessa erholte sich. Wir konnten nach vier Wochen das Löwenherz wieder verlassen. Alle schrecklichen Vorahnungen über ein Kinderhospiz wurden nicht bestätigt. Im Gegenteil: Es ist ein heller, freundlicher Ort. Es wird dort sogar gelacht, obwohl der Tod ab und zu vorbeikommt. Vor allem sind dort Menschen, die immer ein offenes Ohr für die Sorgen und Nöte der Familien haben. Vanessa und wir fühlten uns dort so wohl, dass wir bis 2011 regelmäßig mindestens zweimal im Jahr dort waren.

Vanessa brauchte nicht wieder in die Klinik. Wir begleiteten sie zu Hause. Inzwischen hatte ich meinen Glauben wieder und durch die Gespräche mit der Seelsorge und den Mitarbeitern von Löwenherz war ich mit der Situation soweit im Reinen.

2011 war für Vanessa das Beste ihres Lebens. Sie hatte kaum Lungenprobleme und deshalb so wenige Fehltage in der Schule wie noch nie. Wir waren sogar so mutig, mit ihr nach Cornwall in Urlaub zu fahren. Möglich wurde das durch Flying Hope e. V. Dieser Verein fliegt kranke Kinder von A nach B. Die Piloten fliegen ehrenamtlich die kranken Kinder, wenn sie nicht so lange Autofahrten aushalten können, z. B. ins Krankenhaus, Kinderhospiz oder, wie mit uns, nach Cornwall. Das war ein besonderes Erlebnis. Es waren wunderbare 14 Tage. Vanessa war sehr gut gelaunt und hatte kaum Probleme mit der Atmung.

Weihnachten hatte sie eine leichte Erkältung. Es war eigentlich nichts Beunruhigendes. Am zweiten Weihnachtsfeiertag allerdings kriselte es. Ich hatte wieder so ein Gefühl. Unsere Kinderärztin kam abends noch vorbei. Vanessa war aber schon auf dem Weg ans andere Ufer. Es ging sehr schnell. Am 27.12.2011 gegen Abend ist unsere Tochter im Alter von achtzehneinhalb Jahren verstorben. Wir waren sehr traurig. Aber auch sehr dankbar, dass sie so lange bei uns geblieben ist, dass ihr letztes Jahr so toll und schön war und dass sie selbst bestimmt hat, wann ihr Körper nicht mehr kann.

Zu keinem Zeitpunkt habe ich irgendeine Entscheidung bereut oder im Nachhinein in Frage gestellt. Es war gut so.

Wenn die Lebensspanne zwischen Geburt und Tod sehr kurz ist
Welche Kinder sind betroffen und welche Spannungsfelder ergeben sich?

Helga Schlichting

Problemaufriss

Eine Reihe von genetischen Syndromen, schwere Fehlbildungen des Gehirns oder eine extreme Frühgeburtlichkeit können dazu führen, dass ein Kind bereits im Mutterleib, zur Geburt oder kurze Zeit danach verstirbt. Eine solche Situation stellt werdende Eltern vor schwerwiegende Konflikte und Entscheidungszwänge. Einerseits geht es um den Abbruch oder die Fortführung der Schwangerschaft. Andererseits um Fragen des Einsatzes und das Weiterführen intensivmedizinischer Maßnahmen. Dazu kommt, dass Eltern die Tatsache bewältigen müssen, dass ihr Kind nur eine ganz begrenzte Lebenszeit hat. In diesem kritischen Lebensereignissen brauchen Eltern Beratung und ganz praktische Unterstützung durch ein Hilfenetzwerk aus medizinisch-pflegerischen und sozialpädagogischen Fachpersonen – auch Kinderhospizarbeit könnte hier ein Stützpfeiler sein.

Der folgende Beitrag möchte auf verschiedene Ursachen, die zu einem Versterben eines Säuglings bzw. Föten vor, während oder kurze Zeit nach der Geburt führen können, eingehen und die unterschiedlichen Konflikte und Entscheidungsnöte, die sich hieraus für die betroffenen Familien ergeben, diskutieren.

Eine Gruppe stellen Kinder mit einer sogenannten infausten Prognose in der Schwangerschaft dar. Hierzu gehören Kinder mit schweren inoperablen Herz- oder Nierenschädigungen, Chromosomenanomalien wie Trisomie 18 oder Trisomie 13 und Kinder mit schweren Hirnfehlbildungen wie beispielsweise Anenzephalie. Diese Fehlbildungen und Chromosomenaberrationen werden mittlerweile zumeist in frühen Stadien der Schwangerschaft erkannt. Anenzephalie kann durch Ultraschall zwischen der 11. und 14. Schwangerschaftswoche zuverlässig diagnostiziert werden (Jaquier o. J.). Die genannten Trisomien werden ebenfalls durch Auffälligkeiten im Ultraschall als Verdachtsdiagnosen und sicher nach Fruchtwasseruntersuchungen etwa ab der 15. Schwangerschaftswoche festgestellt. Die andere Gruppe sind Kinder mit extremer Frühgeburtlichkeit, von denen einige, je nach Körpergewicht und Reifegrad, zur Geburt, wenige Stunden, Tage oder Wochen danach versterben bzw. mit schwersten Behinderungen überleben. Die Nöte und Konflikte der Familien stellen sich in beiden Gruppe unterschiedlich dar und sollen im Einzelnen aufgezeigt werden.

Kinder mit sogenannter infauster Prognose in der Schwangerschaft

Anenzephalie ist nach heutigem Kenntnisstand eine nicht mit dem Leben vereinbare schwere Hirnfehlbildung. Genauso wie Spina bifida ist ein Neuralrohrdefekt, hier am oberen Ende des Neuralrohrs, die Ursache. Anenzephalie kommt relativ häufig vor. Man geht von einer Häufigkeit von 1:1000 aus, wobei geografische und bevölkerungsspezifische Unterschiede bestehen. In Irland beispielsweise wird die Diagnose bei 5 von 1000 Kindern gestellt (Sadler 2005, in: Jaquier o. J.). Im Vergleich dazu kommt das Downs-Syndrom mit einer Wahrscheinlichkeit von 1:600–800 vor (Neuhäuser 2010, S. 113). Anenzephalie tritt öfter bei Mädchen als bei Jungen auf (Sadler 2005, in: Jaquier o. J.).

Einem Kind mit Anenzephalie fehlen Teile des knöchernen Schädeldachs, der Hirnhäute, der Kopfhaut und des Gehirns, das Stammhirn ist aber vorhanden. Etwa ein Viertel der Babys mit Anenzephalie sterben während der Geburt. Jene, die überleben, haben eine Lebenserwartung von wenigen Stunden oder Tagen (Jaquier o. J.). Die medizinischen Empfehlungen gehen bei Anenzephalie immer in Richtung einer schnellen Beendigung der Schwangerschaft. Angesichts der infausten Prognose erscheint eine Fortführung der Schwangerschaft sinnlos. Mit einem raschen Schwangerschaftsabbruch soll das Leid von Eltern und dem Kind minimiert und der Weg für eine erneute, hoffnungsvollere Schwangerschaft eröffnet werden.

Ähnlich sind die medizinischen Empfehlungen bei den Trisomien 13 und 18. Die Trisomie 18, oder das Edwards-Syndrom, ist nach dem Down-Syndrom die zweithäufigste Trisomie. Seine Häufigkeit beträgt 1:5000. Die Wahrscheinlichkeit des Auftretens nimmt, ähnlich wie beim Down-Syndrom, mit dem Alter der Mutter zu (Neuhäuser 2010, S. 287). Durch diese Chromosomenaberration können verschiedene schwere Schädigungen in unterschiedlichen Kombinationen auftreten. So können Hirnfehlbildungen wie eine Mikrocephalie, Hydrocephalie oder eine Balkenagenesie (Fehlen des Balkens = Verbindungsstelle zwischen den Hirnhemisphären) vorliegen. Schwerwiegende Herzfehler, Fehlbildungen der Niere und der ableitenden Harnwege sowie im Magen-Darm-Trakt begleiten häufig eine Trisomie 18. Wegen einer oft vorkommenden Plazentainsuffizienz kommen die Feten untergewichtig und mangelversorgt zur Welt. Die Lebensfähigkeit bzw. -dauer ist sehr unterschiedlich und richtet sich nach dem Schweregrad der organischen Störungen. In der Literatur wird berichtet, dass viele Kinder bereits im Mutterleib oder zum Zeitpunkt der Geburt versterben. Die anderen Kinder, die Schwangerschaft und Geburt überleben, sterben häufig im Verlauf der ersten zwölf Monate, 10 % werden älter als ein Jahr, wenige bis zu 10 oder 20 Jahren, allerdings mit schweren Mehrfachbehinderungen (ebd.).

Die Trisomie 13 oder das Pätau-Syndrom gilt als dritthäufigste Trisomie und tritt in Abhängigkeit vom Alter der Frau durchschnittlich bei 1 von 8000 Kindern auf (von 1:15.000 bis 1: 4000 Kindern) (ebd., S. 286). Auch bei dieser Trisomie sind verschiedene Hirnfehlbildungen, wie Mikrocephalie, Hydrocephalie, eine Balkenagenesie oder auch ein Neuralrohrdefekt wie eine Spina bifida, wahrscheinlich. Ebenso treten oft Organprobleme wie schwere Herzfehler, Nierenfehlbildungen oder auch eine Lippen-Kiefer-Gaumenspalte auf (ebd.). Für die Lebenserwartung gilt Ähnliches wie für die Trisomie 18, je nach Ausprägungsgrad und Kombination der organischen Schädigungen. Die häufigsten Todesursachen sind Herzversagen und zentrale Regulationsstörungen wie Atemstillstand und Krämpfe. Die meisten versterben in den ersten Lebenstagen, nur 13 % leben mit schwerer Mehrfachbehinderung bis zu 5 Jahre, ganz wenige etwas länger (ebd. S. 287).

Die Diagnose einer solch schweren Behinderung ist für werdende Eltern kaum zu verkraften und stellt für sie ein traumatisches Ereignis dar mit allen dafür typischen körperlichen und psychischen Reaktionen, wie eine Bewusstseinseinengung, herabgesetzte Denkfähigkeit, Desorientierung, veränderte Zeitwahrnehmung, Erinnerungslücken, Schlaflosigkeit, Herzrhythmusstörungen usw. In diesem psychischen Ausnahmezustand sollen sie nun, möglichst kurzfristig, eine tragfähige Entscheidung treffen. So schreibt Lothrop (1996, S. 58):

„Es wird von Eltern verlangt, die wahrscheinlich schwerste Entscheidung ihres Lebens zu treffen in der Phase des Schocks, wo selbst die kleinsten Entscheidungen des Alltags als unzumutbare Belastung empfunden werden."

Vom medizinischen Standpunkt erscheint die schnelle Beendigung der Schwangerschaft bei einer schweren Behinderung, die wahrscheinlich zu einem frühen Versterben des Kindes führt, der logische und „vernünftigste" Weg. Je schneller die Beendigung der Schwangerschaft erfolgt, desto geringer werden dabei das Leid und der Schmerz für Eltern und Kind eingeschätzt. Dieses Argument übersieht allerdings, dass eine Bindung zwischen Mutter/Eltern und Kind bereits mit dem Erkennen der Schwangerschaft begonnen hat. Ein Kind zu verlieren ist immer schmerzvoll, auch wenn das Kind bzw. der Fötus erst wenige Wochen im Mutterleib lebt. Im Gegenteil kann ein (überstürzter) Schwangerschaftsabbruch von Eltern sehr bereut und oft schlecht verarbeitet werden. Für manche Eltern ist der Gedanke, dass sie über Leben und Tod ihres Kindes entschieden und dessen Todeszeitpunkt bewusst gesetzt haben, kaum auszuhalten.

Schon bei einem ersten Verdacht auf eine (schwere) Erkrankung oder Behinderung und erst recht nach positiver Diagnose ändert sich das Bindungsverhalten zwischen Mutter und ungeborenem Kind oft schlagartig. Möglicherweise teilen die Eltern die Schwangerschaft nicht (mehr) mit, sie vermeiden über das Kind zu sprechen oder die werdende Mutter ignoriert die Kindsbewegungen, alles verbunden mit dem Versuch, die Bindung zum Ungeborenen zu leugnen bzw. nicht stärker werden zu lassen. Das erspart aber keine Schmerzen bei einem nachfolgenden Verlust. Im Gegenteil sind das Zulassen und Fortführen der Bindung zum Ungeborenen Voraussetzungen für ein heilsames Abschiednehmen (Lothrop 1996, S. 70).

Weitere Argumente von Ärzten und Eltern für einen Schwangerschaftsabbruch sind die Vermeidung von Leid. Dabei wird mit der Leidperspektive in zweifacher Hinsicht argumentiert. Einerseits gilt das Austragen einer Schwangerschaft mit einem (schwer) behinderten Kind für die werdende Mutter als Gefahr für ihre körperliche oder seelische Gesundheit, was eine sog. medizinische Indikation nach § 218 a rechtfertigt (Bundesarbeitsgemeinschaft der freien Wohlfahrtspflege 2011). Weiterhin gilt auch das Leben im und außerhalb des Mutterleibes eines Kindes bzw. Föten mit einer (schweren) Behinderung als leidvoll bzw. wird sein Sterben als qualvoll dargestellt. Auch dieses Argument ist nicht zu halten, das Kind wird meistens in der Gebärmutter durch den mütterlichen Kreislauf gut versorgt und leidet nicht. Nach der Geburt kann eine gute Schmerzkontrolle und -behandlung durchgeführt werden. Ein Abbruch der Schwangerschaft mit einer eingeleiteten Geburt (ab der 12. Schwangerschaftswoche) ist für Mutter und Kind ebenfalls ein leid- und schmerzvoller Prozess. Der Körper der Frau ist zu diesem Zeitpunkt nicht auf die Geburt eingestellt und so verläuft der Geburtsvorgang oft sehr belastend.

So kann es für Familien ein heilsamer Weg sein, die Schwangerschaft weiter- bzw. auszutragen. Die Bindung zum Ungeborenen weiterzuführen und zu intensivieren kann die Grundlage für ein heilsames Abschiednehmen und für einen gelingenden Trauerprozess sein. Eine bewusste Verabschiedung wird von den Eltern als sehr entlastend erlebt; sie haben den Zeitpunkt des Sterbens ihrem Kind überlassen, sie können die Geburt und den Abschied vom Kind planen und vordenken.

Leider ist die ärztliche Empfehlung und Beratung sehr einseitig und weist bei Anenzephalie und bei den genannten Trisomien immer in Richtung einer Beendigung der Schwangerschaft. Seit der Änderung des Schwangerschaftskonfliktgesetzes im Jahre 2010 müssen Ärzte Frauen mit einer pränatalen Diagnose auf psychosoziale Beratungsstellen hinweisen und es muss eine 3-tägige Bedenkzeit eingehalten werden. Häufig können aber auch Beratungsstellen den betroffenen Eltern bei Syndromen mit infauster Prognose keine andere Perspektive aufzeigen.

Es gibt einige Anlaufstellen im Internet, die sich kritisch mit dem medizinisch empfohlenen generellen Abbruch der Schwangerschaft bei den genannten Diagnosen auseinandersetzen und ein Weiterführen der Schwangerschaft als einen möglichen gangbaren und heilsameren Weg aufzeigen, wie z. B. „Weitertragen e. V." (http://www.weitertragen.info/) und „anencephalie.info" (http://www.anencephaly.info/d/index.php). Diese Seiten sind aus der Initiative betroffener Familien heraus entstanden und geben viele Informationen und persönliche Erfahrungen mit ihrer Auseinandersetzung mit der Diagnose und dem Fortführen der Schwangerschaft nach pränataler Diagnose einer lebensbegrenzenden Erkrankung. Diese stellen klare Plädoyers für das Leben, das Weitertragen der Schwangerschaft und das bewusste Intensivieren der Bindung zum Ungeborenen und ein Gestalten seiner (kurzen) Lebenszeit dar.

Ihr Erleben und ihre Auseinandersetzung mit dem medizinisch-pathologischen Zugang von Ärzten angesichts der Diagnose Anenzephalie schildert Götte El-Fartoukh, selbst Mutter eines Kindes mit Anenzephalie, eindrücklich.

„Akzeptiere ich diese Beschränkung und untersuche allein das Vergegenständlichte, Stoffliche, das von außen unabhängig von dem Standpunkt des Beobachters zu erkennen ist, kann ich nicht die Gefühle eines anderen Menschen erfassen. Wenn ich mit diesen (medizinischen – Bemerkung der Verfasserin) Augen auf ein Kind mit offenem Schädel und unvollständigem Hirn schaue, wie soll ich nachvollziehen, dass dieses Ungeborene für seine Familien ein wertvolles geliebtes Kind ist? […]" (2009, S. 244f).

Im Gegensatz zur medizinischen Empfehlung einer Beendigung der Schwangerschaft bei einem Kind mit Anenzephalie, die immer auch die Vermeidung einer Auseinandersetzung mit dem *„verstörenden Sein in Anenzephalie"* und einem Sterben und Abschiednehmen von diesem Kindes ist, skizziert die Autorin einen anderen, für sie heilsameren Weg. Die durch die Diagnose *„tragische Zentrierung auf das letztlich Wesentliche im Leben"* (Pieringer 2000, in: Ebd., S. 248) fordert in ihrer Konsequenz zu einem neuen Umgang mit den eigenen Grenzen heraus. Diese Grenzsituationen *„stellen damit an uns die Frage nach der Verantwortung im Angesicht der Begrenztheit und Verletzlichkeit des Lebens"*, die im menschlichen Leben nicht vermeidbar sind. Für die Autorin führt dies zu einem „Ja" für ein Kind mit Anencephalie und ein Aushalten und Sinn-Finden in der Begrenztheit dieses Lebens und der Begleitung im Sterben.

Angesichts einer schweren lebensbegrenzenden Erkrankung oder Behinderung eines Kindes ist eine umfassende psychosoziale Begleitung, die Eltern verschiedene Wege und ihre möglichen Konsequenzen aufzeigt, erstrebenswert. Hilfreich sind Kontakte mit anderen Eltern, die sich in ähnlichen Situationen befanden und befinden.

Für El-Fartoukh (2013, S. 253) vermögen Beratung und Hilfsmaßnahmen *„[...] nur dann Sinn zu stiften, wenn sie nicht als Fluchtversuche vor dem Tod erscheinen"*. Einen anderen Menschen in einer Krise zu begleiten, heißt die eigene Ohnmacht angesichts des Todes eines Anderen zu ertragen (ebd.).

Kinder mit extremer Frühgeburtlichkeit

Im Folgenden soll nun die Problematik bei Kindern mit extremer Frühgeburtlichkeit dargestellt werden. Von einer extrem frühen Geburt spricht man, wenn ein Kind mit weniger als 28 vollendeten Schwangerschaftswochen zur Welt kommt. Frühgeburtlichkeit ist häufig ein Prozess, der unerwartet in Gang kommt, wo schnell Entscheidungen getroffen werden müssen.

Die Zahl der Frühgeburten ist in Deutschland mit 9 % auf hohem Niveau stabil, jedoch tragen diese mit 77 % zur perinatalen Mortalität bei. Die Frühgeborenenrate ist in den letzten zehn Jahren stabil geblieben, jedoch nahm die Zahl der extremen Frühgeburten (kleiner als 28. SSW) um 65 % zu. Die perinatale Sterblichkeit dieser Kinder beträgt 32 %, während späte Frühgeborene nach der 32. SSW mit 1,3 % noch immer ein mehr als 10-fach höheres Risiko als Reifgeborene aufweisen (Schleußner 2013). Die Grenze der Lebensfähigkeit liegt zwischen der 22. und 23. Schwangerschaftswoche. Die Prognosen extrem früh geborener Kinder sind dabei sehr unterschiedlich und hängen von verschiedenen Faktoren ab:

„... so liegen etwa bei einem Gestationsalter von 23 vollendeten Schwangerschaftswochen die Prognosen für ein Überleben zwischen 10 % bzw. 2 %, wenn es sich um einen Mehrlingsjungen ohne fetale Lungenreifung und einem Geburtsgewicht von 420 g handelt, gegenüber knapp 80 % bzw. 50 % für ein Einlings-Mädchen nach abgeschlossener fetaler Lungenreife mit einem Geburtsgewicht von 850 g" (AWMF 2014).

Für die Behandlung von Kindern an der Grenze zur Lebensfähigkeit gibt die Gesellschaft für Neonatologie und pädiatrische Intensivmedizin e. V. (GNPI) folgende ärztliche Empfehlungen:

Frühgeborene in der 22.–23. Woche können mit z. T. erheblicher Morbidität überleben, ohne dass Aussagen zum Langzeitverlauf möglich sind. Eine primär auf Lebensverlängerung dieser Kinder zielende Behandlung soll nur auf ausdrücklichen Wunsch der Eltern, nach ausführlicher interdisziplinärer Beratung im vollen Bewusstsein der hohen Risiken erfolgen. Den Eltern sind die Möglichkeiten einer palliativen Therapie zu erläutern.

Bei Frühgeborenen in der 23.–24. Woche steigt die Überlebenschance behandelter Frühgeborener in spezialisierten Zentren auf über 50 % an. Ein Teil der überlebenden Kinder (20–30 %) leidet später an schwerwiegenden Gesundheitsstörungen, die u. U. eine lebenslange Hilfe durch andere Personen notwendig machen können. Die Gesamtprognose ist in hohem Ausmaß von weiteren Faktoren (Schätzgewicht, Geschlecht, Einlings- oder Mehrlingsschwangerschaft, fetale Lungenreifung, Entbindungsort) abhängig, die in die mit den Eltern gemeinsam zu findende und zu tragende Entscheidung über eine lebenserhaltende oder palliative Therapie mit eingehen sollten (AWMF 2014).

Die Überlebenschance Frühgeborener ab der 24. Schwangerschaftswoche beträgt in Deutschland 60 % (zwischen 24 0/7 und 24 6/7) und 75 % (zwischen 25 0/7 und 25 6/7) mit regionalen Unterschieden. Bei diesen Frühgeborenen sollte grundsätzlich versucht werden, das Leben zu erhalten (ebd.)

Die hier beschriebenen Empfehlungen gelten für Deutschland und stellen sich in anderen europäischen Ländern bzw. im internationalen Kontext unterschiedlich dar. So wird beispielsweise in der Schweiz und in den Niederlanden bis zur 24. Schwangerschaftswoche auf eine Therapie verzichtet und erst ab der 26. Schwangerschaftswoche gilt die Empfehlung, intensivtherapeutische Maßnahmen einzuleiten. In Großbritannien, den USA, Kanada und in Australien bzw. Neuseeland gilt diese Empfehlung für die 25. Schwangerschaftswoche (Dinger 2013, S. 16).

In den aktuell gültigen Leitlinien wird ausdrücklich betont, dass „Entscheidungen über Maßnahmen zur Lebenserhaltung und Wiederbelebung bei extrem früh geborenen Kindern *„[...] in den Grenzbereich intensivmedizinischen Handelns“* fallen (AWMF 2014). Ferner wird formuliert: *„Durch den Einsatz von Intensivmedizin* *können Kinder zwar kurz- oder langfristig überleben aber mit erheblichen Leiden"* (ebd.). Es muss also bei der ethischen Beurteilung die Erhaltung des Lebens des Kindes immer gegen die Vermeidung einer vermutlich aussichtslosen und häufig dann auch quälenden Therapie abgewogen werden (Haker 2006, in: Ebd.)

Eltern müssen hier gemeinsam mit dem behandelnden medizinischen Personal stellvertretend für ihr Kind tragfähige Entscheidungen treffen. Orientierungspunkt dabei sollte das individuelle Wohlergehen des Kindes sein und dessen mutmaßlichen Willen vertreten (ebd.). Neben dem unterstellten Lebensinteresse, auch bei einer angeborenen oder im Verlauf der Behandlung erworbenen Schädigung, kann es auch im besten Interesse des Kindes sein, dass eine als aussichtslos bewertete Therapie vermieden wird. Das bedeutet, zum richtigen Zeitpunkt das Therapieziel von kurativ (heilend) auf palliativ (lindernd) zu ändern (ebd.).

Gerade Frühgeborene zwischen der 22. und der 24. Schwangerschaftswoche werden oft schon mit Komplikationen geboren oder aber es treten im Verlauf der ersten Lebenstage und -wochen akute gesundheitliche Probleme mit weitreichenden späteren Schädigungen auf. Dazu gehören beispielsweise schwere Hirnblutungen, ein Hydrozephalus, ein Kurzdarmsyndrom oder eine Summation dieser Komplikationen. Hier stellt sich die ethische Frage, ob das Überleben dieser Kinder um jeden Preis erzwungen werden sollte oder ob die Behandlungen (auch) abgebrochen werden dürfen.

Bei einer drohenden Frühgeburt sollten die Eltern über die zu erwartende Überlebenschance, intensivmedizinische Maßnahmen und mögliche Komplikationen durch einen erfahrenen Neonatologen in einem Beratungsgespräch informiert werden. Wenn eine Notsituation zu einer Frühgeburtlichkeit führt, kann dies natürlich nur in eingeschränktem Umfang möglich sein. Neben den medizinischen Fakten sollten Eltern ihren Entscheidungsspielraum bei Beginn und Beendigung lebenserhaltender Maßnahmen für ihr Kind kennen. Während eines solchen Beratungsgespräches sollte auch darauf hingewiesen werden, dass nach der Geburt (und auch in den ersten Lebenstagen und -wochen) das vereinbarte Therapieziel bei bestimmten Komplikationen geändert werden muss (Dinger 2013, S. 17).

Angesichts der extremen Frühgeburtlichkeit befinden sich Eltern in einer seelischen Ausnahmesituation. Ausgelöst wird sie durch das Ausmaß der schweren Lebensgefährdung des neugeborenen Kindes, angesichts der großen Hilflosigkeit, Ohnmacht und des Kontrollverlusts (Jotzo 2013, S. 112). Auch beim primären Lebenserhalt versterben viele dieser Kinder (s. o.) in den ersten Lebenstagen oder -wochen an den genannten verschiedenen Komplikationen. Die Kinder sind demzufolge immer wieder im Grenzbereich zwischen Leben und Tod, dazu bedroht von der großen Gefahr einer bleibenden schweren Behinderung. Eltern befinden sich also oft über Wochen und Monate zwischen Hoffen, Bangen und Verzweiflung. Jotzo spricht angesichts wiederholt auftretender lebensbedrohlicher Krisen von einer kumulativen Traumatisierung (2013, S. 129). Gerade bei Müttern treten häufig Scham, Schuld und Versagensängste auf, die sie zu schwerem depressiven und destruktiven Erleben und Verhalten führen können (ebd., S. 116). Mütter zermürben sich oft an den Fragen: *„Was habe ich falsch gemacht?“* oder *„Was hat zur Frühgeburt geführt?“*

Bei der Entscheidung zu einer Begrenzung von medizinischen Therapien brauchen Eltern eine multiprofessionelle Unterstützung. Die Einbeziehung von Vertretern einer klinischen Ethikberatung kann hier hilfreich sein. Dinger (2013, S. 23) schreibt:

„So selbstverständlich, wie die Eltern in die kurative Behandlung als aktive Partner auf Station einbezogen werden, so selbstverständlich sollte auch die Einbeziehung der Eltern und Angehörigen in ein palliatives Behandlungskonzept und den Abschied erfolgen.“

Lebens- und Trauerbegleitung bei einem Kind, das früh verstirbt

Wenn ein Kind tot zur Welt kommt oder sehr früh als unreifes Frühgeborenes verstirbt, ist es eine sog. stille, lautlose Geburt; das Baby kündigt sich nicht mit seinem ersten Schrei an. Der frühe Tod ist aber nicht nur ein stiller Tod, sondern auch ein unsichtbarer Tod. Das Kind war oft nur für die Eltern und die Geburtshelfer sichtbar, nicht aber für weitere Angehörige und Freunde, die den Verlust und die Trauer miterleben können. Wenn die Geburt und das Sterben so dicht zusammenfallen, gibt es kaum Rituale, die den Verlust sichtbar machen. Auch für die Eltern kann dieser frühe Tod im ursprünglichen Sinne des Wortes un-sichtbar und un-begreifbar bleiben (Dinger 2013, S. 23).

Deshalb ist es für die spätere Trauerverarbeitung wichtig, dass Eltern ihr Kind sehen und in den Armen halten – der körperliche Kontakt hilft, den Verlust zu realisieren. Das Baby kennen zu lernen, die Bindung zu ihm zu bejahen, ermöglicht, dass wir es gehen lassen können, erst auf der materiellen, dann auf der emotionalen und spirituellen Ebene. Das ist eine wichtige Voraussetzung, wieder neue Bindungen eingehen zu können (Lothrop 1996, S. 70f.).

Trauerrituale unter Einbeziehung weiterer Angehöriger erlauben den Ausdruck von Emotionen, sie bewirken Anteilnahme und knüpfen ein Netz von gegenseitiger Verbundenheit.

So schreibt Lothrop (1996), dass es ein großes Problem für Mütter ist, wenn ihr Kind nur für sie wirklich ist und es sonst niemand gesehen hat.

„Wenn Großeltern oder nahe Freunde und Verwandte das tote oder dem Tode nahe Baby sehen, halten und eine Verbindung zu ihm aufbauen können, werden sie den Eltern viel mehr Verständnis und Unterstützung entgegenbringen können“ (Lothrop 1996, S. 78).

Für den Trauerprozess hat es sich als sehr wichtig erwiesen, Erinnerungen an das Kind zu haben. Darüber können einerseits Emotionen zugänglich gemacht werden und andererseits wird damit für andere deutlich, dass das Kind wirklich existiert hat (Lothrop 1996, S. 80). Alles, was die Erinnerung an das Kind wieder wachruft, eine Haarlocke, ein Armbändchen, Hand- und Fußabdrücke oder das Tuch, in das es gewickelt war, können für die Trauer bedeutsam sein. Auch kirchliche Rituale wie eine Taufe oder Segnung und eine Bestattung können wichtige Schritte der Trauer sein und im Heilungsprozess helfen (Lothrop 1996, S. 89).

Mittlerweile haben sich einige Geburts- und Frühgeborenenstationen auf den Weg gemacht, Eltern einen würdigen Abschied von ihrem Kind zu ermöglichen. Sie geben den Eltern dazu Zeit, Raum und Rituale und, wenn gewünscht, eine psychosoziale und spirituelle Begleitung. Viele Kliniken ermöglichen eine Bestattung von frühgeborenen Kindern unter 500 g.

Einige Kinderhospize sehen dies ebenso als ihre Aufgabe an und begleiten Familien mit einem Kind mit infauster Prognose in der Schwangerschaft. Sie ermöglichen die Aufnahme sehr früh geborener oder schwer behinderter Kinder und sind bemüht, deren kurzes Leben gemeinsam mit ihren Familien zu gestalten, mögliche Symptome palliativ zu versorgen und in würdevoller Weise Abschied zu nehmen.

Wenn Kinderhospizarbeit den Kontakt zu betroffenen Familien schon beim Bekanntwerden der Diagnose suchen würde, könnte die große Lücke von Hilfs- und Unterstützungsangeboten für diese geschlossen werden. Erfahrungen mit vorausschauender Trauer- und Abschiedskultur könnten den werdenden Eltern helfen, sich bewusst auf die Geburt und die Verabschiedung ihrer Kinder vorzubereiten und sie ermutigen, deren kurzes Leben intensiv zu begleiten.

Literatur:

AWMF (2014): Leitlinien Gesellschaft für Neonatologie und pädiatrische Intensivmedizin e. V. (GNPI) „Frühgeborene an der Grenze der Lebensfähigkeit“, online verfügbar: http://www.awmf.org/uploads/tx_szleitlinien/024-019l_S2k_Fr%C3%BChgeburt_Grenze_Lebensf%C3%A4higkeit_2014-09.pdf (letzter Zugriff 21.10.2014).

Baldus, Marion (2006): Von der Diagnose zur Entscheidung. Eine Analyse von Entscheidungsprozessen für das Austragen der Schwangerschaft nach der pränatalen Diagnose Down-Syndrom, Bad Heilbrunn.

Bundesarbeitsgemeinschaft der freien Wohlfahrtspflege (2011): Pränataldiagnostik, online verfügbar: http://www.bzga.de/infomaterialien/familienplanung/praenataldiagnostik/ (letzter Zugriff 5.5.2016).

Dinger, Jürgen (2013): Betreuung von Frühgeborenen an der Grenze zur Lebensfähigkeit. In: Jörg Reichert, Mario Rüdiger (Hrsg.): Psychologie in der Neonatologie, Göttingen: Bernfe.

Götte-El Fartoukh, Margot (2009): „Das nie schlafende Auge“ – Die Begegnung mit dem Befund Anencephalie als Grenzerfahrung. In: Harald Goll, Monika Jaquier, Josef Römelt (Hrsg.): Kinder mit Anenzephalie und ihre Familien, Bad Heilbrunn: Klinkhardt.

Haker, Hille (2006): Ethik und Frühgeborenen-Medizin. Sonderpädagogische Förderung, 51, S. 23–38.

Jaquier, Monika (o. J.): Über Anenzephalie, online verfügbar: http://www.anencephaly.info/d/faq.php (letzter Zugriff 5.5.2016).

Jotzo, Martina (2013): Trauma Früh- und Risikogeburt. In: Jörg Reichert, Mario Rüdiger (Hrsg.): Psychologie in der Neonatologie, Göttingen/Bern.

Lothrop, Hannah (1996): Gute Hoffnung – jähes Ende. 5. Aufl., München.

Neuhäuser, Gerhard (2010): Syndrome bei Menschen mit geistiger Behinderung. Ursachen, Erscheinungsformen und Folgen. 3. Aufl., Marburg.

Rüdiger, Mario (2013): Frühgeburt: Von der medizinischen Behandlung des Kindes zur Begleitung seiner Familie. In: Jörg Reichert, Mario Rüdiger (Hrsg.): Psychologie in der Neonatologie, Göttingen/Bern.

Schleußner, Ekkehard (2013): Drohende Frühgeburt. In: http://www.aerzteblatt.de/archiv/136012 (Zugriff vom 13.5.2016).

Schwangere mit einer lebensverkürzenden Diagnose des Kindes
Begleitungsangebot durch das Kinderhospiz Bärenherz Wiesbaden

Claudia Langanki

Schwangere, die bei den Vorsorgeuntersuchungen mit einer lebensverkürzenden Diagnose ihres Kindes konfrontiert werden, sind in der Regel einer hilflosen und ausweglosen Situation ausgesetzt. Sehr häufig scheint ein Abbruch der Schwangerschaft die einzig mögliche Lösung. Manchmal wird eine Diagnose erst in der späten Schwangerschaft festgestellt oder manchmal auch erst kurz vor der Geburt. Der Tod des Kindes ist unausweichlich, aber vor der Geburt muss die Beendigung des Lebens beschlossen werden und nach der Geburt geschieht das Leben bis zum Tod.

Ich habe als Trauerbegleiterin in der psychosozialen Beratung Schwangerer mit einer lebensverkürzenden Diagnose des Kindes die Erfahrung gemacht, dass der Umgang mit der Trauer nach dem Tod des Kindes, wenn es geboren werden durfte, besser gelebt werden kann als nach dem beschlossenen Tod.

Als ich in meiner Funktion als Leiterin und Trauerbegleiterin im Kinderhospiz Bärenherz von einer Ärztin angerufen wurde, deren schwangere Freundin mit einer lebensverkürzenden Diagnose des Kindes auf der Suche nach Hilfe war, habe ich spontan angeboten zu helfen. Ich habe mich mit den Eltern getroffen und gehört, wie schwer ihre Situation ist. Die Eltern hatten sich entschlossen, obwohl sie das letzte Kind in der 20. Schwangerschaftswoche verloren hatten, dieses Kind auszutragen. Die Diagnose des Kindes war Trisomie 18 und die Prognose war, dass dieses Kind kaum Lebenschancen haben wird.

Der Entschluss, das Kind auszutragen, wurde vom sozialen Umfeld nicht verstanden. Außerdem war es schwierig, immer wieder gefragt zu werden, wie es dem Kind und der Schwangeren geht.

Im Team haben wir beschlossen, das Paar im Appartement aufzunehmen und zu betreuen. Ich begleitete zu den verschiedenen Untersuchungen und führte mit den Eltern Gespräche mit den behandelnden Ärzten. Wir suchten eine Klinik, die bereit war, die Entbindung gut und sensibel zu begleiten, und die bereit war, das Kind in sterbendem wie auch in gestorbenem Zustand in das Kinderhospiz abzugeben.

Wenn ein Kind stirbt, ist es für uns in der Trauerbegleitung sehr wichtig, dass die Eltern und Geschwister Zeit haben, diesen Tod zu verstehen und zu begreifen. Dazu braucht es Zeit, Begleitung, Beratung und Berührung. Deshalb geben wir auch Kindern, die in der Klinik gestorben sind, die Möglichkeit, in unserem Kinderhospiz in einem Kinderzimmer Aufnahme zu finden. An der Zimmertür steht der Name des Kindes und die Eltern haben das Gefühl, dass ihr Kind in einem eigenen Zimmer mit seiner Familie willkommen ist.

Wir geben der Familie Zeit, mindestens drei Tage den Tod zu begreifen, indem wir verschiedene Rituale, Abschiedsfeiern und Berührungen ermöglichen. Die Zeit macht es möglich, dass intensiv getrauert werden kann. Es geschieht nicht in der Anonymität einer Pathologie oder eines Beerdigungsinstitutes, sondern in vertrautem Beisammensein mit der Familie und den Angehörigen in einem liebevoll eingerichteten Kinderzimmer mit Licht, weißen Rosen und Symbolen der Trauer. Eltern, Kinder und Angehörige dürfen jederzeit in das Zimmer oder gar bei dem Kind im Zimmer übernachten. Im Team sind in unmittelbarer Nähe jederzeit Kinderkrankenschwestern mit Palliativ-Care-Ausbildung, eine Seelsorgerin als auch die Trauerbegleiter ansprechbar und erreichbar.

Für die Abschiedsfeier im Kinderhospiz wird eine Geschichte für das Kind geschrieben und Symbole, die an das Kind erinnern, werden gebastelt und ausgeschnitten. Mit diesen Symbolen darf sich jeder von dem Kind verabschieden, indem das Kind berührt wird und ein Wunsch für das Kind ausgesprochen wird.

Für die Beerdigung werden gemeinsam alle Vorbereitungen getroffen. Die Eltern werden unterstützt und bei finanziellen Schwierigkeiten suchen wir Spender, damit die Eltern die Kosten tragen können.

Wir beteiligen uns an der Gestaltung der Trauerfeier und begleiten die Familie.

Die Familie hat nach der Beerdigung ausreichend Zeit, ihr Leben im Kinderhospiz abzuschließen und wieder zu Hause einzuziehen. Dabei bekommen sie Hilfe und Unterstützung.

Die Eltern dürfen Trauerbegleitung in Anspruch nehmen. Wir bieten Hausbesuche und Begleitungen im Trauerraum vom Kinderhospiz an.

Zu alle Veranstaltungen für die Familien – Familienbrunch einmal im Monat, Familienausflüge, Erinnerungstage, Baumpflanzung im Lebenswäldchen, Trauerkreis, Trauercafé – werden die Eltern eingeladen.

Wir haben festgestellt, dass es den Eltern dieser Kinder leichter fällt, mit ihrer Trauer klar zu kommen, als nach dem Beschluss, das Leben des Kindes vorher zu beenden.

Wir wollen diesen Eltern dieses Angebot machen, um mit der Trauer um das kurze Leben mit ihrem Kind besser leben zu können.

Ich will am Beispiel einer Begleitung zeigen, wie unser Angebot in einem Fall wie beschrieben stattgefunden hat und wie es umgesetzt wurde:

Schriftliche Erklärung der Eltern vor der Geburt ihres lebensverkürzt erkrankten Kindes:
Wir beabsichtigen nach der Geburt unseres Sohnes Mats zurück in das Kinderhospiz Bärenherz zu fahren. Sollte Mats aufgrund der Trisomie 18 tot zur Welt kommen, wollen wir auch dann mit ihm ins Bärenherz fahren. Es ist uns nach der Fehlgeburt unseres ersten Kindes sehr wichtig, den Tod von Mats gut verarbeiten zu können. Das Kinderhospiz bietet uns die Möglichkeit mit ausreichender Zeit zu trauern und unser Kind mit hilfreicher Unterstützung zu bestatten.
Wir schreiben diesen Brief, weil wir nicht wissen, wer uns bei der Geburt begleitet, falls die Geburt spontan einsetzt. Wir wissen nicht, in welcher Verfassung wir dann sind und ob wir die Kraft haben, diesen Wunsch zu diskutieren.

Die Geschichte von Mats L.

Die Eltern von Mats erfahren relativ spät von der Trisomie 18. Ein Jahr zuvor hat das Ehepaar ein Kind in der 20. Woche verloren. Die gut gemeinte Empfehlung war, schnell wieder schwanger zu werden, um das tot geborene Kind durch ein neues Kind vergessen zu können. Aus der Trauerbegleitung wissen wir, dass die Verarbeitung nur dann gelingt, wenn mit dem Schmerz umgegangen wird. Frau L. ist schnell wieder schwanger. Nach der Erfahrung der letzten Schwangerschaft ist immer die Angst da, dass es wieder anders laufen könnte. Im 8. Monat wird bei einem Spezialultraschall eine Auffälligkeit festgestellt. Die Diagnose: Trisomie 18! Ein Spießrutenlauf begann! Abgesehen von Ratschlägen, wie man mit dieser Situation am besten umgeht, kam auch der Vorschlag eines Arztes, einen Spätabbruch vornehmen zu lassen.

Das Ehepaar war auf der Flucht vor all diesen Begegnungen und wollte zur Ruhe kommen, um sich auf die neue Situation einstellen zu können. Ein Abbruch kam nicht in Frage. Der erste Verlust des Kindes war noch nicht verarbeitet und nun war mit dem Verlust des zweiten Kindes zu rechnen. Der zu erwartende Tod des Kindes war schlimm und kaum zu ertragen. Es wäre aber noch schlimmer gewesen, den Tod dieses Kindes zu beschließen.

Im geschützten Raum, fern von anderen Einflüssen und nur mit Kontakt zu selbst gewählten Freunden, Bekannten können sie zur Ruhe kommen. Sie wählen die Klinik, die ihren Wünschen zur Geburt und dem Umgang danach entspricht. Sie werden medizinisch und psychosozial betreut. Sie fühlen sich aufgehoben und akzeptiert in ihrem Wunsch, zurückgezogen die Geburt und den darauf folgenden Ablauf mit dem Kind planen zu können. Eine befreundete Ärztin wird das Paar zur Geburt begleiten und mich als psychosoziale Begleiterin und Trauerbegleiterin informieren und auf dem Laufenden halten.

Mats kommt in guter Begleitung zur Welt, liegt im Arm seiner Eltern. Sie haben Blickkontakt und hören seine zarte Stimme. Zwei Stunden später ist er bei den Eltern gestorben. Sie dürfen mit dem Kind zusammen bleiben, solange sie wollen. Danach wird das Kind ins Kinderhospiz gebracht. Es liegt schön gekleidet aufgebahrt im Kinderbett. Um nun auch den zuvor gestorbenen Toni betrauern zu können, werden Fußabdrücke und ein Ultraschallfoto von ihm zu Mats ins Bett gelegt. Am folgenden Tag feiern wir mit unserer Seelsorgerin im Kinderhospiz Bärenherz Verabschiedung von Mats und Toni mit der ganzen Familie und den Freunden. Ein geteilter Regenbogen ist das Symbol, ein Teil für Toni und ein Teil für Mats. Erst am Tag der Beerdigung wird Mats abgeholt. Die Trauerfeier beginnt im Sternengarten, auf dem das Licht für Toni brennt. Von dort gehen wir, jeder mit einem Licht in der Hand, zum Grab von Mats. Wir lesen seine Geschichte und die Geschichte seines Bruders. Die Eltern nehmen an einem Trauerwochenende für trauernde Eltern teil und fühlen sich verstanden in ihrer Trauer um die beiden Söhne. Trotz viel Dunkelheit gibt es wieder lichte Augenblicke und es bleibt der Wunsch, mit der erlebten Trauer umzugehen, um eine Zukunft planen zu können.

Es bleibt die Erkenntnis, dass es niemals Ersatz geben kann für ein gestorbenes Kind und dass es unbedingt notwendig ist, dass Trauer Raum, Zeit und Platz braucht.

Familie L. nimmt Trauerbegleitung in Anspruch. Außerdem ist eine Reha-Maßnahme für trauernde Eltern geplant. Der Kontakt zum Kinderhospiz bleibt bestehen. Sie dürfen diesen Ort als letzten Ort ihrer Kinder immer aufsuchen.
Familie L. möchte weiter auf dem Weg ihrer Trauer gehen und möchte über eine Reha für verwaiste Eltern Hilfe und Unterstützung erfahren. Ich finde es wichtig und möchte unbedingt unterstützen, dass sie diesen Weg gehen. Trauer um zwei Kinder braucht Zeit und Verständnis für die Situation der Eltern. Ich wünsche den Eltern, dass Sie über die Krankenkasse eine Genehmigung für diese Reha bekommen.

Die Reha wurde genehmigt und hat die Familie im Leben mit der Trauer zusätzlich unterstützt. Inzwischen hat Familie L. ein weiteres Kind bekommen. Hannes kam in der Klinik gesund zur Welt, in der ein Jahr zuvor der Bruder liebevoll geboren wurde.

Wir haben weiter guten Kontakt zur Familie. Alle Veranstaltungen werden gerne wahrgenommen.

Begleitung über Jahre
Alltag, Vertrautheit, Routine, Freude?!

Caroline Schirrmacher-Behler

Als langjährige Mitarbeiterinnen im Deutschen Kinderhospizverein e. V., sowohl als Koordinationsfachkraft ambulanter Kinder- und Jugendhospizdienste als auch in der Beratung für externe ambulante Kinder- und Jugendhospizangebote, haben wir erleben und erfahren können, dass die Begleitungen der Kinder und Jugendlichen selten kurz, sondern eher über Jahre andauern. Über die sich daraus ergebenden neuen Aufgaben und Themenfelder wurde sich beim Aufbau der ersten ambulanten Kinderhospizdienste wenig bis gar keine Gedanken gemacht. Mittlerweile bestehen die ersten ambulanten Kinder- und Jugendhospizdienste bereits seit mindestens zehn Jahren. Aus unserer Sicht Zeit, sich folgenden Fragen zu widmen:

- Welche Auswirkung hat die Begleitung über einen langen Zeitraum für Familien, ehrenamtlich Mitarbeitende und Koordinationsfachkräfte im ambulanten Bereich der Kinder- und Jugendhospizarbeit?
- Wie entwickelt sich die Beziehung aller Beteiligten im Laufe der Jahre zu- und miteinander, z. B. durch Veränderung der Lebenssituationen, dem stetigen Abschied von Fähigkeiten des Kindes/Jugendlichen oder Änderungen im Privatleben der Ehrenamtlichen?
- Werden die ehrenamtlich Mitarbeitenden nach vielen Jahren der Begleitung Teil der Familie, werden sie Freunde?

Bringen diese Fragen für die individuellen Begleitungen und die Kinder- und Jugendhospizarbeit im Allgemeinen neue Herausforderungen mit sich und wie begegnen wir dem möglichen Spagat zwischen Nähe und Distanz?

Auf der Suche nach Antworten haben wir uns auf den Weg gemacht und mit Schwerpunkt auf den ambulanten Bereich recherchiert. Wir haben weder Studien, Facharbeiten oder Ähnliches zu dem Thema „Langzeitbegleitungen in der Kinder- und Jugendhospizarbeit“ gefunden. Auch der Bereich der Erwachsenenhospizarbeit konnte uns keine Antworten liefern, einzig eine Studie mit Daten von 2009 aus der Schriftenreihe des Wissenschaftlichen Beirats im DHPV e. V. zeigt auf, dass sich Kinderhospize von Erwachsenenhospizen signifikant unterscheiden, die Kinderhospize deutlich weniger Kranke begleiten, dafür aber über einen längeren Zeitraum (vgl. Allert 2010, S. 75). So haben wir in verschiedenen ambulanten Kinder- und Jugendhospizdiensten nachgefragt, Gespräche mit Koordinationsfachkräften, Eltern und ehrenamtlich Mitarbeitenden geführt. Die Erkenntnisse daraus, untermauert mit Zitaten der jeweiligen Gesprächspartnerinnen, geben wir in diesem Bericht wieder.

Standard

Zuallererst stellte sich uns die Frage, ob es in der Landschaft der ambulanten Kinder- und Jugendhospizdienste Anbieter gibt, die eine Begleitung per se zeitlich begrenzen. Wir haben im gesamten Bundesgebiet keinen ambulanten Kinder- und Jugendhospizdienst ausmachen können. Zwar gab es vereinzelt Überlegungen dazu, aber umgesetzt wurden diese nicht – oder noch nicht. Immer wieder kam hier die Nachfrage, ob Begleitungen über Jahre neue Herausforderungen für die Familien, die ehrenamtlich Mitarbeitenden bzw. Koordinationsfachkräfte mit sich bringen oder ob der Standard, den wir für die Begleitungen umsetzen, unabhängig von der Dauer der Begleitung, ausreicht. Um dies beantworten zu können, richten wir zunächst den Blick auf diesen Standard, der im Deutschen Kinderhospizverein e. V. von deren ambulanten Kinder- und Jugendhospizdiensten einheitlich umgesetzt wird.

Leitfaden zur Überprüfung der Unterstützung

Vorstellen des Instrumentes

Der DKHV e. V. hat in einem längeren Prozess zusammen mit Koordinationsfachkräften aus unterschiedlichen ambulanten Kinder- und Jugendhospizdiensten den „Leitfaden zur Überprüfung der Unterstützung“ als Instrument entwickelt. Die darin festgelegten Schritte sind grundsätzlich verbindlich und bieten eine Orientierungshilfe, Begleitungen im Auge behalten zu können, damit alle in eine Begleitung involvierten Personengruppen ausreichend gesehen und gehört werden.

Leitfaden zur Koordination der Begleitung

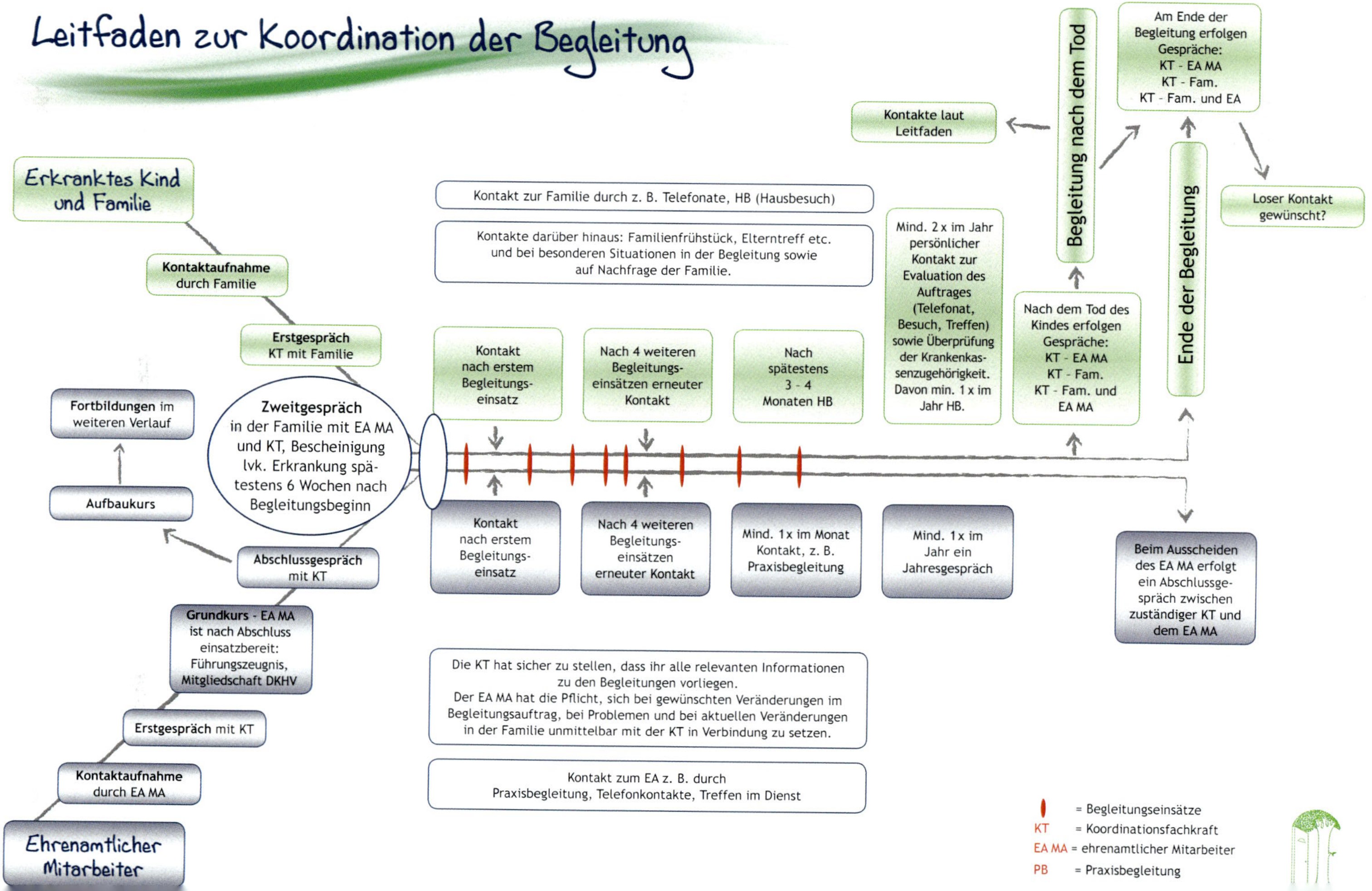

Wie erwähnt, handelt es sich um ein unterstützendes Instrument, das allen Beteiligten Orientierung gibt und insbesondere der Koordinationsfachkraft zur Seite steht. Im Dokument sind in Ergänzung Leitfragen enthalten, die zum Gespräch einladen sollen. Dennoch können wir unserer Meinung nach anhand dieses Instruments keine Kriterien festmachen, die die Auswirkungen einer sich entwickelten Freundschaft belegen können oder die dazu ermutigen, eine Begleitung lange zu aller Zufriedenheit „laufen zu lassen…“ bzw. diese gerade deswegen früher zu beenden.

Aus den Interviews mit Familien, ehrenamtlich Mitarbeitenden und Koordinationsfachkräften sowie aus unserer eigenen Erfahrung haben wir ganz klar erkennen können, dass sich Begleitungen, die über einen langen Zeitraum laufen, aus verschiedenen Gründen grundsätzlich verändern. Ob Begleitung jedoch andauern kann, hängt unter anderem davon ab, ob die Lebensqualität der Familien *und* die der ehrenamtlich Mitarbeitenden durch die Begleitung erhalten oder gestärkt werden. Frau Rauen, Mutter ihrer bereits verstorbenen Tochter Elena, vermutet: *„… dass alle Ehrenamtlichen, die länger als ein halbes Jahr in Begleitung sind, die Frage nach der Verbesserung der eigenen Lebensqualität durch die Begleitung mit ja beantworten würden, sonst hätten sie schon aufgehört.“* Rita Sommer, seit sieben Jahren in der ehrenamtlichen Begleitung bei Familie Rauen, untermauert diese These mit den Worten: *„… Ich hatte zu keiner Zeit das Gefühl, meine Freizeit anders verbringen zu wollen. Auch die Anerkennung in meinem Umfeld hinsichtlich meines Ehrenamtes hat zur Motivation beigetragen. (…) Wenn Elena mich dann mit ihren großen braunen Augen ansah und zu lächeln schien, ging mir das Herz auf. …“* Ein weiteres Statement einer ehrenamtlichen Mitarbeiterin aus einem ambulanten Kinder- und Jugendhospizdienst hierzu: *„Die Begleitung ist für mich selber ein Gewinn, deswegen gehe ich auch hin, wenn es mir selber einmal nicht so gut geht.“* (Ulla P.)

Zwei Koordinationsfachkräfte aus unterschiedlichen ambulanten Kinder- und Jugendhospizdiensten berichteten uns zu diesem Thema, dass ehrenamtlich Mitarbeitende aus ihrem jeweiligen Dienst auch schon einmal Begleitungen beendet haben, weil sie sich von Seiten der Familie nicht oder nicht ausreichend wertgeschätzt fühlten. Diese subjektiv fehlende Wertschätzung wäre für diese beiden ehrenamtlich Mitarbeitenden demnach wichtig gewesen, um selber von einer

Verbesserung ihrer eigenen Lebensqualität sprechen zu können. In beiden Fällen wurden die Familien auf Bitte der ehrenamtlichen Begleiter nicht auf eben diesen Grund hingewiesen, sondern es wurden andere Gründe benannt, die eher zusätzliche Randerscheinungen waren, warum die Begleitungen beendet werden mussten. Dies lässt die Frage offen, warum die Angabe des wahren Grundes nicht möglich war und an dieser Stelle kein offener Umgang mit den Familien erfolgte, was der eigentlichen Haltung in der Kinder- und Jugendhospizarbeit entsprochen hätte (siehe DKHV e. V.). Was hinderte die ehrenamtlich Mitarbeitenden, aber auch die Koordinationsfachkräfte, die den Wünschen der Ehrenamtlichen nach Nichtbenennung des wahren Grundes der Beendigung der Begleitung entsprachen, daran, eine offene Rückmeldung an die Familien zu geben? Diese Beispiele zeigen, wie schwierig es Beteiligten im Kontext der emotional sehr fordernden Begleitungen fallen kann, die Grundsätze einer partnerschaftlichen sowie offenen und integrativen Haltung umzusetzen. Eine mögliche Veränderung – auch der begleiteten Familie – ist nur dann möglich, wenn die tatsächlichen Gründe kommuniziert werden. Insofern erscheint aus unserer Sicht eine kritische Selbstreflexion von allerhöchster Bedeutung, damit auf Dauer ein partnerschaftliches Miteinander zwischen Familien und Begleitenden gelingen kann.

Aus der eigenen Tätigkeit als Koordinationsfachkraft wissen wir noch gut, dass bei einigen schon lang andauernden Begleitungen, zu denen es weder von der Familie noch von den Ehrenamtlichen „einen Hilfeschrei“ gab, schnell der Eindruck entstand: „Och, hier läuft alles – je länger die Begleitung, desto unproblematischer scheint alles, alle scheinen zufrieden.“ Die Erfahrung hat aber meist gezeigt, dass es eher anders ist – je länger die Begleitung dauert, umso höher werden die Anforderungen an die Koordinationsfachkräfte, auch wenn augenscheinlich alles gut läuft. Denn schnell wird eine Unzufriedenheit übersehen, wird aus der Routine der Praxisbegleitung ein „Da muss ich schon wieder hin, was bringt mir das…?“ oder aus der Begleitung gefühlt eine Privatsache, die es aber niemals sein kann, weil sie im Kontext eines Kinder- und Jugendhospizdienstes erfolgt. In diesen Fällen kamen weder die ehrenamtlich Mitarbeitenden noch die Familien aktiv auf die Koordinationsfachkraft zu – sie wollten ja keinen verraten oder gar über jemanden reden, wollten als Familie dankbar, gute ehrenamtliche Kräfte sein. Aus Sicht der Familien konnten wir das einerseits nachvollziehen, obwohl wir uns wünschen, dass diese auch immer dazu ermutigt werden, ihre Gedanken oder Bedenken mitzuteilen. Bei den ehrenamtlich Mitarbeitenden sehen wir in diesem Zusammenhang die Verpflichtung, ihre Bedenken (zumindest erst mal bei der Koordinationsfachkraft) klar zu äußern, sodass eine Unterstützung oder Lösungsmöglichkeiten erörtert werden können. Die Koordinationsfachkraft hat hier die Aufgabe, die Plattform oder Ermutigung zu geben, immer alles ansprechen zu können, ein Klima zu schaffen, in dem genau das möglich ist.

Fakt ist folglich, wenn die „Begleitung der Begleitung" aus dem Auge verloren wird, kann sich Unzufriedenheit breitmachen und können Unklarheiten nicht nur die ehrenamtlich Mitarbeitenden, sondern auch die begleitete Familie belasten. Ein Beispiel für eine solche Unzufriedenheit hat uns eine Mutter mit den Worten gegeben: *„Bei zwei Ehrenamtlichen ist es schwierig, wenn sie konkurrieren. Wir hatten die Situation und das hat mich sehr gestresst"* (Claudia R.).

Familie im Fokus

Im genannten „Leitfaden zur Überprüfung der Unterstützung" ist festgehalten, dass nach Beginn einer Begleitung die Koordinationsfachkraft nach dem ersten Einsatz und dann nach den ersten 3–4 Begleitungseinsätzen in der Familie anruft, um zu hören, wie es der Familie mit der Begleitung geht. Welche Indizien gibt es, wo sollte genau hingeschaut werden, welche Fragen können Familien hierzu gestellt werden und welche Fragen können Familien stellen? Gibt es die Kultur, dass Familien alles fragen können? Frau Rauen sagt in diesem Zusammenhang: *„Mir ist es wichtig, dass sich die Ehrenamtlichen in meiner Familie wohl fühlen. Ich möchte, dass die Leute wirklich lange kommen. Ich habe kein Interesse an Wechsel, die habe ich beim Pflegedienst. Man kann nicht von Anfang an steuern, wie sich die Beziehung zwischen Ehrenamtlichen und Familien entwickelt."* Ihre Begleiterin Rita unterstreicht das mit den Worten: *„... Es hat von Anfang an die Chemie zwischen uns gestimmt. Es bestand zu keiner Zeit eine Erwartungshaltung an mich und es wurden auch meine Grenzen selbstverständlich akzeptiert."*

Alle von uns befragten Familien hatten eins gemein: Sie sind sich einig, dass der Begleiter, der „zu passen scheint", sympathisch sein, regelmäßig kommen und es keine häufigen, gar geplanten Wechsel geben sollte. *„Vorteil der Kontinuität: sich nicht immer wieder neu einstellen müssen, was bei den anderen Diensten (Pflegedienst, Lebenshilfe, Schulbegleitung) häufig der Fall ist. Familien erleben viele Abbrüche“*, so wieder Frau Rauen. Eine andere Mutter bestätigt uns diese Sicht mit den Worten: *„In Krisensituationen ist die Ehrenamtliche eine große Stütze, weiß, wie die ‚Eltern ticken‘.“* Oder: *„Man muss nicht viel erklären – praktisch wie emotional. Sie versteht ihn, weiß was er braucht“* (Claudia R.). Eine andere Mutter unterstreicht das mit den Worten: *„J. ist sehr personenbezogen. Jeder Wechsel ist für sie eine Katastrophe, stresst sie, als Folge ist sie infektanfälliger“*, und: *„J. braucht viel Zeit, um sich einlassen zu können“* (Kirsten L.).

Dieser Wunsch nach Kontinuität hebt die Bedeutung der ehrenamtlich Begleitenden deutlich in den Vordergrund. Diese Menschen und die gegenseitige Sympathie machen Langzeitbegleitungen erst möglich, die Bedeutung der Organisation dahinter erscheint zweitrangig. Die Vorteile einer „organisierten“, „verlässlichen“ Begleitung sind jedoch immer wieder deutlich zu machen. Das Bündnis des Dienstes mit der Familie wird durch den einzelnen ehrenamtlich Begleitenden ausgefüllt, im wahrsten Sinne des Wortes mit Leben gefüllt, jedoch endet dieses Bündnis nicht zwangsläufig mit schwindender Sympathie, der eigenen Erkrankung oder anderen möglichen Veränderungen im Leben des Begleitenden. Das kann für ehrenamtlich Begleitende sehr entlastend sein und für Familien Sicherheit bedeuten, dass ihre Begleitung nicht dauerhaft und ausschließlich an Einzelnen hängt.

Ebenso ist für die Koordinationsfachkraft im „Leitfaden zur Überprüfung der Unterstützung“ vorgesehen, mindestens einmal im Jahr einen Hausbesuch in den Familien zu machen. Dazu haben wir Familien gefragt, wie wichtig sie diese finden. Die Antworten hier haben gezeigt, dass diese zwar als Unterstützung erlebt werden, aber häufig Fragen zur allgemeinen Situation der Familie und nicht zur Begleitung im Fokus des Hausbesuches stehen. *„Es wird nicht genau auf die Begleitung geschaut“* (Claudia R.). Umso wichtiger ist es, dass Koordinationsfachkräfte es Familien zumuten können – es sogar müssen –, Fragen zu stellen, welche die Begleitung hinterfragen, und konstruktiv gemeinsam Lösungen entwickeln.

Auch die Rückmeldung einer Familie, dass Angebote in den Diensten, wie z. B. Familienfrühstücke, -Cafés, immer für alle in einem Dienst begleiteten Familien angeboten werden, unabhängig von der Begleitungsdauer, hat uns sehr beschäftigt. Diese Familie fände es angemessener, wenn Angebote für die Familien entstehen würden, die schon lange von einem ambulanten Kinder-und Jugendhospizdienst begleitet werden. Ein Grund hierfür ist laut einer Mutter, dass der Austausch zu Eltern, die neu „im Thema“ sind, nicht mehr erwünscht ist. Sie als Familie sind weiter in der Auseinandersetzung, wollen keine neuen Geschichten mehr hören. Idee hier war, dass es auch mal Angebote geben sollte, bei dem sich nur die Eltern, die schon lange dem Dienst angehören, treffen, um in den Austausch zu kommen, um *ihre* Themen besprechen zu können. Werden diese Familien gezielt auf das Phänomen der Langzeitbegleitung angesprochen, befragt, oder warum kam dieser Gedanke nicht bei den Koordinationsfachkräften an? Manchmal braucht es aber genau dieses gezielte Nachhaken, auch in den Familien, in denen eben „alles läuft“. Gleichzeitig möchten wir betonen, dass die oben genannten Erkenntnisse nicht repräsentativ sind und somit nicht für alle Familien zutreffen. Es gilt wie immer: Die Bedürfnisse von Familien sind sehr individuell. So verhält es sich auch mit „kollektiven“ Bedürfnissen von Familien in unterschiedlichen Regionen. Daher ist das direkte Gespräch, die Ermittlung der individuellen Bedürfnisse unabdingbar.

Wir haben uns auch die Frage gestellt, ob die Familien danach befragt werden, ob sie selber schon einmal darüber nachgedacht haben, die Begleitung zu beenden, oder was passieren müsste, damit die Begleitung beendet werden könnte? Trauen sich die Koordinationsfachkräfte zu, auch danach zu fragen? Muten sie das den Familien oder gar sich selber überhaupt zu?

Ehrenamtlich Mitarbeitende im Fokus

Schauen wir nun beim „Leitfaden zur Überprüfung der Unterstützung“ auf die ehrenamtlich Mitarbeitenden, so sehen wir, dass dort der Kontakt zu den Koordinationsfachkräften sehr viel häufiger ist – z. B. aufgrund der monatlichen Praxisbegleitungstreffen. Von den befragten Ehrenamtlichen wird dieser Austausch als unabdingbar bezeichnet. Dennoch haben wir erfahren, dass die Themen – „wie komme ich raus aus einer Begleitung, was müsste passieren, damit ich diese beenden kann, mir ist langweilig oder trübt mich die Routine“ – weniger thematisiert werden. Zitat einer ehrenamtlich Mitarbeitenden, die seit acht Jahren begleitet: *„Die Praxisbegleitung verändert sich. Dinge, die die Mutter mir im Vertrauen erzählt, sage ich nicht weiter.“* Dieselbe ehrenamtliche Mitarbeiterin erläutert auch, dass sie die Begleitung in den ersten Jahren gut aus persönlichen Gründen hätte abgeben können, sie sich das jetzt aber nach acht Jahren nicht mehr vorstellen kann. Sie sieht in einem standardisierten Wechsel nach zwei bis drei Jahren auch eine Chance für die Begleitenden.

Auf unsere Fragen nach Routine bzw. Langeweile bekamen wir unabhängig voneinander Antworten, in denen es hieß, dass Routine nicht gleich Langeweile bedeutet. Routine gibt auch Orientierung. Viele Höhen und Tiefen, häufige Krisen oder auch gute Tage im Gesundheitszustand der Kinder/Jugendlichen sorgen für „Abwechslung“, da es immer wieder neu oder anders ist. Konsens herrscht darin, dass zu Beginn der ehrenamtlichen Tätigkeit nicht immer klar ist, wie lange eine Begleitung dauern kann, dass es eben nicht „stetig bergab“ geht mit den Kindern/Jugendlichen, sondern die besagten Krisen, wie auch Höhen, über Jahre miteinander durchlebt werden. Es wurde zwar im Befähigungskurs darüber gesprochen, aber klar ist es dennoch nicht, weil zu Beginn des Kurses und auch der Begleitungen alles erst Theorie ist und so viele neue Eindrücke in geballter Form auf einen zukommen und einen beschäftigen.

Hier stellt sich dann die Frage, ob schon im Befähigungskurs intensiver auf diese Besonderheit der Begleitungen von Kindern und Jugendlichen mit lebensverkürzender Erkrankung eingegangen werden sollte? Der Hinweis, dass dies kein Ehrenamt auf Lebenszeit sein muss, sondern auch die Möglichkeit eines Ausstieges jederzeit gegeben ist, wäre vorausschauend und könnte unterstützend wirken für zukünftige Begleitsituationen, die den Ehrenamtlichen an Grenzen bringen.

Begleitung im Tandem

In diesem Zusammenhang möchten wir auf die Bedeutung der Tandembegleitung eingehen. Laut einer Studie von Rebecca Köster (2014, S. 14/15) begleiten 70 % der ehrenamtlich Mitarbeitenden im Tandem. Dies stellt einen Mehrwert für die Familie dar. Sie können auf eine kontinuierliche Begleitung setzen. Wir möchten hier auf den besonderen Vorteil fokussieren, den die ehrenamtlich Mitarbeitenden dadurch haben, und exemplarisch erläutern. Eine Koordinatorin berichtete, dass sie einen ehrenamtlich Mitarbeitenden, der schon lange eine Familie begleitete, immer wieder in den Mitarbeitergesprächen nach seiner Zufriedenheit in der Begleitung gefragt hat. Sie bekam immer die Antwort, dass alles super läuft, keine Probleme da sind, er sich wohl in der Begleitung fühlt und das auch von der Familie zurückgemeldet bekommt. Dann wurde ein zweiter ehrenamtlicher Begleiter mit in diese Begleitung genommen, da die Familie mehr Bedarf angemeldet hatte. Als der zweite Begleiter dann zu begleiten begann, stieg der erste ehrenamtliche Mitarbeiter unmittelbar danach aus. Er sagte, jetzt könne er endlich aufhören, ihm wurde das schon lange zu viel. Er meinte das nicht aus einem Konkurrenzgedanken heraus, sondern klar im Sinne von eigener Entlastung. Er wollte die Familie nicht im Stich lassen, ist daher geblieben, hatte aber vorher nicht das Gefühl, genau das sagen zu dürfen. Vielleicht wäre es hier eine Idee, genau diese Thematik mit in die Praxisbegleitungen einfließen zu lassen.

Die ehrenamtlich Mitarbeitenden, die wir befragt haben und die im Tandem begleiten, haben alle den Vorteil hervorgehoben, dass sie froh sind, sich austauschen zu können, aber auch nicht alleine verantwortlich sein zu müssen, selbst wenn sie völlig unterschiedliche Aufträge in der Familie übernehmen. In unserer Befragung wurde das Thema „Konkurrenz" nicht benannt, dennoch ist es wichtig, auch diesen Aspekt im Blick zu haben, ihn ernst zu nehmen und zu benennen.
Hier schließt sich für uns noch einmal die Frage nach dem Festlegen einer zeitlichen Begrenzung der Begleitungen an. Sollte die Festlegung der Begleitperson bzw. der Begleitpersonen per se erst nur für ein Jahr geplant werden und dann immer wieder geschaut werden, wie und ob es weitergeht? Nach Aussage der Familien ist das nicht in deren Sinne, doch ehrenamtlich Mitarbeitende schienen nicht abgeneigt. Wir sehen hier ebenfalls den Auftrag an die Koordinationsfachkräfte, diese Thematik gerade mit den ehrenamtlich Mitarbeitenden immer im Fokus zu behalten und Familien es zuzumuten, dass die Begleiter eine andere Sichtweise haben könnten. Grundsätzlich erscheint uns eine zeitliche Festlegung als Standard nicht empfehlenswert, eine individuelle Herangehensweise zielführender.

Koordinationsfachkräfte im Fokus

Zum Abschluss schauen wir noch einmal auf die Funktion der Koordinationsfachkräfte. Es zeigt sich, dass hier ein enormes Fingerspitzengefühl gefragt ist, eine Menge „Bauchgefühl" und auch Mut, immer wieder mal ins Wespennest stechen zu müssen. Werden Koordinationsfachkräfte auf dieses Feld vorbereitet? Wird ihnen in ihren Fortbildungen die Bedeutung der Begleitung über Jahre und der sich daraus ergebenden Aufträge ausreichend bewusstgemacht? Wie schaffen sie ein Klima, in dem alles gesagt werden darf, und wie schaffen sie es immer wieder, alle an einer Begleitung beteiligten Personen an die gegenseitige Wertschätzung zu erinnern bzw. herauszuarbeiten, wer Wertschätzung wie empfindet? Grundsätzlich kann jeder ehrenamtlich Mitarbeitende von Familien erwarten, nicht herabwürdigend behandelt zu werden. Sollte dies der Fall sein, kann er das auch bei der Koordinationsfachkraft „einklagen", sodass ins Gespräch gegangen werden kann. Doch manchmal braucht es vielleicht mehr, damit der ehrenamtlich Begleitende seine eigene Lebensqualität durch sein Ehrenamt auch gesteigert sieht. Das herauszuhören, mitzubekommen und für alle in einem ambulanten Kinder- und Jugendhospizdienst eingebundenen Personen so im Blick zu haben und/oder auf den Weg zu bringen, bleibt die Herausforderung und ist manches Mal auch ein kleines Kunststück.

Fazit

Unser Fazit aus der Beschäftigung mit dem Thema „Begleitung über Jahre" ist, dass es immer einen Spagat zwischen Nähe und Distanz geben wird, sich alle immer wieder neuen individuellen Herausforderungen stellen müssen und es nicht *die* Lösung geben wird. Wir denken aber, dass wir hiermit Denkanstöße geben können, die alle Beteiligten ermutigen, immer wieder miteinander ins Gespräch zu gehen und die unterschiedlichen Orte zu nutzen, um die Besonderheiten einer Begleitung über Jahre in den Fokus zu nehmen.

Die zu Beginn genannte Studie zum Unterschied der Begleitung von Kindern und Erwachsenen ist vor sechs Jahren erschienen, zu einer Zeit in der Langzeitbegleitung in der Kinder- und Jugendhospizarbeit noch nicht Thema war. Daher würde es vielleicht ein Anfang sein, genau hier anzusetzen und eine tiefer liegende wissenschaftliche Erhebung in diesem Zusammenhang zu veranlassen.

Anzuregen wäre zudem, den Kontext „Langzeitbegleitungen" und die damit verbundenen Fragestellungen wissenschaftlich begleiten zu lassen. An einer wissenschaftlichen Erhebung sollten Familien, Ehren- und Hauptamtliche teilnehmen, um die unterschiedlichen Bedürfnisse, Erfahrungen und Anforderungen zu erfassen. Aus den Ergebnissen könnten womöglich wichtige Erkenntnisse für die Praxis abgeleitet werden.

Literatur

Allert, Rochus (2010): Stand und Handlungsbedarf der bundesdeutschen Hospizbewegung. Studie zur aktuellen Leistungs-, Kosten- und Finanzierungsentwicklung. Band III, Schriftenreihe des Wissenschaftlichen Beirates im DHPV e. V., Ludwigsburg: der hospiz verlag.

Homepage des Deutschen Kinderhospizvereins e. V.: https://.deutscher-kinderhospizverein.de/derVerein/opi-konzept.

Köster, Rebecca (2014): ... bis zum Tod und darüber hinaus! Trauerbegleitung von Ehrenamtlichen in der ambulanten Kinderhospizarbeit, Esslingen: der hospiz verlag.

„Besser geht immer!“ Praktische Gestaltungsmöglichkeiten der Qualitätsentwicklung ambulanter und stationärer Kinder- und Jugendhospizarbeit mit Hilfe des QuinK

Sven Jennessen, Stefanie Hurth

Die Kinder- und Jugendhospizarbeit ist ein äußerst dynamisches Feld, das sich in den vergangenen 25 Jahren in der deutschen Hospiz- und Palliativszene kontinuierlich etablieren, ausbauen und professionalisieren konnte. Fragen und Herausforderungen im Spannungsfeld von elterlichem Experten- und Erfahrungswissen, ehrenamtlichem Engagement und interdisziplinärer Fachlichkeit gehören a priori zum Selbstverständnis dieser aus der Selbsthilfe entstandenen Bewegung. Die unterschiedlichen Perspektiven auf die Begleitungsprozesse lebensverkürzend und lebensbedrohlich erkrankter Kinder und Jugendlicher und die dazugehörigen Aushandlungsprozesse der Beteiligten bieten immer wieder Anlass, gerade auch für die hauptamtlichen Fachkräfte, das eigene Selbstverständnis, die Strukturen der Einrichtungen sowie die alltägliche Arbeit einer kritischen Überprüfung zu unterziehen, und tragen somit zu einer kontinuierlichen und reflektierten Weiterentwicklung der gesamten Kinder- und Jugendhospizarbeit bei. Diskussionen über Qualität und Professionalität in der Kinder- und Jugendhospizarbeit und die Rollen der verschiedenen Beteiligtengruppen sind daher extrem vielschichtig und sollten von den Akteuren bezogen auf das jeweilige Handlungsfeld regelmäßig diskursiv vertieft, ausdifferenziert und reflektiert werden (vgl. Jennessen/Hurth 2015).

Qualitätsentwicklung im Kinder- und Jugendhospizbereich

Auf der Grundlage dieser Idee von Qualitätsentwicklung kooperieren die Universität Koblenz-Landau und der Deutsche Hospiz- und PalliativVerband e. V. (DHPV) bereits seit mehreren Jahren in Bezug auf praktikable Möglichkeiten, Qualitätsentwicklung in der Kinder- und Jugendhospizarbeit inhaltlich angemessen, effektiv und partizipativ – also unter Beteiligung der zentralen Akteure – voranzubringen. Ausgangspunkt war das Forschungsprojekt zur Qualität der innovativen Unterstützung und Begleitung von Familien mit lebensverkürzend erkrankten Kindern und Jugendlichen von Jennessen, Bungenstock und Schwarzenberg (2011), das bundesweit erstmalig die Qualität der verschiedenen Tätigkeitsbereiche stationärer Kinderhospize und ambulanter Kinderhospizdienste systematisch untersuchte. Daran anknüpfend wurden die Ergebnisse dieses Forschungsprojektes zu 12 Grundsätzen für die Kinder- und Jugendhospizarbeit verdichtet, die im Mai 2013 vom DHPV veröffentlich wurden und seitdem allen Einrichtungen der Kinder- und Jugendhospizarbeit als eine erste Orientierung im Qualitätsmanagementprozess zur Verfügung stehen. In einem sich daran anschließenden knapp zweijährigen Prozess der Ausdifferenzierung und vertieften Evaluierung mit diversen Vertreter/-innen der Kinder- und Jugendhospizpraxis (vgl. Hurth et al. 2015) konnte schließlich im Februar 2015 der „Qualitätsindex für die Kinder- und Jugendhospizarbeit (QuinK)" veröffentlicht werden.

Der QuinK ist ein nicht-normiertes Fragebogeninstrument, das Einrichtungen helfen möchte, auf der Grundlage dieser 12 Grundsätze die eigene Haltung, die organisatorischen und pflegerisch-pädagogischen Rahmenbedingungen und das alltägliche Handeln aller Mitarbeitenden möglichst kleinschrittig unter die Lupe zu nehmen und zu reflektieren. Hierbei setzt es auf den Kerngedanken des multiprofessionellen Austausches. Das heißt, Grundbedingung der Arbeit mit dem QuinK ist es, dass sich Haupt- und Ehrenamtliche und die begleiteten Familien gemeinsam an einen Tisch setzen, um mit Hilfe der im QuinK bereitgestellten Fragebögen und Zusatzmaterialien ihre eigene Einrichtung weiterzuentwickeln. Fehlt eine der drei angesprochenen Perspektiven, fehlt automatisch auch ein wichtiges Puzzlestück, um das komplexe Feld der täglichen kinder- und jugendhospizlichen Arbeit zu vervollständigen. Aus den in der Arbeit mit dem QuinK entstehenden Erkenntnissen können konkrete Entwicklungsperspektiven abgeleitet werden, die mittels eines Projektplanungsbogens differenziert geplant, in die Praxis der Einrichtung umgesetzt sowie anschließend vom hausinternen QuinK-Team evaluiert werden. Hierbei orientiert sich die Auswahl der Entwicklungsthemen an der individuellen Situation der einzelnen Einrichtung. Der QuinK wird somit in der Regel nicht von Grundsatz 1 bis Grundsatz 12 kontinuierlich abgearbeitet, sondern die Auswahl des primär zu bearbeitenden Grundsatzes ist ausschließlich durch die von den Beteiligten verfolgten Interessen und einrichtungsspezifischen Notwendigkeiten bedingt.

Relevante Kriterien für eine erfolgreiche Arbeit mit QuinK

Seit Anfang 2015 können alle interessierten Einrichtungen mit dem QuinK arbeiten. Seitdem haben Vorträge bei Interessensverbänden der Gesamthospizarbeit, offene Workshops in verschiedenen deutschen Städten und beim Deutschen Kinderhospizforum 2015 sowie hausinterne Fortbildungen für einzelne stationäre Kinder- und Jugendhospize bzw. ambulante Kinder- und Jugendhospizdienste kontinuierlich den Bekanntheitsgrad des Instruments steigern und zu einer Implementierung in die Praxis beitragen können. Im intensiven weiteren Austausch mit den Kooperationspartnern des DHPV sowie den Teilnehmenden der verschiedenen Workshops entstanden auch nach offizieller Fertigstellung des Instruments viele fruchtbare Diskussionen, in denen relevante Kriterien der erfolgreichen Arbeit mit dem QuinK nochmal deutlich hervortraten:

- **Die Haltung gegenüber den begleiteten Familien:**
  Eine Weiterentwicklung der Arbeit der eigenen Einrichtung ist ohne die Perspektive der begleiteten Familien praktisch nicht möglich. Das Ziel der Kinder- und Jugendhospizarbeit, nämlich die bestmögliche bedarfsorientierte Begleitung der gesamten Familie, bedarf des kontinuierlichen Austauschs ALLER Beteiligten.

- **Diskussionskultur innerhalb der Einrichtung:**
  Einrichtungen, in denen es die Mitarbeitenden gewohnt sind, sich offen und konstruktiv über ihre Arbeit, über ihre Stärken und evtl. ihre Schwächen auszutauschen, wo man auch mal Fehler machen darf und dazu stehen kann, wird der Weiterentwicklungsprozess mit Hilfe des QuinK wesentlich effektiver und nachhaltiger gelingen. Eine konflikt- und fehlerfreundliche Einrichtungskultur ist somit eine wichtige Gelingensbedingung für die qualitative Weiterentwicklung der Einrichtung. Zudem kann der QuinK auch dazu beitragen, Schwierigkeiten in der Kommunikation zwischen Leitung und Team, haupt- und ehrenamtlichen Mitarbeitenden oder Eltern und Fachkräften offenzulegen und somit konstruktiv bearbeitbar zu machen. Hier kann eine explizite Ermunterung von beteiligten Eltern sinnvoll und notwendig sein, Kritik und Optimierungsideen in den Prozess einzubringen. Nicht selten fällt es Eltern aufgrund der erlebten umfassenden Entlastung durch die Angebote der Kinder- und Jugendhospizarbeit schwer, diese auch kritisch zu bewerten. Entsprechend dem Motto des QuinK „Besser geht

immer!“, geht es jedoch nicht darum, die Angebote grundsätzlich in Frage zu stellen, sondern an den Stellen gezielt und konstruktiv anzusetzen, an denen Weiterentwicklungen und Verbesserungen sinnvoll und gewünscht sind.

- **Wahre Veränderungsbereitschaft der Einrichtung:**
  Die Arbeit mit dem QuinK kann nur gelingen, wenn sich alle Mitarbeitenden darüber bewusst sind, dass Weiterentwicklung immer etwas mit Veränderung, dem Abschied von Vertrautem und dem Wagnis, sich auf unbekanntes Terrain zu begeben, zu tun hat. Veränderungen angst- und vorurteilsfrei zu begegnen und als etwas Positives wahrzunehmen, bedarf von allen Beteiligten viel Mut, aber auch ein enormes Einfühlungsvermögen, Zuverlässigkeit, Struktur und Organisationsgeschick von Seiten der Führungskräfte der jeweiligen Einrichtung. Hierbei hat es sich als positiv erwiesen, ausschließlich realistische Ziele zu verfolgen, die zunächst mit überschaubaren Veränderungen einhergehen und zu einem späteren Zeitpunkt evaluiert werden, zu dem auch erneute Veränderungen und Anpassungen der Planungen ausdrücklich gewünscht sind. Auch hier kann die Beteiligung aller relevanten Akteure dazu beitragen, dass Innovationen in der Einrichtung auf einem großen Konsens fußen und somit gemeinsam getragen werden können statt nur den Interessen Einzelner zu entsprechen. Wenig förderlich für die Qualitätsentwicklungsprozesse ist hingegen, wenn die Beteiligten die einzelnen Reflexionsfragen des QuinK lediglich pflichtbewusst abarbeiten, ohne aber in einen wirklich tiefen Diskurs über die Qualitätsmerkmale einzutauchen. An dieser Stelle ist feststellbar, ob eine tatsächliche Änderungsbereitschaft der Akteure vorhanden ist oder es eher darum geht, den aktuellen Status quo zu zementieren.

- **Offenheit gegenüber einem Qualitätsmanagement-Instrument:**
  Eine wesentliche Säule der Kinder- und Jugendhospizarbeit ist, neben vielen anderen Disziplinen, die Pflege. Gerade Mitarbeitende aus diesem Bereich kennen Qualitätsmanagement aus ihrer Zeit in Kliniken und/oder ambulanten Pflegediensten und verbinden extrem viel Administrations- und Protokollierungsaufwand mit diesem Begriff. Der QuinK verfolgt im Gegensatz zu vielen Instrumenten aus diesem Bereich jedoch einen ganz anderen Ansatz von Qualität und Qualitätsentwicklung und setzt auf kommunikativ-reflexiven Austausch, um Veränderungspotenziale aufzudecken, anstatt auf

Normierung und entsprechende Bürokratisierung von Vorgängen. Die eventuell vorliegenden Erfahrungen mit anderen QM-Instrumenten sollten somit nicht auf die Arbeit mit dem QuinK übertragen werden. Vielmehr sollte eine möglichst unvoreingenommene Neugier auf eine andere Form der Qualitätsentwicklung am Beginn des Arbeits- und Reflexionsprozesses stehen.

Praxistipps für Einrichtungen, die mit dem QuinK arbeiten möchten

Ambulante und stationäre Einrichtungen, die gerne mit dem QuinK arbeiten möchten, finden sowohl in den – den eigentlichen Fragebögen vorgeschalteten – Einführungen wie auch im Anhang des Instruments hilfreiche Hinweise, wie man die fünf Phasen des Index-Prozesses (siehe Abbildung 1) organisieren und gestalten kann.

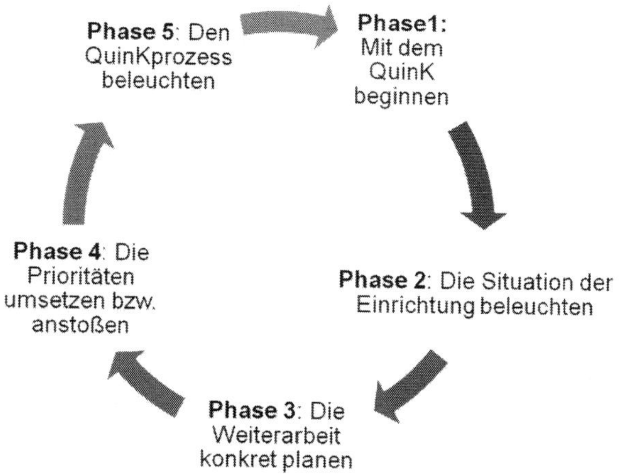

Abbildung 1

In den drei Jahren, die der QuinK seit seiner Evaluierungsphase im Kontext der Instrumententwicklung bereits in kinder- und jugendhospizlichen Einrichtungen angewandt wird, haben sich einige Merkmale herauskristallisiert, die die Praktikabilität der Arbeit mit dem QuinK unterstützen:

- Die Gruppen, die innerhalb der Einrichtung mit den Fragebögen des QuinK arbeiten, sollten in etwa aus *6–8 Personen* bestehen. Setzt sich das QuinK-Team aus weniger Personen zusammen, wird es schwierig, alle relevanten

Gruppen innerhalb der Einrichtung (Familien, Ehren-, Hauptamtliche (Pflege, Pädagogik, Seelsorge ...)) zu beteiligen. Besteht das QuinK-Team aus mehr Personen, besteht die Gefahr, dass die Gruppe unter Umständen unproduktiv wird und Diskussionen ausufern.

- Je nachdem, wie sich die Einrichtung(sleitung) entscheidet, mit welchem der 12 Grundsätze der QuinK-Prozess begonnen wird, ist es sinnvoll, *themenspezifisch Personen gezielt für eine Mitarbeit im QuinK-Team ansprechen.* Es kann sich lohnen, für Diskussionen zu Grundsatz 3, der sich mit dem elterlichen Expertentum beschäftigt, andere Personen einzuladen als wenn das QuinK-Team über Grundsatz 11 diskutiert, der sich mit der Öffentlichkeitsarbeit der Einrichtung beschäftigt. Bei Letzterem könnten beispielsweise nicht unmittelbar Beteiligte involviert werden, die Auskunft darüber geben können, wie die Präsentation der Einrichtung in der Öffentlichkeit wahrgenommen wird.

- Um dem Gefühl zu entgehen, von den vielen Fragebögen und den Materialien des Anhangs evtl. „erschlagen" zu werden und um eine erste Orientierung zu bekommen, ist es hilfreich, vor Beginn des QuinK-Prozess die *Einführung („Bedienungsanleitung") im vorderen Teil des Instruments zu lesen.* Dort finden sich neben einer Einführung in das dem QuinK zugrunde liegende Qualitätsverständnis auch ein ausführlicher Überblick über die 12 Grundsätze und ein konkretes Beispiel für den fünfphasigen QuinK-Prozess.

- In der Arbeit mit dem QuinK wird irgendwann der Punkt erreicht sein, an dem die vielen Ideen, die im Laufe des Prozesses entstanden sind, in Angriff genommen werden sollen. Zur Unterstützung finden Einrichtungen im Anhang des Instruments einen *Projektplanungsbogen*, den sie für ihre eigene Arbeit adaptieren können. Dieser dient der Konkretisierung des Vorhabens durch Fragen wie „WER macht WAS WANN?". Zur Verdeutlichung gibt es im vorderen Teil des Instruments einen beispielhaft ausgefüllten Planungsbogen zu einem fiktiven Projekt. Die Konkretisierung der Planungsschritte anhand der SMART-Prinzipien (spezifisch, messbar, akzeptiert, realistisch und time im Sinne einer zeitlichen Kalkulation) stammt aus dem allgemeinen Qualitätsmanagement und hat sich auch in der Kinder- und Jugendhospizarbeit als äußerst förderlich für eine sinnvolle und realistische Projektplanung erwiesen.

- Im Austausch mit Einrichtungen, die mit dem QuinK arbeiten, hat sich in den vergangenen Jahren gezeigt, dass ein gewisses Maß an *Flexibilität* im Umgang mit den Materialien und den spezifischen Fragen durchaus entlastend sein kann. Es gibt beispielsweise keine Reihenfolge, die man bei der Bearbeitung der 12 Grundsätze einhalten sollte, ebenso muss man auch nicht zwingend alle Fragen eines Fragebogens bearbeiten. Es kann auch durchaus zielführend sein, sich nur zwei bis drei Fragen herauszusuchen und sich über diese eingehend auszutauschen. Alle Materialien können und sollen so an die eigene Arbeit angepasst werden, dass jede Einrichtung für sich das Maximum aus der Beschäftigung damit herausholt. Dies impliziert auch die Ergänzung von weiteren Reflexionsfragen, die die spezifischen Belange der einzelnen Einrichtungen gezielt in den Blick nehmen. Also frei nach dem Motto: Flexibel sein – flexibel arbeiten – Mut zur Lücke …

Die Rückmeldungen, die wir aus den Workshops und dem Austausch mit Einrichtungen mitnehmen, machen Mut und verdeutlichen, wie viel Potenzial im QuinK steckt.

So teilte uns eine Teilnehmerin nach einem Workshop per Mail mit:
„Im Nachgedanken stelle ich für mich dieses höchst umfangreiche Potenzial fest, was wir im QuinK-Papier entdecken, es ist eine hervorragende Grundlage – stets alte, neue, vergessene, hinten runter gefallene Diskussionsgrundlagen gezielt aufzunehmen und systematisch zu nutzen. Ich bin begeistert.“

Literatur:

Hurth, Stefanie; Jennessen, Sven; Globisch, Marcel (2015): QuinK – Qualität in der Kinder- und Jugendhospizarbeit durch Reflexion von Strukturen, Haltungen und praktisches Handeln. In: Deutscher Kinderhospizverein e. V. (Hrsg.): Immer wieder neu … Geduld, Staunen, Zuversicht, Ludwigsburg, S. 185–198.

Jennessen, Sven; Hurth, Stefanie (2015/1): QuinK – Qualitätsindex für Kinder- und Jugendhospizarbeit, Ludwigsburg.

Jennessen, Sven; Hurth, Stefanie (2015/2): Kinder- und Jugendhospizarbeit. Aktueller Stand und qualitative Weiterentwicklung. In: Pädiatrische Praxis Band 84, Heft 2, S. 329–336.

Jennessen, Sven; Bungenstock, Astrid; Schwarzenberg, Eileen (2011): Kinderhospizarbeit. Konzepte, Erkenntnisse, Perspektiven, Stuttgart.

Alle Kinder haben uns etwas zu sagen! Kommunikation jenseits von Lautsprache

Nicolette Blok

Ich glaube, niemand würde diesem Titel widersprechen. Denn dieser Satz entspricht genau dem, was wir mit vielen Kindern täglich erleben. Nämlich alle Kinder haben uns etwas zu sagen. Bei manchen Kindern wünschten wir uns sogar hin und wieder einen Knopf, um sie abstellen zu können. Auch Kinder ohne Sprache haben uns etwas zu sagen, jedoch sind diese Kinder immer abhängig von Menschen, die glauben zu wissen, was sie sagen können oder wollen. Oder von Menschen, die daran glauben, dass sie überhaupt etwas zu sagen haben. Und so lohnt es sich, diesen Satz ganz genau unter die Lupe zu nehmen.

Paul Watzlawick hat schon gesagt: „Man kann nicht nicht kommunizieren", wie wahr! Denn auch nichts sagen hat in bestimmten Momenten sehr wohl eine Bedeutung. Vehement eine Meinung laut, mimisch und gestisch darzustellen bedeutet manchmal etwas ganz anderes, als jemandem ruhig mein Statement zu unterbreiten. Das spannende ist aber, dass eine Bedeutungszuschreibung stark von meinem Gesprächspartner abhängig ist. Denn diese führt bereits mit der Verwendung von Lautsprache ganz oft zu Missverständnissen. Wie ist es dann, wenn wir mit Kindern ohne Sprache kommunizieren und nur Geräusche oder Mimik als Interpretationsraum zur Verfügung stehen?

Unsere Sprache ist eine Codierung, damit wir uns besser verstehen. Die Sprache ist aber nicht immer das Wesentlichste. Juble ich, strahle ich und sage lächelnd: „Mir geht es echt sehr schlecht!" – so wird wohl niemand meine Aussage glauben. Die Körpersprache scheint manchmal wirksamer zu sein als die Lautsprache. Das macht doch ziemlich Hoffnung für alle Menschen, die nicht über die übliche Lautsprache verfügen. Es gibt nämlich noch ganz viele andere Kanäle, die wir zur Kommunikation nützen können! Genau hier liegt aber auch die große Herausforderung!

Wir müssen eine gemeinsame neue Codierung finden und gute Gesprächspartner sein für jene Menschen, welche nicht über Lautsprache verfügen. Und es wird ebenso notwendig sein, über unsere Interpretation nachzudenken, laut nachzudenken, damit Kinder ohne Lautsprache eben unsere Interpretation lernen zu verstehen. Dieser Punkt ist besonders wichtig, auch wenn wir glauben, dass diese Kinder nichts verstehen. Das Erklären des Zustandekommens der Interpretation ist eine hilfreiche Komponente für das Erlernen einer anderen Art der Kommunikation. Ich erkläre dem Kind genau, auf welche Geräusche und Mimik ich wie und warum reagiere. Dieses Miteinander-Kommunizieren ist bereits eine wichtige Voraussetzung für die „Unterstützte Kommunikation".

Unterstützte Kommunikation ist eine Bezeichnung für alle Methoden und Maßnahmen, die wir einsetzen, um für Menschen mit einer Behinderung im Bereich der Sprache mehr Selbstbestimmung und Verständigung zu ermöglichen. Es geht also immer darum, dass Kinder mehr Einfluss auf das Leben bekommen – mehr kommunizieren können. Unterstützte Kommunikation bietet eine enorme Palette an Methoden. Es werden dabei immer alle Kommunikationsmöglichkeiten, die das Kind bereits verwendet, miteinbezogen. Denn dieses Kommunizieren wird meist schon recht erfolgreich gemacht! Viele Kinder, welche kaum oder nicht sprechen, entwickeln innerhalb der Familie, mit ihren Eltern eine ganz eigene Form der Verständigung. „Ehs", „Ohs" oder „Ahs", manchmal kombiniert mit einem bestimmten Gesichtsausdruck oder mit Gesten, sind für Eltern und Kinder eine gute Möglichkeit, sich über das „Jetzt", das „Sichtbare" und die „Gegenwart" zu unterhalten. Die Eltern und andere vertraute Bezugspersonen werden so zu ganz wichtigen Dolmetschern. Allerdings entsteht so auch eine Art „Abhängigkeit". Denn ohne vertraute Personen ist das Kind in der Kommunikation oft wieder stark eingeschränkt und wird unterschätzt. Außerdem ist es mit diesen „Ehs" und „Ahs" fast unmöglich über Erlebnisse oder Wünsche, die nicht in einem Bezug zum Jetzt stehen, zu erzählen. Also zum Beispiel über „gestern" oder „morgen" zu sprechen. Gleichzeitig ist es schwer, in den gewohnten Bahnen, mit den gewohnten Personen und den gewohnten „Ehs", „Ahs" und „Ohs" die Kommunikationsmöglichkeiten zu erweitern. Die Frage ist also, wie nutzt man die eingespielte, ganz individuelle Sprache und erweitert diese um Methoden der Unterstützten Kommunikation? Das ist ein Anliegen vieler Eltern. Sie bemerken, dass das Kind mit seinem Verhalten auf sich aufmerksam machen will. Obwohl das Schreien, Bocken und Stur-Sein als negative Verhaltensweisen eingestuft werden, sind diese für nicht sprechende Kinder oft die einzige Möglichkeit, auf sich aufmerksam zu machen. Als sprechende Person kann ich meinen Gesprächspartner ansprechen, etwas lauter reden, ein Thema wählen, wovon ich sicher bin die volle Aufmerksamkeit zu bekommen, um so ein Gespräch zu beginnen. Für nicht sprechende Kinder sind Schreien, Weinen und Meckern oft die effektivsten Methoden! Uns muss aber im Umgang mit nicht sprechenden Kindern klar sein, dass das Ziel solch unangenehmer Verhaltensweisen vielleicht ein ganz anderes, sogar friedliches sein kann. Tja und dann entstehen Missverständnisse. Das Kind will nur sagen: „Komm, spiel mit mir“, kann lächeln, was es will, wird so aber manchmal als zufrieden wahrgenommen und einfach übersehen. So erlebt es, dass einmal laut schreien viel effizienter ist. Aber wer versteht dann, dass gespielt werden sollte?

Wie sollte ich als nicht sprechendes Kind erklären, dass ich genau solche Zöpfe möchte, wie Klara sie hat? Dass Jakob bei der Kindergartenjause einfach von meiner Banane abgebissen hat? Dass ich so gerne zum Spielen mal Paul einladen oder unbedingt die Oma anrufen möchte? Wie sollte ich erklären, dass ich Angst habe?

Kommunikationshilfen

Die Unterstützte Kommunikation bietet unterschiedliche Methoden oder Systeme, die vorübergehend oder bleibend nicht sprechenden Menschen die Möglichkeit bieten, von sich aus Wünsche zu äußern, Erlebnisse zu erzählen, Fragen zu stellen – also aktiv und selbstbestimmt am Leben teilzuhaben. UK verwendet drei Formen der Kommunikation:

1. körpereigene Kommunikationsformen
2. nicht-elektronische Kommunikationshilfen
3. elektronische Kommunikationshilfen

Körpereigene Kommunikationsformen

Diese Kommunikationsformen benutzen viele Menschen zur Untermauerung dessen, was sie sagen. Je wichtiger das Anliegen ist, desto mehr reden wir alle mit unseren Händen, benutzen Blicke oder setzen die Mimik ganz gezielt ein. Mimik, Gestik, Blicke, Gebärden, Zeigen, Laute, Schreien, Lachen, Weinen, Kratzen, Muskelspannung, Atmung, Vokalisation, individuelle Zeichen, Gebärden usw. gehören alle zu den körpereigenen Kommunikationsformen. Alles, was ich mit meinem Körper mache, um zu kommunizieren, gehört zu dieser Gruppe.

Wichtig ist, dass diese Äußerungen erstmal als Bemühen um Kommunikation anerkannt werden. Durch die Brille der Unterstützten Kommunikation gesehen, kann es hilfreich sein, wenn ein Kind sogenanntes „schwieriges Verhalten“ einsetzt, um sich mitzuteilen. Das schwierige Verhalten an sich ist zwar keine adäquate Kommunikationsmethode und es sollte daher unbedingt ein Ersatz gefunden werden, aber gleichzeitig kann das „schwierige“ Kind ohne Sprache auch Mal als „bemüht-um-Sprache“ wahrgenommen werden. Das heißt in diesem Fall wäre es wichtig, für zum Beispiel Spucken, eine wirksame Alternative zu suchen. Solange Spucken effizienter ist, wird die Alternative jedoch nicht verwendet werden. Die Alternative muss also erst Mal schneller wirken. Das heißt, alle möglichen Gesprächspartner müssen eingebunden werden, um viel Erfolg zu garantieren. Alternativen zu finden braucht viel Kreativität und so einiges an Ausdauer.

Zu den körpereigenen Kommunikationsmethoden gehört auch die Gebärdenunterstützte Kommunikation (GUK). Die Gebärden der GUK-Sammlung bieten vielen eine Möglichkeit, effektiver zu kommunizieren, d. h. schneller aktiv mitbestimmen und erzählen zu können. Viele haben angefangen beim Singen die Gebärden einzusetzen. So üben auch wir Gesprächspartner die Gebärden ganz natürlich und auf eine spielerische und lustige Art und Weise. Die GUK-Gebärden leiten sich von Handlungen oder davon, wie Dinge aussehen, ab und sind daher leicht zu lernen und zu verstehen. Klar muss man als Familie oder Umfeld konsequent dranbleiben, damit das Kind die Gebärden auch als Sprache verstehen und verwenden kann. Wie in der normalen Sprache auch, lernen sich die Gebärden mit dem größten Effekt, der größten Auswirkung am leichtesten. Neben z. B. Mama und Papa sind das oft Wörter, womit wir als Erzieher nicht immer froh sind.

Alle körpereigenen Kommunikationsformen haben den Vorteil, dass man sie immer dabei hat und spontan einsetzen kann. Allerdings werden sie nicht immer von allen Fremden oder nicht vertrauten Personen verstanden oder wiederum einfach „übersehen“.

Nicht-elektronische Kommunikationshilfen

Dazu gehören Fotos, Fotobücher, Tagebücher, Kommunikationsmappen, Objekte, Miniaturen, Symbole, Zeichnungen, Wortkarten, Bildkarten, Wochenpläne, Ich-Bücher und vieles mehr, was mit Schrift, Symbolen oder Bildern erstellt werden kann.
Mit Hilfe von Fotos, Bildern, Objekten usw. können Kinder schon relativ früh zum Beispiel mit ihren Fingern und Blicken zeigen, was sie wollen. So kann man zum Beispiel auf dem Kühlschrank oder am Esstisch Fotos und Symbole befestigen, damit das Kind zeigen kann, worauf es gerade Lust hat. Wichtig ist auch, das Bildmaterial immer zu beschriften. So bekommt das Kind quasi nebenbei die Möglichkeit, die Bedeutung von Schrift zu verstehen oder sogar schon einige Wörter zu lesen. Solche nicht-elektronischen Hilfen sind in der Regel preiswert und einfach herzustellen. Das Laminieren oder eine Klebefolie schützt das Material vor Nässe oder Speichelfluss. Klettverschluss oder Magnete an den einzelnen Symbolen, Bildern oder Fotos ermöglichen die flexible Kombination auf den dafür vorgesehenen Oberflächen.

Um individuelle Gebärden und Geräusche aus der zuerst besprochenen körpereigenen Kommunikation allen Menschen zu verdeutlichen, kann es sinnvoll sein, ein sogenanntes Ich-Buch zu erstellen. In einem Ich-Buch werden neben vielen hilfreichen Informationen über das Kind eben auch individuelle Kommunikationsformen fotografiert oder beschrieben und so dem Leser zur Verfügung gestellt. Damit ermöglicht man dem Kind und seinem Umfeld eine unkomplizierte individuelle Wortschatzerweiterung und verhindert viele Missverständnisse.

Beispielsweise hat ein kleiner Junge immer sehr energisch mit seinem Zeigefinger auf seine Schläfe gedeutet. Alle haben zuerst gemeint, er zeigt seinem Gegenüber den „Vogel". Nach vielen Missverständnissen haben wir allerdings herausgefunden, dass er nicht schimpfen wollte, sondern dass das seine Gebärde für „Oma" war. In diesem Beispiel wird deutlich, wie hilfreich es ist, solche Informationen allen eventuellen Gesprächspartnern in einem Ich-Buch zu erklären und so jene Wortschatzerweiterung zu ermöglichen.

Erzählen ist für Kinder ohne Lautsprache meist unmöglich. Ein Tagebuch mit Fotos, wenig Text und einer klaren Struktur kann Kindern helfen, Freunden, Verwandten oder im Kindergarten zu erzählen, was auch einige Tage oder Wochen vorher passiert ist.

Eine weitere Möglichkeit der nicht-elektronischen Kommunikationshilfe ist das Kommunizieren mit Kommunikationsmappen. Diese sehr ausgereifte und komplexe Methode ermöglicht den Kindern auch grammatikalisch richtige und längere Sätze zu bilden. Diese Methode braucht Kommunikationspartner, welche bereit sind, konzentriert dem „Zeigen" der Kinder zu folgen und das, was dabei entsteht, in den richtigen Bezug zum Kind zu setzen. So kann auch komplexe und unerwartete Kommunikation mit Kindern ohne Sprache gut gelingen.

Elektronische Kommunikationshilfen

Zu den elektronischen Kommunikationshilfen gehören die eher einfachen Geräte wie z. B. BigMack, Step-by-Step oder Supertalker sowie komplexere Geräte, die in der Lage sind, Satzstruktur und Grammatik einzubauen. Im Moment wird das iPad richtig viel eingesetzt. Am iPad können neben Kommunikationsprogrammen auch andere Apps, die eher als Lernprogramme oder eben zum Spielen gedacht sind, verwendet werden.
Die einfacheren Talker können zur Kommunikationsanbahnung eingesetzt werden und vielleicht so auch als „Kick" zur Benützung der eigenen Spontansprache dienen. Die Kinder erleben, wie sie durch das Bedienen des Tasters einen sprachlichen Impuls setzen. Darauf kann ich als Gesprächspartner reagieren! So kann das Kind mich rufen und kann mich etwas fragen. Auch kleine Erzählungen oder Dialoge können vorbereitet werden.

Ein großer Vorteil ist, dass das Kind jetzt nicht so leicht „überhört" wird und positiv, aktiv auf sich aufmerksam machen kann. Zudem kann das Kind auch mit Menschen kommunizieren, die das Kind nicht kennen, da ein gewohntes Medium, nämlich Sprache, benützt wird. Die Arbeit mit komplexeren Systemen erfordert allerdings eine aufwändige Einarbeitung durch den Benutzer des Talkers, aber auch durch denjenigen, der diesen Prozess begleitet. Da die Anschaffung einer elektronischen Kommunikationshilfe nicht billig ist, sollte man vorher eine ausführliche Beratung in Anspruch nehmen, damit hier das richtige Gerät gefunden wird.

Kommunikationspartner

Alle noch so guten und tollen Methoden brauchen neben Kreativität und dem ständigen Einsatz im Alltag noch etwas viel Wichtigeres! Es braucht Kommunikationspartner, die davon überzeugt sind, dass das Kind etwas zu sagen hat. Die nicht daran zweifeln, dass sich das Kind entwickeln möchte! Es braucht Personen, die sich Gedanken machen, was genau die Kinder sagen möchten, also welches Vokabular sie zur Verfügung stellen sollten. Dazu ist es hilfreich, auch andere Kinder miteinzubeziehen. Denn Kinder wissen meist viel besser als Erwachsene, welche Wörter gerade wichtig und „in" sind. Sie wissen viel besser, wie Kommunikation von und mit Kindern funktioniert. Und meist haben sie auch mehr Urvertrauen in das Gelingen dieser aufwendigen und ungewöhnlichen sprachlichen Codierung.

Oft werden zuerst Wörter aus dem Umfeld gewählt. Vor allem am Anfang ist das sicher wichtig. Allerdings braucht es relativ schnell auch Wörter, die in vielen Kontexten gut zu verwenden sind. Wörter wie „mehr", „noch Mal", „fertig", „stopp", „cool" ermöglichen den Kindern schnelle und wirksame Kommunikation. „Fertig" kann zum Beispiel beim Essen, beim Spielen oder beim Baden eingesetzt werden. Genauso wie „noch Mal"! Und mit „cool" kann man in vielen unterschiedlichen Situationen wunderbar kommentieren. Die Wortwahl ist für gelingende Kommunikation daher nicht unbedeutsam.

Neben allen wunderbaren Erfahrungen, die die Arbeit mit Unterstützter Kommunikation mit sich bringt, ist zu bedenken, dass es ein bisschen so ist wie mit dem Erlernen einer Fremdsprache. Es braucht ein konsequentes Dranbleiben und eben auch Erfolg und Spaß bei der Anwendung im Alltag! Aber wenn Kinder dann bemerken, wie sie immer mehr positiven Einfluss auf das eigene Leben bekommen, mitbestimmen können, wie zum Beispiel der Tag geplant wird, oder ihre eigene Wirksamkeit erleben, ist klar, warum es sich lohnt. Auch wenn das Kind eben nur ganz wenige Gebärden benützt oder nur sparsam den Taster einsetzen kann, um sich mitzuteilen, lohnt es sich trotzdem! Denn eben alle Kinder haben uns etwas zu sagen!

Unterstützte Kommunikation hat das Ziel, eine verständliche und gelungene Kommunikation im Alltag zu ermöglichen. Das geht nicht von heute auf morgen. Es ist besonders wichtig, ein Kommunikationssystem zu finden, welches auf den Stärken des Kindes aufbaut und dessen eigene Gesten und Laute übernimmt! Es hat sich außerdem herausgestellt, dass Unterstützte Kommunikation dann am besten funktioniert, wenn die Bedürfnisse des Kindes berücksichtigt werden (also: „Was möchte das Kind erzählen?“, denn das ist womöglich etwas ganz anderes, als ich glaube, dass es erzählen möchte!). Entscheidend ist auch, dass es eine hohe Alltagsrelevanz gibt. Eine gute Zusammenarbeit mit dem Kindergarten, der Schule, den Großeltern oder anderen Bezugspersonen ist notwendig, damit auch wirklich alle die Äußerungen des Kindes verstehen.

Denn tatsächlich ALLE Kinder haben uns etwas zu sagen, auch wenn sie das auf die übliche Art und Weise nicht können.

„Alle Kinder haben uns etwas zu sagen …“
Unser Leben mit Annika

Maren Wleklinski

Annika ist mittlerweile kein Kind mehr, sie ist 19 Jahre alt, hat eine ausgeprägte Bewegungsstörung mit einer schweren Dysarthrie und einigen anderen „Baustellen“, unter anderem ist Annika mittlerweile blind. Mit ihren 19 Jahren hat sie uns sehr viel zu sagen und es beschäftigen sie noch weitaus mehr Dinge als in den Zeiten, in denen sie noch ein kleines Mädchen war.

Annika begann im Alter von 16 Monaten mit ergotherapeutischer Behandlung und dieser Ergotherapeutin haben wir es zu verdanken, dass ich mich sehr früh mit dem „Nichtsprechen-Können“ meines Kindes beschäftigt habe. Ich habe einen Frühförderkongress in Köln besucht und dort einen Workshop zum Thema „Unterstützte Kommunikation“ besucht. Dort bekam ich einen Überblick über einige gängige Geräte zur Kommunikationsanbahnung, wie den BigMack, Step-by-Step, aber auch die Möglichkeit von Fotobüchern und komplexere Talker (Kommunikationshilfen) wurden dort vorgestellt. Vor allem aber schlüpfte ich selber einmal in die Rolle eines Menschen ohne Lautsprache und konnte meinem Gegenüber nicht erklären, was ich eigentlich wollte. Dieses Erlebnis hat mich doch sehr frustriert und ich hatte einen Eindruck davon bekommen, wie schwer es für meine Tochter sein muss und wie anstrengend es für sie ist, sich Gehör zu verschaffen.

Die ganze Familie hat sich dann auf den Weg gemacht mit Annika ins Gespräch zu kommen. Angefangen haben wir zuallererst mit einem kleinen Fotobuch, in dem ihr Bett, ihre Tasse, das Lieblingsspielzeug und Ähnliches abgebildet war. Annika kann nicht gezielt zeigen und an ihrer Mimik versuchten wir abzulesen, ob sie denn nun zum Beispiel trinken, spielen oder sich ausruhen wollte. Da Annika die Hände nur sehr eingeschränkt benutzen kann, haben wir viele Spielzeuge für sie adaptiert, das heißt, sie konnte das Spielzeug mittels einem Taster ansteuern (Polizeiauto, bellender und laufender Hund, Malmaschine, Seifenblasenmaschine, Fernlenkauto usw.). Heute benutzt Annika immer noch eine Würfelscheibe, die sie mit Hilfe eines kleinen Tasters ansteuert. Dieses viele Spielen mit Tastern ermöglicht Annika heute, mit zwei Tastern ein sehr komplexes Kommunikationsgerät zu bedienen und mit einem E-Rolli in bekannter Umgebung zu fahren. Durch die fortschreitende Sehbehinderung ist es Annika mittlerweile nicht mehr möglich, Bilder oder Grafiken zu erkennen. Ihr Kommunikationsgerät arbeitet mit auditivem Scanning: das heißt, alle Aussagen werden Annika mittels Kopfhörer vorhergesagt, sie wählt dann mit dem Taster aus und anschließend wird die Aussage laut hörbar für den Gesprächspartner über einen Lautsprecher wiedergegeben. Das erfordert von Annika sehr viel Konzentration und ist körperlich sehr anstrengend. Es ist daher zwingend notwendig, dass der Gesprächspartner sehr geduldig ist, genau zuhört und Annika viel Zeit lässt.

Nicht in jeder Situation kann solch eine elektronische Kommunikationshilfe genutzt werden und deshalb haben wir sehr früh mit Annika Zeichen für „ja“ und „nein“ und „ich weiß nicht“ vereinbart. Auch das ist nicht immer zielführend und auch oft frustrierend für Annika, wenn es sehr lange dauert, bis wir darauf kommen, was sie uns erzählen will, und wir die falschen Fragen stellen. Wir müssen versuchen das Thema immer mehr einzukreisen, aber es kann durchaus schon einmal Stunden dauern, bis wir Annika verstanden haben.

Annika hat sich einige Strategien auch selber erdacht, sie kann sich mit ihrem E-Rolli relativ selbstständig im Haus bewegen. Wenn sie etwas aus ihrem Zimmer möchte, zum Beispiel ein Spiel, fährt sie in ihr Zimmer und stellt sich vor das Regal. Sie fährt vor den Kleiderschrank, wenn sie die Kleidung für den nächsten Tag herausgelegt haben möchte usw. Für fremdes Pflegepersonal ist aber auch das manchmal schwer zu verstehen, wie es für Annika überhaupt schwierig ist, mit fremden Menschen zu kommunizieren.

Annika versucht auch zu sprechen, aber wir haben sehr große Schwierigkeiten auf Grund der schweren Dysarthrie, die Worte zu verstehen.

Ich habe jetzt einen kleinen Überblick über den Weg unserer Familie mit Annika gegeben, der natürlich sehr unvollständig ist, wir haben mit Annika mehrere Kommunikationshilfen ausprobiert, verschiedene Ansteuerungen getestet und dieser Weg hört bis heute nicht auf. Annikas Gesundheitszustand und ihre

Bedürfnisse verändern sich, es gibt neue technische Möglichkeiten und so sind wir immer weiter auf der Suche, Annika die Kommunikation möglichst leicht zu machen. Das Wichtigste aber ist die Zeit. Es kostet sogar wahnsinnig viel Zeit, mit Annika zu sprechen, vor allem, wenn es um Gefühle, Ängste, Trauer, Liebeskummer oder ähnliche Dinge geht. Wir müssen uns einlassen auf Annikas Art und Weise zu kommunizieren, wir müssen kleine Zeichen sehen und verstehen und wir müssen sehr geduldig sein.

Zum Abschluss ein Satz, der mir sehr gut gefällt und, wie ich finde, auch sehr wahr ist:

„Ob ein behinderter Mensch kommunizieren kann, liegt darin, ob wir seine Sprache erlernen oder nicht.“ (Fröhlich, Simon, S. 55)

Literatur:

Fröhlich, Andreas; Simon, Angela (2004): Gemeinsamkeiten entdecken. Mit schwerbehinderten Kindern kommunizieren, Düsseldorf.

Glückskind und Jenseitsreise
Märchen in der Trauer- und Sterbebegleitung

Jana Raile

Bis zum fünften Lebensjahr leben Kinder noch in der magischen Welt. Alles ringsumher ist lebendig; die Natur ist der größte Spielplatz und jeder Gegenstand kann in der Fantasie zu allem möglichen werden, Puppen und Autos sind beseelt und der Stuhl ist doof, wenn das Kind sich daran stößt.

Je mehr wir den Verstand einsetzen und logische Zusammenhänge verstehen wollen, umso mehr tritt dieses magische Denken in den Hintergrund. Wertung und Regeln stehen jetzt im Mittelpunkt statt unmittelbarem Erleben.

Wie soll und kann Trauer und Sterben gewertet werden, welche Regeln gelten im Sterbeprozess, der individuell und einzigartig ist? Märchen folgen ihren eigenen Gesetzmäßigkeiten. Der Märchenheld ist ein Wanderer zwischen den Welten, er reist zwischen Diesseits und Jenseits hin und her. Er steht stellvertretend, sozusagen archetypisch, für menschliches Verhalten, für Erfahrungen und Verwandlungsprozesse. Sterben, Tod und Trauer sind für Jung und Alt große Lebensthemen und für Sterbende und Bleibende lebenswichtig. Beide befinden sich in einem Übergangs- und Wandlungsstadium. Märchen können uns auf diesem Weg Begleiter und Wegweiser sein.

„Sie beschäftigen sich mit den ‚unlösbaren Aufgaben' des Lebens, so verwundert es nicht, dass Tod und Trauer in ihnen direkt oder indirekt eine entscheidende Rolle spielen. Die über Jahrhunderte gereiften Märchen sprechen die Bildsprache unserer kollektiven Seele und bringen zum Ausdruck, was uns auf dem Herzen liegt und in der Seele brennt, doch oft nicht in Worte gefasst werden kann. Märchen spenden Trost und geben Halt, sie geben das Gefühl, dass man in seinem Schmerz erkannt und verstanden wird. Sie folgen einer universellen Ordnung und zeigen Wege, die Menschen seit Urzeiten gegangen sind. So heilen Märchen Herz und Seele." (Raile 2011, Buchrücken)

Märchen ermöglichen (wieder) einen Zugang in die Welt des magischen Denkens. Hier können Tiere sprechen, und der Sprung in den Brunnen führt direkt in die Anderswelt der Frau Holle. Märchen sind nicht logisch, sondern analog, also bildhaft und metaphorisch. Kinder verstehen diese Bilder noch intuitiv, wobei weniger das kognitive Verstehen als vielmehr das Erleben, Erfassen, Erfahren gemeint ist.

Aufbau und Struktur von Märchen

Zuallererst folgen Märchen dem polaren System von Gut und Böse. „Die deutlich getrennte Darstellung im Märchen hilft den Kindern, ihre eigenen Gefühle zu ordnen und zu verstehen, sie wirkt unterstützend beim Aufbau und bei der Stabilisierung emotionaler Schemata." (Lutkat 2015, S. 16)

Märchen folgen keinen detaillierten Beschreibungen, sondern sprechen in einfachen Bildern: der alte Mann, ein dunkler Wald, die wunderschöne Königstochter. So kann sich der Zuhörer sein eigenes Bild machen. Alle hören dieselbe Geschichte und doch folgt jeder seinen ureigenen Vorstellungen im Rahmen der vorgegebenen Bilder.

Im Märchen geht es stetig voran, es wird gehandelt, nicht gehadert.
„Die Handlung schreitet rasch und entschieden fort, dabei herrscht keine Willkür; Form, Richtung und Gesetze sind genau bestimmt." (Pöge-Alder 2007, S. 207)

Der Märchenforscher Max Lüthi beschreibt die unsichtbare Allverbundenheit im Märchen: „Nur was nirgends verwurzelt, weder durch äußere Beziehung noch durch Bindung an das eigene Innere festgehalten ist, kann jederzeit beliebige Verbindungen eingehen und wieder lösen." (Pöge-Alder 2007, S. 207) Diesen philosophischen Text von Max Lüthi möchte ich einbinden in das animistisch-zyklische Weltbild vor etwa 40.000 Jahren: Jedes Wesen, egal ob Pflanze, Stein oder Tier ist beseelt und Teil dieser Welt (animistisch). Alles Leben kommt aus dem Mütterlichen und kehrt in das Mütterliche, die Erde, wieder ein (zyklisch). Diese Allverbundenheit ist uns heute verloren gegangen, in den Märchen aber bis heute erhalten. Um also den Zyklus von Leben und Tod, Wandlung und Neubeginn wieder erfahren zu können, sind Märchen passende Wegbegleiter.

Die Struktur von Märchen zeige ich exemplarisch an drei Grimm'schen Märchen auf. Ziel in den Märchen ist Entwicklung, Verwandlung.

- Am Anfang steht ein **Mangel**, ein Unglück, ein existentielles Problem
  - Die Mutter stirbt (Aschenputtel).
  - Das Kind ist ein Esel und kein Mensch (Das Eselein).
  - Die Spule ist in den Brunnen gefallen (Frau Holle).

- Eine **Trennung** vom bisherigen Leben findet statt, muss stattfinden.
  - Stiefmutter und Stiefschwestern ziehen ein und würdigen das Mädchen zum Aschenputtel herab.
  - Das Eselein zieht hinaus in die Welt, nachdem es seine Eselgestalt erkannt hat.
  - Das Mädchen springt in den Brunnen.

- Immer muss eine oder müssen mehrere **Aufgabe/n** bewältigt werden.
  - Erbsen und Linsen aus der Asche lesen sind äußerlich gestellte Aufgaben, die wirkliche Aufgabe ist es, auf den Ball zu gehen und den Königssohn zu erobern.
  - Das Eselein muss seinen Platz am (neuen) Königshof einnehmen, „ich will beim König sitzen", und die Königstochter für sich gewinnen.
  - Das Mädchen muss die Brote aus dem Ofen ziehen, die Äpfel vom Baum schütteln und die Betten aufschütteln; es muss auch die Spule wieder heimbringen.

- Immer ist ein **Helfer** da, der uns begleitet, um diese oft übermenschlichen Aufgaben zu meistern. Meist muss der Helfer um Hilfe gebeten werden oder als Helfer erkannt werden.
  - Die Vögel werden gerufen und helfen die Erbsen und Linsen aus der Asche zu lesen. Der Vogel am Grab der Mutter gibt Aschenputtel, nach der Aufforderung: „Bäumchen rüttel dich und schüttel dich, wirf Gold und Silber über mich", Kleid und Schuhe, damit sie zum Ball gehen kann.
  - Der König erweist sich als hilfreicher Helfer für das Eselein, indem er seine wahre Gestalt erkennt, die Eselhaut verbrennt und wach bleibt bis zum

Morgen, als das Eselein fliehen will.
    - Frau Holle hilft dem Mädchen zurück in ihre Welt, nachdem sie darum bat.

- Die **Hoch-Zeit** findet statt, der Mangel ist überwunden. Der Held, die Heldin beginnt ein neues Leben. Sie sind er-wachsen aus ihren Aufgaben, oft werden sie reich belohnt, steigen vom Hirtenbub zum Königssohn auf oder heiraten tatsächlich. Es ist die Hohe Zeit, eine Erhöhung (des vorherigen Status) findet statt.
    - Aschenputtel heiratet den Königssohn.
    - Das Eselein ist jetzt Mensch und erhält das halbe Königsreich und später das Reich seines Vaters dazu.
    - Das Mädchen erhält einen Goldregen und das Gold bleibt an ihm hängen, sodass sie reich heimkehrt.

Ich lade Sie, ein für einen Augenblick innezuhalten und die Struktur des Märchens auf ihr eigenes Leben zu übertragen. Wo haben/hatten Sie einen Mangel in ihrem Leben, welche Aufgabe müssen/mussten Sie meistern, wie sieht/sah die Trennung aus dem bisherigen Lebens aus, wer steht/stand Ihnen hilfreich zur Seite? Nutzen sie die Struktur der Märchen (und des Lebens), um eine (Trauer- oder Sterbe-)Begleitung genauer zu betrachten. Wo fehlt es noch, ist die Trennung vollzogen, muss die Aufgabe klarer formuliert werden, wer oder was kann helfen, die aktuelle Begleitung gelingen und für alle Beteiligten zu einer Hoch-Zeit werden zu lassen? „Das Märchen beschreibt nicht die äußere Wirklichkeit unserer Welt und unseres Lebens, sondern es erzählt von der inneren Wahrheit des Menschen.“ (Knoch 2001, S. 18)

Erfahrungsbericht

Drei Familien. Jede sitzt auf einer Matratze, alle Familienmitglieder schmiegen sich eng aneinander, als wollten sie sich niemals mehr trennen, als hätten sie Sorge sich zu verlieren. Auf den ersten Blick ist es ein schönes Bild von Gemeinschaft und Zugehörigkeit, und doch schwingt eine tiefe Traurigkeit mit. Alle haben sie jemanden verloren, jemanden, der Teil der Familie ist. Die einen die Mutter, die anderen den Vater, die dritten ein Kind, die Schwester.

Das Grimm'sche Märchen „Der Teufel mit den drei goldenen Haaren" soll uns durch dieses Wochenende begleiten. Nach einer kurzen Begrüßungsrunde lauschen alle dem Märchen vom Glückskind. Es ist ein Kind aus armen Verhältnissen, dem geweissagt wird, einst die Königstochter zu heiraten. Als der König davon hört, setzt er alles daran, den Knaben zu vernichten. Er wirft ihn in einer Schachtel ins Wasser; der Knabe überlebt. Später, als der König erkennt, dass das Glückskind noch immer lebt, schreibt er einen Brief an die Königin, in dem er das Todesurteil über es spricht; der Jüngling überlebt abermals und wie geweissagt heiratet er, dank der Räuberbande, die den Brief vertauscht, die Prinzessin. Doch noch immer gibt der König keine Ruhe und schickt das Glückskind geradewegs zum Teufel, um drei goldene Haare von dessen Kopf zu holen. Auch das gelingt dem Glückskind und der König macht sich zu guter Letzt selbst auf, um Gold für sich zu gewinnen, und kehrt nicht mehr zurück.

Ein provokantes Bild, ein Glückskind in das Zentrum eines Trauerprozesses zu stellen. Es zeigt sogleich Wirkung und im Einzelgespräch meint der Witwer, Vater von drei Kindern (4, 7, 9 Jahre), traurig und verzweifelt: „Meine Kinder werden nie wieder Glückskinder sein!"

Im Prozess der Trauer können und dürfen wir uns das Gefühl von Glück nicht zugestehen. Wir sind verlassen, fühlen uns verloren und einsam. Im Märchenbild gesprochen treiben wir in einer Schachtel auf dem Wasser und haben das Gefühl zu ertrinken. Wie lange wird das Kästchen noch dicht halten, nirgends eine Möglichkeit zum Anlanden. Die Strömung des Flusses treibt uns unwillkürlich voran, ohne Anker, ohne Hoffnung.

Das Wasser

Wasser ist ein wesentliches Bild für Trauerprozesse.
„Wasser verbindet die Dinge in der Welt miteinander und ist somit auch ein Symbol der Kommunikation. Es hat mit Reinigung und Verwandlung zu tun und verkörpert die Kraft des Weichen und Nachgiebigen. Die Klarheit des Wassers symbolisiert genauso wie seine Bewegung Gefühlszustände." (Vollmar 2003, S. 590)

Wasser steht für Gefühle und ist im mythologischen Bild ein Mittler in die Anderswelt. Wir sprechen vom diesseitigen und jenseitigen Ufer. In der griechischen Mythologie muss der Fährmann die Toten gegen einen Obulus in die jenseitige Welt fahren.

„Das Wasser ist das mütterliche Element. Das Leben kommt aus dem Wasser. … In ‚Der Mutter Fluch und Segen' springt der verstorbene Jüngling ins tote Meer und die Heldin folgt ihm ohne Zögern: ‚Sie wurden von einem mächtigen Strudel umschlungen und hinabgezogen, immer weiter bis auf den Grund des Meeres. Dort lagen sie beide auf einer schönen Wiese und das Meer wölbte sich wie ein grüner Himmel über ihnen.' Das erinnert an die Blumenwiese bei Frau Holle. Dieses Märchenbild zeigt, dass der Sterbende zu seinem Ursprung, an den Grund des Meeres, zurückkehrt. Der Trauernde folgt ihm ohne Zögern, ruht mit ihm am Grunde des Lebens in einem ‚tiefen, tiefen' Schlummer und erwacht schließlich in einem neuen, befreiten Leben. Der Sterbende muss sein Leben lassen, doch auch für die Hinterbliebenen, für die Angehörigen und Freunde, stirbt das bisherige Leben. Nichts ist mehr so, wie es vorher war. Der Verstorbene hinterlässt eine Lücke. Der Sterbeprozess, die Vergänglichkeit des Stofflichen, konfrontiert die Zurückbleibenden mit existentiellen Fragen, die sonst gern hintangestellt werden. Der Trauernde hat den Sterbenden begleitet, doch dann ist es wichtig für ihn, wieder ins Leben, in den Alltag zurückzukehren. Er muss das diesseitige Ufer wiederfinden, muss wie bei ‚Frau Holle' die Sehnsucht nach Zuhause spüren und festen Boden unter die Füße bekommen." (Raile 2011, S. 65/66)

Märchenbilder

Das Märchen erzählt von der Rettung des Glückskindes, von freundlichen Zieheltern, von hilfreichen Räubern und einer Königstochter. Ähnlich einem Trauerprozess gibt es in diesem Märchen unzählige Auf und Abs. Wir nutzen das Märchen als Regieanweisung und begegnen den Märchenbildern auf unterschiedliche Weise.

Nach dem Hören des Märchens sind alle eingeladen ein Bild daraus zu malen, das sie besonders angesprochen, bewegt hat. Das Malen findet in Stille und Konzentration statt. Jetzt haben sich die Gruppen separiert, jeder ist bei sich, mit seinem

Bild beschäftigt und doch Teil des Ganzen. Manche malen langsam, konzentriert, mit vielen Details, andere sind schneller, malen nur Stimmungen, Farben. Nachdem wir alle Märchenbilder angeschaut haben, teilen wir uns in drei Gruppen auf.

Die Erwachsenen bleiben im Haus. Zu jedem Märchenbild werden Assoziationen gesammelt und aufgeschrieben. Aus den Assoziationen entwickelt jede/r Teilnehmer/in eine Affirmation für sich, die stärkend und aufbauend wirkt. Die Kinder gehen unterdessen in den Wald auf Erlebnistour. Gemeinsam machen wir uns auf den Weg, erforschen den Wald und suchen die Orte aus dem Märchen. Die Kleinen (4 bis 8 Jahre) finden den Fluss, an dem das Glückskind zum Teufel überschiffen muss. Die Älteren (9 bis 14 Jahre) bauen die Räuberhöhle, in dem das Glückskind unterkommt. Alle sind jetzt ganz in die Ausgestaltung vertieft. Der Weg zum Fluss wird bereitet. Er ist matschig, man versinkt fast im Morast. Blätter und Holz werden gesammelt und der Weg gangbar gemacht. Ein Baum liegt quer über dem kleinen Rinnsal, unserem Fluss. Der Baum wird unsere Fähre sein und uns geradewegs auf die andere Seite zum Teufel bringen.

Die Räuberhöhle wird bequem und kuschelig. Sogar ein Herdfeuer und natürlich Waffen sind vor Ort. Vor allem aber wird es ein Heim, das Unterschlupf gewährt und dabei gemütlich ist. Alle finden wir darin Platz.

Am Abend sind alle müde und erschöpft; am Lagerfeuer bei Stockbrot, Liedern und zwei weiteren Geschichten klingt der Tag gemütlich aus.

„Aufdecken – Sich wandeln – Neubeginn! Sie *(die Märchen)* führen uns weiter bis an die Grenze zur Transzendenz, wo uns aufgeht, dass wir ein Herz haben, das hören kann.“ (Hetmann 1999, S. 153)

Am anderen Morgen machen wir uns wieder gemeinsam auf die Reise. Nochmals hören wir das Märchen „Der Teufel mit den drei goldenen Haaren“. Obgleich alle das Märchen schon kennen, ist gespannte Erwartung spürbar. Alle sind aufmerksam und dabei, vielleicht mit ihren gestrigen Erfahrungen beschäftigt, vielleicht mit dem Glückskind identifiziert.

Der Wald

Der Wald steht im Märchen für das Unbewusste, das Unbekannte, das Ungewisse. Hier finden wir die gute alte Frau, die uns ein Töpfchen schenkt *(Der süße Brei)* oder begegnen dem bösen Wolf, der uns verschlingt *(Das Rotkäppchen)*. Der Wald birgt unser Potential und alle Gefahr.

Gemeinsam machen wir uns auf den Weg in den Wald. Die Stimmung ist heiter und gelöst. Stolz zeigen die Kinder die jeweiligen Spielorte und was sie dazu beigetragen haben. Das Räuberhaus wird gebührend gewürdigt, vorsichtig nähern wir uns dem Fluss und gehen an ihm entlang. Passend zu den Spielorten tragen die Erwachsenen ihre Kraftsätze/Affirmationen, die sie aus dem Märchen herausgearbeitet haben, vor.

Jetzt werden die Rollen verteilt. Eine Tochter des Witwers will das Glückskind sein und wird es natürlich auch. Der 14-jährige stellt verwundert fest: „Ich habe mir alle bösen Rollen ausgesucht." Dabei grinst er zufrieden und nickt. Sein vierjähriger Bruder will der Fährmann sein. Gemeinsam stehe ich am Ende mit ihm am jenseitigen Ufer und wir winken allen anderen zu: „Geht es euch gut da drüben?", frage ich. Alle strahlen und lachen von Herzen. Ein berührender Moment. Alle spüren es. Es ist nur ein Fluss, der uns trennt, und doch scheint es eine andere Welt zu sein.

Der Vater strahlt: „Ich bin ein Glückskind, meine Kinder sind es auch."

Zusammenfassung

Märchen wirken durch ihre Bildhaftigkeit. Dieser Text will Mut machen, Märchen als Wegbegleiter in der Trauer- und Sterbebegleitung zu nutzen und im weiteren Verlauf auf unterschiedlichste Art zu gestalten. Dazu braucht es kein äußeres Wissen, sondern Vertrauen in die Kraft der Märchenbilder. Märchenhelden reisen zwischen den Welten und durchlaufen mit ihren Aufgaben und Prüfungen eine Verwandlung und Entwicklung. Nichts ist mehr, wie es vorher war. Gestärkt und reich gehen sie glücklich in ihr neues Leben.

Literatur:

Hetmann, Frederik (1999): Märchen und Märchendeutung, Krummwisch.

Knoch, Linde (2001): Praxisbuch Märchen, Gütersloh.

Lutkat, Sabine (2015): Ein Koffer voller Märchen, Krummwisch.

Pöge-Alder, Kathrin (2007): Märchenforschung, Tübingen.

Raile, Jana (2011): Trauerbegleitung mit Märchen, Ahlerstedt.

Vollmar, Klausbernd (2003): Welt der Symbole, Krummwisch.

Autorinnen und Autoren

Wolfgang Beer, Dr. phil.: Publizist, Moderator, Projektmanagement

Nicolette Blok: Mutter von einer Tochter ohne und einem Sohn mit Behinderung; Frühförderin, Erwachsenenbildnerin, Lebens- und Sozialberaterin, Moderatorin für persönliche Zukunftsplanung

Edith Droste, Dipl.-Pol.: Referentin für Hospiz- und Palliativarbeit, Trauerbegleiterin, nebenamtliche Studienleiterin der Evangelischen Akademie Villigst

Barbara Fornefeld, Prof.in , Dr.: Universität zu Köln, Humanwissenschaftliche Fakultät, Pädagogik und Rehabilitation bei Menschen mit geistiger und schwerer Behinderung

Martin Gierse, Dipl.-Betriebswirt: Geschäftsführer des Deutschen Kinderhospizvereins e. V.

Hermann Gröhe, MdB: Bundesminister für Gesundheit

Thorsten Hillmann, Dipl.-Päd.: Referent Inhalte und Entwicklung im Deutschen Kinderhospizverein e. V.

Stefanie Hurth: Wissenschaftliche Mitarbeiterin Universität Koblenz – Landau, FB 5, Institut für Sonderpädagogik, Lehrstuhl für pädagogische und soziale Rehabilitation

Sven Jennessen, Prof. Dr.: Universität Koblenz – Landau, FB 5, Institut für Sonderpädagogik, Lehrstuhl für pädagogische und soziale Rehabilitation

Roland Kachler, Dipl.-Psych.: Psychologischer Psychotherapeut, Autor

Bernward Kirchner: Vater einer gestorbenen Tochter

Klaudia Kreiter-Eyle: Kinderkrankenschwester

Claudia Langanki: Leiterin/Trauerbegleiterin im Kinderhospiz Bärenherz, Wiesbaden

Gaby Letzing: Leiterin des Kinder- und Jugendhospiz Löwenherz, Syke

Claus Maywald: Kunsthistoriker, Trauerbegleiter, Vater einer gestorbenen Tochter

Rolf Möser: Vater zweier an MPS erkrankter Kinder; ein Kind verstorben

Jana Raile: hauptberufliche Erzählerin, Buchautorin

Caroline Schirrmacher-Behler: Beratung externer ambulanter Kinder- und Jugendhospizdienste im Deutschen Kinderhospizverein e. V.

Helga Schlichting, Dr.: Förderschullehrerin, Wissenschaftliche Mitarbeiterin am Institut für Förderpädagogik an der Universität Leipzig

Anne Schneider: Realschullehrern i. R., Mutter einer gestorbenen Tochter

Nikolaus Schneider: EKD-Ratsvorsitzender i. R., Vater einer gestorbenen Tochter

Sandra Schopen, Dipl.-Soz.päd.: Ansprechpartnerin für Geschwister im Deutschen Kinderhospizverein e. V.

Isabell Schupp: Trauerbegleiterin, Autorin, Mutter einer gestorbenen Tochter

Barbara Steffens: Ministerin für Gesundheit, Emanzipation, Pflege und Alter des Landes Nordrhein-Westfalen

Dieter Stuttkewitz: Vater zweier Erwachsener mit lebensverkürzender Erkrankung

Petra Stuttkewitz: Mutter zweier Erwachsener mit lebensverkürzender Erkrankung

Thomas Trappe: Lehrer, Vater einer Tochter mit lebensverkürzender Erkrankung

Peter Wirtz, M. A.: Philosoph, Germanist und Kunsthistoriker, Leiter der Deutschen Kinderhospizakademie

Maren Wleklinski: Mutter einer Tochter mit lebensverkürzender Erkrankung, Geschäftsführender Vorstand des Deutschen Kinderhospizvereins e. V.

Marion Zwilling: Mutter einer gestorbenen Tochter

Adressen

Deutscher Kinderhospizverein e. V.
Bruchstr. 10
57462 Olpe
Tel. 02761/941 29-0
www.deutscher-kinderhospizverein.de

Deutsche Kinderhospizakademie
Bruchstr. 10
57462 Olpe
Tel. 02761/94129-34

Deutsche Kinderhospizstiftung
Bruchstr. 10
57462 Olpe
Tel. 02761/94129-0
www.deutsche-kinderhospizstiftung.de

Adressen der ambulanten Kinderhospizdienste

Ambulanter Kinderhospizdienst
Aachen
Von-Coels-Str. 214
52080 Aachen
Tel.: 0241/9161669
Fax: 0241/9161711

Ambulanter Kinderhospizdienst
Aschaffenburg
Goldbacher Str. 39
63739 Aschaffenburg
Tel.: 06021/4591677
Fax: 06021/4591676

Ambulanter Kinderhospizdienst
Bonn
Reuterstr. 161
53113 Bonn
Tel.: 0228/92399090
Fax: 0228/92595227

Ambulanter Kinderhospizdienst
Dresden
Nicolaistr. 28
01307 Dresden
Tel.: 0351/3146472
Fax: 0351/3146473

Ambulanter Kinderhospizdienst
Düsseldorf
Nord Carree 1
40477 Düsseldorf
Tel.: 0211/51369180
Fax: 0211/51369181

Ambulanter Kinderhospizdienst
Emscher-Lippe
Kirchplatz 5
45964 Gladbeck
Tel.: 02043/9872740
Fax: 02043/9872742

Ambulanter Kinderhospizdienst
Frankfurt/Rhein Main
Hanauer Landstr. 48
60314 Frankfurt
Tel.: 069/90553779
Fax: 069/90553758

Ambulanter Kinderhospizdienst
Hanau
Hospitalstr. 2
63450 Hanau
Tel.: 06181/9526960
Fax: 06181/9526960

Ambulanter Kinderhospizdienst Gießen
Wingert 18
35396 Gießen-Wieseck
Tel.: 0641/5591644
Fax: 0641/5591911

Ambulanter Kinderhospizdienst Göttingen
Danziger Straße 19
37083 Göttingen
Tel.: 0551/209703-23
Fax: 0551/209703-24

Ambulanter Kinderhospizdienst Hamm
Caldenhofer Weg 79-81
59063 Hamm
Tel.: 02381/4953991
Fax: 02381/4953993

Ambulanter Kinderhospizdienst Hannover
Leonhardtstraße 10
30175 Hannover
Tel.: 0511/38884597
Fax: 0511/38884599

Ambulanter Kinderhospizdienst Kassel
Heiligenröderstr. 84
34123 Kassel
Tel.: 0561/5297710
Fax: 0561/5297709

Ambulanter Kinderhospizdienst Standort Köln-Nord/Köln-Mitte
Merheimerstr. 312
50733 Köln (Nippes)
Tel.: 0221/5691985
Fax: 0221/5691987

Standort Köln-Ost
Heinz-Kühn-Str. 41
51067 Köln (Holweide)
Tel.: 0221/29731694
Fax: 0221/29731694

Standort Köln-Süd
Markusstr. 53
50968 Köln (Raderthal)
Tel.: 0221/27144637

Ambulanter Kinderhospizdienst Minden-Lübbecke
Am Exerzierplatz 9
32423 Minden
Tel.: 0571/3888766
Fax: 0571/3888767

Ambulanter Kinderhospizdienst Miltenberg
Am Schlosspark 6
63924 Kleinheubach
Tel.: 09371/6606851
Fax: 09371/9489094

Ambulanter Kinderhospizdienst Paderborn-Höxter
Dessauer Str. 4
33106 Paderborn
Tel.: 05251/3988798
Fax: 05251/3988799

Ambulanter Kinderhospizdienst Kreis Recklinghausen
Königswall 28
45657 Recklinghausen
Tel.: 02361/9383080
Fax: 02361/9383082

Ambulanter Kinderhospizdienst Rhein-Sieg
Markt 19–20
53721 Siegburg
Tel.: 02241/1275304
Fax: 02241/1275306

Ambulanter Kinderhospizdienst Siegen
Wellersbergstr. 60
57072 Siegen
Tel.: 0271/2330757
Fax: 0271/2330756

Ambulanter Kinderhospizdienst für den Kreis Soest
Senator-Schwartz-Ring 8
59494 Soest
Tel.: 02921/902200

Ambulanter Kinderhospizdienst Südliches Münsterland
Lavesumer Str. 3d
45721 Haltern am See
Tel.: 02364/5063062
Fax: 02364/5063067

Ambulanter Kinderhospizdienst Kreis Unna
Gabelsberger Straße 5
59425 Unna
Tel.: 02303/942490
Fax: 02303/942495

Beratung für externe ambulante Kinder- und Jugendhospizangebote Externe Beratung – Deutscher Kinderhospizverein e.V.
Bruchstr. 10
57462 Olpe
Tel.: 0151/18312018
Fax: 02761/94129-60

Bildnachweis

© Titelbild:
Deutscher Kinderhospizverein e.V.
© Thomas Trappe: Seite 29
© Sandra Schopen: Seiten 56,59
© Claus Maywald Seite 106-107
© Jugendhospiz Löwenherz,
Gaby Letzing: Seiten 151-159
© Deut. Kinderhospizverein e.V.: Seite 195